엄마가 먼저 알아야 할 진짜 평가 이야기

등수 없는 초등학교
이기는 공부법

엄마가 먼저 알아야 할 진짜 평가 이야기

등수 없는 초등학교
이기는 공부법

강대일 · **정창규** 지음

for book

PROLOGUE
아이와 부모 모두에게
기대와 희망을 주는 평가 이야기

설렘과 기대로 시작한 우리 아이의 초등학교 입학. 하지만 그도 잠시, 여러모로 달라진 학교생활을 보면서 걱정부터 앞섭니다. 특히 첫아이일 경우엔 궁금한 점도 많고, 막막하기도 합니다. 이때 가장 쉽게 정보를 접할 수 있는 통로가 바로 '옆집 엄마'나 '사교육 시장'입니다. 하지만 때로는 이 같은 정보로 인해 학교에 대한 오해와 왜곡된 생각을 갖게 됩니다. 사교육 열풍에 편승하여 생겨난 '돼지엄마'와 스타 강사들의 교육 이야기만 믿고 한쪽으로 치우친 정보를 전부인 것처럼 여기기도 합니다. 사실 균형 있는 정보를 얻기 위해선 현장 교사와의 대화가 가장 필요하지만 기회가 많지 않은 것이 사실입니다. 그나마 학부모 총회에서 교사를 만나는 것이 전부인데 그날 풍경은 또 어떤가요?

해마다 3월 셋째 주 수요일은 전국 대부분의 학교가 학부모 총회를 엽니다. 학부모 총회에서는 학교 운영 위원회 선거 및 학부모회 선거를 진행하고, 학교 교육 계획 및 교육과정을 설명하며 녹색어머니회, 어머니 폴리스, 급식 검수 위원회 등 학부모 단체 및 단체 임원을 구성합니다. 그런 까닭에 학부모들이 참석을 꺼리는 날이기도 합니다.

학교 입장에서 볼 때 학부모 총회는 학부모 단체를 조직한다는 점에서 중요한 행사지만 교사와 학부모에게는 다른 생각을 갖게 하는 행사입니다. 교사 입장에서는 학부모와 첫 대면하는 날로 1년 동안 우리 아이들과 함께할 교육관과 학급 운영 방향, 교육에 대해 전반적인 설명을 하는 날입니다. 반면 학부모 입장에서는 새로 맡은 우리 아이의 담임은 교육에 대해 어떤 생각을 하고 있는지, 올해 중점을 두고 있는 교육은 무엇인지 알아보고, 우리 아이의 성향이나 건강상의 특별한 의견이 있으면 미리 알려주고자 하는 자리입니다.

하지만 교사와 학부모의 소중한 첫 만남이 학부모회를 구성해야 한다는 부담으로 어수선해지고, 그조차 시간도 짧아 교사는 학부모에게 학급 운영에 대해 충분히 설명하지 못하고, 학부모는 궁금한 점이 있어도 질문하지 못하는 자리가 되고 맙니다.

사실 이날 말고는 학부모를 만나 교육에 대해 설명하고 이야기를 나눌 수 있는 시간이 거의 없습니다. 1년에 한 번 진행되는 공개수업에선 수업을 마치자마자 학부모들이 돌아가야 하고, 1년에 두어 차례 갖는 상담도 우리 아이의 신상에 대해 물어보는 것만으로도 시간이 빠듯합니다. 그마저도 전화 상담으로 치우쳐 교사와 자연스러운 대화를 나눌 시간이 거의 없습니다.

초등학교에 대한 정보가 풍부하고, 아이들의 다양한 상담 사례를 갖고 있는 교사와의 대화할 통로가 부족하니 자연히 주변을 의지하게 되는 것이 아닌가 싶습니다.

 부모님이 다니던 시절의 '국민학교'와 현재 우리 아이들이 다니는 '초등학교'는 시설 이외에도 교육 내용, 교사의 수업 방법 등 많은 변화가 있었습니다. 특히 학부모들이 '시험'으로 알고 있는 평가에서 다양한 변화가 이루어지고 있습니다. 가장 큰 변화는 '2009 개정 교육과정'에서 시작된 '수업하는 교사의 자율권 확대'입니다. 프로젝트 수업과 토의 및 토론 수업이 활성화되었고, 과거의 지식 암기 방식을 넘어 '자기 생각 만들기'로 바뀌고 있습니다. 이런 변화가 평가로 이어져 다양한 활동을 중심으로 수행 평가가 이루어지고 있으며, 중간·기말 고사에서도 선택형 문항에서 서술형·논술형 문항으로 변화하고 있습니다.

 이 같은 변화에도 불구하고 여전히 학부모들은 그 변화에 민감하지 않은 것이 사실입니다. 공부는 단순히 문제를 많이 풀고, 외우는 걸로 생각하는 경우가 많습니다. 그나마 다행인 점은 학부모들이 교육은 대학 입시 정보와 시험에서 좋은 점수를 받는 것, 등수로 결정되는 것이 전부가 아니라는 걸 어렴풋이나마 공감하고 있다는 것입니다.

 교육은 입시를 위한 것이 아니라 다가올 미래를 행복하게 살아가기 위한 준비입니다. 이에 걸맞게 초등학교에서는 아이들의 교우 관계와 학습 태도, 미래의 삶에 필요한 지식들을 융합한 교육을 하고 있습니다.

 초등학교 교사로서 "어떻게 하면 학부모님께 도움이 될 수 있을까?" 고민하면서 학부모님과 총회에서 못한 이야기를 책에 담게 되었습니다. 그중에서도 특히 변화를 겪고 있는 평가 부분, 학부모님들이 가장 궁금해 하는 다양한 평가에 관한 이야기를 전하려고 합니다.

제1장에서는 변화에 더딘 학부모님들의 평가에 대한 DNA와 점점 변화하고 있는 학부모님들의 움직임에 대해 알아보겠습니다.

제2장에서는 학교에서 이루어지는 평가에 대한 이야기를 자세하게 나누고자 합니다. 미래를 준비하는 우리 아이들에게 도움이 되는 평가 방법은 어떤 것인지 알아보겠습니다.

마지막 제3장에서는 가정에서 부모와 함께하는 교육 방법에 대해 살펴보려고 합니다. 더불어 학부모님들이 궁금해하는 학교 이야기를 질문과 답변 형식으로 구성했습니다.

교사로서 학부모님들과 함께 나누고 싶은 교육에 대한 이야기를 책으로 대신 전하고자 합니다. 학교의 가장 큰 역할 중 하나는 학생들이 미래의 인재로 성장할 수 있는 디딤돌 역할을 하는 것입니다. 교사는 학생과 학부모님들의 교육적 요구를 받아들여 본인의 교육 철학과 접목하는 교육을 실시해야 합니다. 그리고 아이 교육의 가장 큰 책임을 지고 있는 학부모님들은 우리 아이가 좋은 환경에서 좋은 교육을 받을 수 있도록 도와줘야 합니다.

이제 더 이상 교육 이야기가 사교육 시장과 주위 친구분들이 아니라 학교 안에서 교육의 당사자인 교사, 학부모, 학생이 서로 대화를 통해 필요한 부분을 공유할 수 있었으면 합니다. 학부모님들 옆에는 늘 아이를 함께 고민해줄 학교 선생님들이 있습니다.

이 책을 통해 초등학교 교육에 대한 궁금증을 해결하고, 우리 아이를 위한 교육에 대한 새로운 관점을 가지는 계기가 되길 바랍니다.

강대일, 정창규

추천합니다
경쟁과 나를 위한 공부에서
협력과 우리를 위한 공부로!

경쟁만 심하고 경쟁력을 잃어버린 한국 교육의 현실 속에서 우리를 더 답답하게 만드는 것 중 하나가 평가다. 반에서 몇 등을 하는지 따지고, 시험 문제에 뭐가 나오는지에 촉각을 곤두세우던 어린 시절의 경험에서 벗어나, 이제 초등학생의 역량을 어떻게 하면 더 타당하게 평가할 수 있을지에 관심을 돌릴 때다. 이 책은 초등학교 현장에서 제대로 된 평가를 준비하고 실천해가고 있는 두 교사의 노력과 고민의 흔적이 묻어 있다. 초등학교 평가에 대한 이해의 지평을 넓히고, 보다 미래 지향적인 평가 방법에 관심 있는 학부모들에게 새로운 시야를 제공해줄 것이다.

김주후(아주대학교 교육대학원 교수)

공부는 시험과 평가를 위해 하는 것이고, 평가는 소수점 이하까지 나오는 점수로 서열을 정하는 것이 목적이고, 그 서열이 아이의 행복을 결정한다고 믿는 시대. 이 책에 제시된 풍부한 자료와 설명을 따라가다 보면 '평가'는 배움의 즐거움을 위한 것이라는 저자의 주장에 공감하게 될 것이다. '평가'라는 키워드를 통해 교육의 본질부터 새로운 교육 패러다임까지 넘나드는 이 책은 자신의 경험과 '카더라 통신'에 의존하여 배움과 평가에 대해 두려움을 가진 부모가 먼저 읽어야 한다. 그래야 우리 아이들을 배움의 기쁨과 온전한 성장으로 이끌 수 있을 것이다.

임종화(좋은교사운동 공동 대표)

상담을 요청하는 초등학생 내담자와 부모님들을 만나보면 공부와 시험으로 인한 스트레스가 생각보다 크다는 것을 알 수 있다. 공부와 시험은 아이들뿐 아니라 부모에게도 큰 숙제이자 고민이다. 경기도 지역 초등학교에 다니는 두 아들을 키우는 부모로서, 청소년 상담을 하고 있는 상담자로서 이 책은 초등학교 교과과정과 시험에 대해 많은 부분을 다시 고민하고 생각해보게 한다. 바뀌어가고 있는 시험 제도와 교육과정을 부모가 먼저 알고 대비할 수 있다면 자녀들이 좀 더 즐겁게 학교생활을 할 수 있도록 도울 수 있을 것이다. 초등학생 자녀를 둔 학부모라면 꼭 한 번 읽어보라고 권유하고 싶다.

강연미(신흥초 4, 6 학부모 및 청소년 상담복지센터 상담지원팀장)

첫아이가 초등학교 입학할 때가 되었을 때, 설레기보다는 몹시 두렵고 떨렸던 기억이 난다. 내가 자랄 때와는 너무나 달라진 교육 환경, 생소한 교육 용어까지……. 다행히 내 아이는 초등학교 생활에 잘 적응해나가고 있지만, 오히려 변화가 필요한 사람은 아이가 아니라 '부모와 학부모' 사이에서 아슬아슬한 줄타기를 하는 나임을 절감한다. 그런 내게 이 책은 친절하게, 다정하게, 하지만, 강력하게 단지 '학부모'가 아닌, 좋은 '부모'로 어떻게 성장할 수 있는지에 대해 많은 팁을 주었다. 나와 같은 고민을 가진 학부모들에게 이 책을 자신 있게 추천한다.

제승도(공항초3 학부모)

학부모가 된다는 것은 쉬운 일이 아닙니다. 모든 것이 새롭기 때문입니다. 우리 자녀가 학교에 입학하기 전까지 어떻게 평가를 받았는지 구체적으로 생각해본 적이 없었습니다. 이 책은 학교 현장에서 어떤 방향으로 우리 자녀들이 평가를 받는지 자세히 알려줍니다. 학창 시절에 받았던 성적 통지표가 오늘날 없는 이유도 책을 통해 명확히 알게 되었고, 사교육에 의존해서는 안 되는 이유도 깨닫게 되었습니다. 결국 자녀가 학교에서 배우는 과정 가운데 성장해나가는 것이 중요하다는 것을 최근 평가와 연관해 풀어준 책입니다. 마지막 장에서 Q & A 형식으로 책의 내용을 전체적으로 정리해준 것도 책을 이해하는 데 큰 도움이 되었습니다. 책에서 읽었던 한 줄이 기억납니다. "경쟁과 나를 위한 공부에서 협력과 우리를 위한 공부로!"였습니다. 이런 방향으로 나아가기 위해서라도 자녀가 받는 평가에 대한 이해가 필요할 것입니다. 입시 위주의 현실 속에서 교육에 대한 목마름이 있는 학부모에게 이 책을 추천합니다.

정승민(송원초2 학부모)

변화된 초등학교 평가에 대해 궁금하신가요? 그렇다면 이 책을 추천하고 싶습니다. 본서는 학부모가 가장 궁금해 하지만 학부모 총회에서도 미처 접하지 못했던 평가에 대한 다양한 이야기가 담겨 있을 뿐 아니라 변화되고 있는 평가의 패러다임까지 쉽게 이해할 수 있도록 평가 전문가에 의해 생생하게 집필되었습니다. 초등학교에서 학부모님들이 평가에 대해 궁금해하는 바가 무엇인지 알고 있었기에 본서의 출간이 더 반갑게 느껴졌고, 늦은 시간까지 시간 가는 줄 모르고 읽으며 감탄하였습니다. 학부모들도 본서를 통해 평가에 대한 이해와 지원으로 아이들과 학부모님이 함께 행복한 교육을 만들어가는 기회가 됐으면 하는 바람입니다.

이미화(능내초 교무부장)

CONTENTS

004 prologue / 아이와 부모 모두에게 기대와 희망을 주는 평가 이야기

008 추천합니다 / 경쟁과 나를 위한 공부에서 협력과 우리를 위한 공부로!

"학교 다녀오겠습니다!" 아이는 무얼 배우러 가는 걸까요?

❶ 교육환경이 어떻든지 아이들은 꿈꾸며 자라고 있습니다

024 내 자녀의 꿈과 끼를 얼마나 존중하고 있을까?
026 공부와 숙면, 우리 아이는 무엇을 좇고 있을까
029 내 꿈은 가수인데… 꿈과 현실 사이의 아이들

❷ 아이가 시험지를 받아왔습니다 무엇부터 보십니까?

037 스스로도 잘 몰랐던 초등학교 부모 욕구 5단계
041 평가지(시험지)를 보는 학부모의 속마음 5단계
045 옆집 아줌마의 이야기, 조언인가? 참견인가?
048 일단 좋은 대학에 진학하고 보는 것이 장땡!

❸ 부모님은 학창 시절에 어땠나요? 시험이 행복하던가요?

053 아이의 모습에서 부모가 보인다
056 지금 우리 아이들은 얼마나 행복할까?
060 다중 지능을 통한 우리 아이 재발견

❹ 평가 대한 DNA를 바꾸면
　　어떻게 가르칠 것인지 답이 보입니다

069　학부모 마음 뒤흔드는 교육 신조어
071　울며 겨자 먹기, 사교육 시장 들여다보기
075　푸어(poor) 세대의 주범 사교육비
076　학원은 선택인가, 필수인가?
080　불량 광고를 통한 세태 이야기
083　스펙 쌓기 대회가 사라지고 있다
086　방과 후 우리 자녀 생활 엿보기
089　변화는 소수에서 시작한다

"몇 점 받았어? 몇 등이야?"
아무 의미없는 질문입니다

❶ 자, 그렇다면 우리 아이들을
　　어떻게 평가하는 것이 좋을까요?

102　모든 학생들의 수학 성적이 다 좋아야 하는 걸까?
108　등수가 아닌 배움의 즐거움, 평가의 진정한 목적
111　달라지는 평가 패러다임을 이해하면 해답이 보인다

❷ 요즘 학교의 교과 과정은 이렇습니다
　　평가 기준도 달라졌습니다

114　학부모가 알아야 할 평가 한눈에 살펴보기
117　초등 교육과정에서 살펴본 평가
121　평가의 가장 큰 변화, 서술·논술형 평가
124　교사별 평가와 상시 평가는 새로운 평가인가?

❸ 등수 없는 성적표 때문에 답답하시죠?
  그 마음부터 버려야 길이 보입니다

128 학생들이 시험을 보고 평가받는 진짜 이유
132 변별도 시험이 아닌 자기 생각을 표현하는 연습
135 부모 시험지 VS 아이 시험지 그리고 논술형 평가 이해하기
137 논술형 평가에 대한 몇 가지 오해와 이해
141 우리 아이가 잘 하고 있는지 궁금한 학부모들의 심정

❹ 과목별, 단원별 수행 평가는
  이렇게 준비 시키는 것이 좋습니다

144 이번 활동은 수행 평가다!
148 올바른 평가를 위한 수행 평가 계획서 살펴보기
152 각 초등학교에서 이루어지는 수행 평가의 다양한 예

❺ 정의적 능력 평가라는 게 있습니다
  그 얘기를 좀 할까요?

157 그 이름도 생소한 정의적 능력 평가
160 학교에서 실시하는 정의적 능력 평가 사례

❻ 혼자만 잘하는 것으로는 부족합니다
  모둠 평가라는 것이 있기 때문입니다

165 왜 협력적 문제 해결력 평가가 필요할까?
168 우리가 함께 있기에 내가 있다!
170 학교에서 적용되는 평가 문항 사례

❼ 교사마다 평가 기준이 다릅니다 그래서 시험 문제는 이렇게 냅니다

175 문제 출제의 기준이 되는 성취 기준
176 교과서는 학습 자료일까? 바이블일까?
179 시험 문제 출제의 기준과 성취 수준의 이해
183 평가 결과는 어떻게 반영될까
184 100점 만점의 신화에서 벗어나기
186 평가를 보는 관점 벗어던지기 '선발형 VS 성취형'
189 학기말 통지표 이해하기
192 아이의 성장을 한눈에! 성장 참조형 통지표

❽ 거·지·발(거수, 지명, 발표) 자기 생각 만들기는 매우 중요합니다

196 다양한 형태의 수업 변화
199 학생, 교사, 학부모가 모두 원하는 배움 중심 수업
201 바른 배움을 위한 교육과정 재구성
203 아이들의 생각을 깨우는 프로젝트 수업
204 아이들의 기억력을 깨우는 토의·토론 학습법

❾ 학부모가 교사를 평가하는 제도, 혹시 알고 계십니까?

207 교원 능력 개발 평가란?
210 교원 능력 개발 평가 문항은 누가 선정하나?
211 학부모를 위한 교원 능력 개발 평가 길라잡이
214 교사가 받아보는 결과표

 **PART 3** "오늘은 무얼 배웠어? 재밌었어?
아이와 부모를 함께 키울 질문입니다

❶ 마음에도 근육이 있습니다
  그것이 단단한 아이가 결국 해냅니다

220 마음속의 근육을 강화하는 긍정적인 시각 키우기
222 감사하는 연습, 감사 일기 쓰기 3단계
225 다양한 체육 활동을 장려하는 이유

❷ 공부 전략의 기본?
  아는지 모르는지부터 확인하십시오

228 '메타인지'를 알면 공부법이 보인다
230 메타인지는 어떻게 하면 길러질까?

❸ 이제 아빠가 나설 때입니다
  토론식 대화, 이건 아빠들이 잘하십니다

234 아빠가 참여하는 대화형 교육의 중요성
236 신세대 밥상머리 교육부터 시작하자
237 가정에서 실천하는 대화 공부법
242 질문도 좋은 공부다

❹ 아이 머릿속엔 무엇이 들어 있을까요?
　이것을 알면 공부법이 보입니다

245　공부법의 핵심은 호기심
248　바른 공부법에 대한 힌트, 망각 곡선
249　망각 곡선과 공책 정리
252　시험도 좋은 기억 증진법 중 하나다

❺ 늦되는 아이가 크게 됩니다
　문제는 자기 주도적 학습 능력입니다

255　공부의 주도성 찾아가기
258　인생 내비게이션의 장점과 단점

260　**학부모가 묻고 교사가 답하다** /
　　　바른 평가에 대한 궁금증이 있으십니까? 같이 정리해볼까요?

276　**epilogue** /
　　　우리 아이들을 위해서라면 부모는
　　　기꺼이 변화의 리더가 됩니다!

아이가 아침마다 가방을 메고 집을 나서며 인사합니다.

학교에 잘 다녀오겠다고 합니다.

공부 좋아서 가는 아이도 있고, 친구 만나러 가는

아이도 있습니다. 가기 싫다고 생떼를 쓰다 가는 아이도 있겠지요.

저마다의 아이들이 학교에 가서 배우는 게 무엇일까요?

그저 책 속의 글자나 숫자일까요? 1등 하려고 가는 걸까요?

아니, 사실은 인생입니다. 학교에 크러 가는 것입니다.

크고 있는 아이가 더 큰 사람이 되려고 말입니다.

PART 1

"학교
다녀오겠습니다!"
아이는 무얼
배우러 가는 걸까요?

3월 초 새 학기가 시작되고 한 달쯤 뒤면 학부모 상담 주간이다. 이 기간에는 학부모들을 만나 자녀에 대해 몰랐던 많은 이야기를 듣는다. 담임의 교육관과 학급 운영 방안에 대해 전하고, 학부모로부터 여러 가지 질문을 받기도 한다.

"우리 아이 학교생활은 어떤지요?"

"교우 관계는 좋은가요?"

"수업 시간에 집중을 잘하나요?"

"발표는 많이 해요?"

등의 질문을 받으며 이런저런 대화가 이어진다.

가끔 담임으로서 학부모들에게 다음과 같은 질문을 던지기도 한다.

"어머니, 아버지께서는 자녀들에게 무엇을 강조하시나요?"

"자녀들이 어떤 아이로 성장하길 원하시나요?"

대부분의 경우 아래와 같은 대답이 주를 이룬다.

"저희 부부는 인성이 훌륭한 아이로 성장하길 원합니다."

"공부를 잘하면 좋겠지만 공부보다는 건강한 아이로, 사회에 꼭 필요한 존재로 자랐으면 합니다."

이처럼 듣기도 좋고, 옳은 답이 없다. 더불어 100% 공감한다. 그러나 시간이 지나면서 몇몇 학부모들은 상담 시간에 나눴던 이야기와는 동떨어진 방향으로 자녀를 대하는 것을 볼 수 있다.

학부모들의 속마음은 우리 아이가 무엇보다 공부를 잘했으면 하는 마음이 크다. 친구는 나중에 사귈 수 있으니 학원부터 보내는 경우도 태반이다. 이 모든 것이 자식을 위한다는 명분 하나로 학급에서 우수한 성적을 통해 1등이라는 자리를 지켰으면 하는 것이 많은 부모들의 바람인 셈이다.

그동안 학교에는 많은 변화가 있었다. 평가의 성향을 보면 기존의 줄 세우기 식 서열화와 경쟁 중심보다는 협력 중심으로, 결과 중심보다는 과정 중심으로 패러다임이 바뀌었다. 그럼에도 불구하고 여전히 학부모들은 평가 후 우리 아이가 반에서 어느 정도 성적이 되는지 궁금해하거나 다른 친구들과 비교한 상대적인 성적 결과에 불만을 갖거나 불안해하는 경우를 종종 보게 된다.

물론 많은 부모들이 자녀들의 인성에 큰 관심을 보인다. 하지만 올바른 인성 함양에 들이는 시간과 물질에 비해 여전히 더 많은 부분을 자녀들의 성적 향상에 투자하는 것이 현실이다.

아주 가끔 엉뚱한 생각을 해볼 때가 있다. 만일 우리 주변에 국, 수, 사, 과 보습 학원 사이에 인성 교육을 담당하는 학원이 있다면 그곳에 아이들을 보낼 학부모가 있을까? 그것도 다른 학원비 못지않은 비용을 감당하면서 말이다. 우리는 그래서 이 책을 쓰기 시작했다.

우리 자녀 교육에 진정으로 필요한 것이 무엇인지 고민해 보기를 바라는 마음으로, 과감한 결단과 함께 올바른 자녀 지도 방법에 대해 알 수 있는 기회가 되길 바라면서 말이다.

1
교육 환경이 어떻든지
아이들은 꿈꾸며 자라고 있습니다

2009년 국제 학업 성취도 평가에서 1위를 차지한 핀란드가 매스컴에 소개되면서 많은 사람들의 관심을 끌었다. 소개된 내용에 따르면, 핀란드에서는 한 명의 아이도 포기하지 않기 위해 다양한 교육을 실시하고 있다. 학생의 목표를 위해 학교, 학부모, 교사가 옆에서 도와주는 시스템 아래 학생들은 미래를 꿈꾸고 자신의 소질과 적성에 맞는 직업을 선택하고 준비하게 된다. 그래서 어떤 직업을 갖든 만족도가 높다. 이는 교육의 방향이 제대로 정립되어 있다는 의미이기도 하다.

이처럼 사람들이 핀란드 교육에 열광하는 이유는 우리의 교육 현실이 그렇지 못하다는 것을 방증하는 것이다. 그동안 우리 교육의 목적은 좋은 대학에 입학하여 좋은 직장을 얻는 데 큰 비중을 두었다. 이것이 곧 행복의 결과라고 여겨왔다. 그러나 막상 그 결과는 생각과 달리 냉혹

했다. 많은 사람들이 학창 시절을 떠올려보면 다시 돌아가고 싶지 않다고 한다. 그때는 괴로운 시절이자 잊고 싶은 시간이었다고도 말한다. 왜 그럴까? 우리 교육 시스템 혹은 교육의 방향에 무엇이 잘못되었기에 그처럼 평가가 낮은 것일까? 많은 이유가 있을 것이다. 수능이라는 거대한 입시 장벽은 여전히 존재하고, 외고를 비롯한 특목고, 국제중들은 또 다른 경쟁을 유발한다. 그리하여 학생들은 더더욱 자신의 삶을 돌아볼 여유를 잃어가고 있다. 좋은 학교란 학생들의 성적을 올려 좋은 상급 학교에 진학하는 학교로, 전국을 돌아다니다 보면 ○○대, ○○고, ○○중에 몇 명 입학했다는 플래카드로 도배되어 있어야 좋은 학교가 되어버렸다. 이러한 시대의 흐름 속에 학부모들은 경제력이 뒷받침되면서 많은 정보를 갖추는 것이 중요하다고 여겨 입시설명회 같은 곳에 조금이라도 앞에 앉아 뭐든 얻어가려고 자리 쟁탈전을 벌인다. 학교에선 학생들의 성장을 말하고 있지만, 현재 많은 부분에서 여전히 경쟁을 통한 서열화, 등급화, 변별을 위한 교육과정이 운영되고 있고, 공부 잘하는 학생들이 알게 모르게 우대받고 있다. 이러한 실태 속에 우리 학생들의 심신은 지쳐가기만 한다. 탈모를 앓는 학생, 밤잠을 이루지 못하는 학생, 하루하루가 무기력한 학생, 꿈이 없다고 말하는 학생, 스트레스를 풀 곳이 없다고 하소연하는 학생들이 대한민국 사회에서 힘겹게 살아가고 있다. 이번 장을 통해 우리 안의 모습을 돌아보며 작은 결심이 생겨났으면 좋겠다.

내 자녀의 꿈과 끼를 얼마나 존중하고 있을까?

학년 초에는 학생들을 만나 일대일 상담을 통해 학생들의 일과를 묻고 학교생활은 어떤지, 방과 후 생활은 어떤지를 묻는다. 그때마다 '어른인 나보다도 더 바쁜 생활을 하고 있구나!'하고 느낄 때가 참 많다. 제자 중 한 명의 일과표이다.

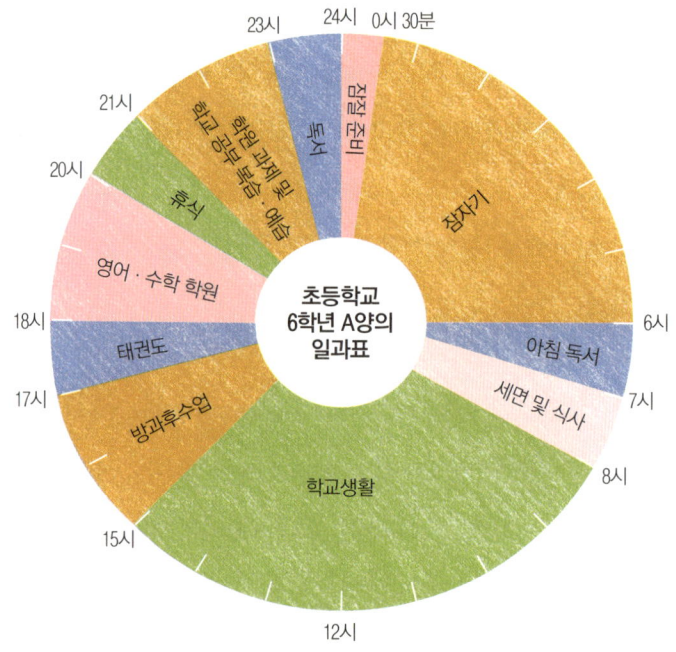

경기도 어느 초등학교 6학년 A양의 하루

위의 시간표에서와 같이 학교 수업을 마친 뒤 방과후수업을 듣고, 태권도 학원 차가 오면 태권도 학원으로 향하고, 잠깐 집에 와서 저녁을 먹은 뒤(때론 요일에 따라 저녁을 거를 때도 있음) 다시 보습 학원(영어 · 수학)

으로 향한다. 집으로 돌아와 학교, 학원 과제를 끝내고 부모님과 약속한 자기 전 책 30분 읽기를 마치면 어느덧 11시가 된다. 그런 생활을 반복하다 보니 점점 지치고 더 나아가서는 본인이 다람쥐 같다고 고백하는 아이도 만났다. 상담 중 그 학생에게 물어보았다.

"네가 원해서 이렇게 많은 학원에 다니는 거니?"

물론 본인이 원하는 경우도 있지만 대부분은 부모의 요구에 의해 학원에 다니고 있다고 대답한다.

"그럼 부모님께 '제가 너무 힘들어서요, 학원 좀 줄일게요'라고 말하면 어떠니?"라고 다시 물으면 "그래봤자 소용없어요. 우리 부모님은 다 저를 위해서 그런 거라고 하실 거예요"라고 무심히 답한다.

지금은 학부모들의 인식이 많이 바뀌어 아이들의 선호에 따라 학원을 결정하기도 하지만 여전히 일부 학부모들 마음속에는 주변 친구들이 다 학원에 다니고 있는데 내 자녀만 보내지 않으면 뭔가 뒤처지는 것 같고, 결국엔 공부를 잘 못해서 석차가 떨어질 것이라는 불안감이 남아 있는 듯하다.

최근 KBS2 〈안녕하세요〉라는 프로그램에서 열여덟 살 고등학생의 고민을 담은 내용이 방영되었다. 방송 내용을 살펴보면 고등학생의 꿈은 성우가 되는 것이다. 하지만 어머니는 오직 공부만 하라고 한단다. 방송을 보지 않은 부모들은 '부모 입장에서 그럴 수도 있지'라고 생각할 수 있지만 방송 내용을 좀 더 들여다보면 아들은 자신의 꿈을 위해 꾸준히, 그리고 열심히 준비하고 있었고, 성우가 되기 위한 실력도 제법 갖추고 있었다. 하지만 어머니는 오로지 공부 열심히 해서 좋은 대학에 가고, 평범한 공무원이 되는 것에만 관심을 보일 뿐, 아들의 관심이나 열정에 상당한 반감을 드러내고 있었다. 방송의 파장은 의외로 컸다. 많은 사람들이 우리 부모들의 현주소와 단면을 보는 것 같다며 씁쓸해했다.

우리는 내 자녀의 꿈과 끼를 얼마나 존중하고 있을까? 또한 내 자녀가 정말 무엇을 하길 원할까? 한번 고민해보면 좋겠다는 생각이 들었다.

공부와 숙면, 우리 아이는 무엇을 좇고 있을까

잠을 잘 자야 건강하다는 것은 이미 상식으로 여겨질 만큼 보편화된 이야기다. 실제로 충분한 숙면을 취해야 다음 날 컨디션이 좋다는 것은 모두 경험을 통해 알고 있다. 하지만 이는 '팔자 좋은 이'들의 옛말이 되어버린 지 오래다. 이미 중고등학교 수업 시간엔 깨어 있는 아이들보다 졸고 있는 아이들이 더 많고, 공부를 열심히 하고 싶어 하는 아이들도 마음은 굴뚝같은데 몸이 따라주지 않아 자신도 모르게 스르르 눈을 감는다.

그런데 이런 일들이 중고등학교에서만 일어나는 것이 아니라 초등학교에서도 벌어지는 현상이라면 쉽게 믿지 못할 것이다.

지역마다 차이는 있지만 잠이 부족해 교실에서 졸고 있는 초등학생을 찾는 것은 이제 어려운 일이 아니다. 전날 학원 공부와 이런저런 과제 때문에 느지막이 잠자리에 드는 바람에 수면 부족으로 수업 시간에 하품하는 학생들, 졸고 있는 학생들이 쉽게 눈에 띈다.

충분한 수면은 건강뿐 아니라 학업 성적과도 밀접한 관계가 있다. 『우리 아이 수면 코칭 : 학습력과 집중력을 높여주는 놀라운 잠의 비밀』(신홍범, 미래인, 2011)에는 경쟁을 위해 공부해야 할 때 잠을 얼마나 줄였느냐가 성패를 좌우하는 것이 아니라, 언제 어떤 공부를 했느냐가 더 중요하다고 쓰여 있다. 예를 들어 하루에 다섯 시간을 자는 학생이 있다고 하자. 그 학생은 수면 부족을 정신력으로 극복할 수 있겠지만 이렇게 정신력으로 이겨낸 수면 부족은 깨어 있는 시간에도 잠을 자고 있는 느린 뇌파를 내보냄으로써 결국은 자고 있는 것과 동일한 결과를 가져온다는 것이다. 이런 뇌 상태는 기억력 저하, 집중력 저하는 물론 더 나아가 학습 능력 저하로 이어진다는 설명이다.

흔히들 공부 스타일을 이야기할 때 '벼락치기형', '꾸준히 공부하는 형'이 있다고들 한다. 벼락치기형도 나름의 공부 방법일 수 있다. 또 경우에 따라 필요할 때도 있다. 하지만 벼락치기를 할 경우, 우리의 몸은 그야말로 최악의 상태가 된다. 왜냐면 벼락치기라는 말 속에 이미 수면 부족이란 말이 들어 있기 때문이다. 초등학생의 경우에도 벼락치기형이 점점 늘어가고 있는 것 같다. 특히 일제고사가 실시되는 경우엔 시험 점수를 높게 받으려고 벼락치기라는 맹목적인 공부가 시작된다.

보통 사람은 여덟 시간 내외의 수면이 건강에 좋다고 한다. 하물며 초등학생에게 건강한 수면 습관과 수면 시간은 더할 나위 없이 중요하다. 초등학생의 경우 학교에서 배워야 하는 학습량이 아무리 늘어난다 해도 그것이 하루 여덟 시간의 수면을 보장할 수 없을 정도라면 과감하게 스케줄을 재조정할 필요가 있다.

요즘 초등학생들의 수면을 방해하는 요인이 무엇인지 학생들에게 물어보았다. 학생들 답변으로는 첫째, 게임을 하느라 늦게 잔다. 둘째, TV를 보느라 늦게 잔다. 셋째, 학교·학원 숙제를 하느라 늦게 잔다. 넷째, 책을 읽느라 늦게 잔다 등이 있었다.

초등학생에게 게임 문제는 어제오늘의 일이 아니다. 실제로 학교 현장에서 보면 게임 중독으로 인한 문제가 생각하는 것 이상으로 심각하다. 게임의 가상 세계와 현실 세계를 구분하지 못하는 바람에 게임에서 등장하는 사건 사고가 현실에서 일어나기도 하니 말이다.

하지만 아이들이 밤에 잠 못 이루는 이유가 단지 게임에만 있는 것은 아니다. 과거 우리 반 학생 중 하나가 새벽 1시가 넘도록 잠을 잘 수 없다고 얘기한 적이 있다. 이유를 들어보니 학원에서 영어 단어 100개를 내주고, 그것을 외워 다음 날 시험을 보는데, 시험에서 외운 단어를 틀리면 혼날까 봐 걱정이 된 나머지 새벽 1시까지 단어를 외우느라 잠을 잘 수 없었던 것이다. 이런 일이 어쩌다 한 번이면 다행이겠지만 이후에도 그 학생은 여전히 비슷한 생활을 하고 있었다. 이를 단지, '공부 열심히 하는 학생이 참 기특하다'고만 생각하고 넘어갈 일은 아닌 것 같다. 오히려 이러한 생활들이 반복된다면 아이는 갈수록 수면 시간이 부족해지고, 그 시기 영어 단어 암기보다 더 중요한 학교생활이 힘들어질 것은 불을 보듯 뻔한 일이다.

그렇다면 이러한 문제는 어떤 방법으로 해결하면 좋을까?

초등학생의 경우엔 담임교사 및 학부모와의 면담을 통해 충분한 개선의 여지가 있어 보인다. 『우리 아이 수면 코칭 : 학습력과 집중력을 높여주는 놀라운 잠의 비밀』에서 그 방법을 찾아보았다.

첫째, 자녀와 함께 일정한 수면 시간을 정한다.

자고 일어나는 시간을 정해 규칙적인 생활을 하면 최적의 두뇌 상태를 만들 수 있다.

둘째, 일과표를 함께 작성한다.

방과 후 휴식 시간이 충분히 확보되어 있는지 확인해본다. 이를 통한 부수적 효과로는 자녀의 삶의 패턴을 엿볼 수 있다.

셋째, 게임 시간을 정한다.

게임을 하다 보면 시간 개념이 무감각해질 수 있으므로 게임 시작 전에 몇 시 몇 분까지 게임을 하기로 정하는 것이 도움이 된다.

넷째, 하루에 운동 시간 30분 이상을 마련한다.

운동을 함으로써 게임 시간을 상대적으로 줄이고 건강한 생활을 할 수 있다.

위의 네 가지만 충실히 지켜도 건강하게 보다 나은 학교생활을 이어갈 수 있을 것이다.

내 꿈은 가수인데…… 꿈과 현실 사이의 아이들

초등학교, 중학교, 고등학교에 진학하면서 모든 학생들이 받는 교육 중 하나가 진로 교육이다. 초등학교는 진로 탐색 단계로, 다양한 직업을 알아보고 직업 체험을 통해 자신의 진로를 생각해보는 시간을 가진다.

실제로 경기도 교육청은 '진로 사이버 인증제'를 도입, 진로에 관해 배울 기회를 제공하고 있다. 진로에 대한 이야기를 하려면 이 주제만 가지고도 논문을 쓸 만큼 할 이야기가 많다. 지금 현재 원만하게 직장 생활을 하고 있는 성인에게 "당신의 직업에 만족합니까?" 혹은 "당신은 원하는 꿈을 이루고 살고 있습니까?"라고 물으면 대부분의 사람들이 쉽게 "그렇다"라고 대답하기는 어려울 것이다.

이러한 현상은 어제오늘의 일이 아니다. 어릴 때부터 꿈에 대해, 진로에 대해 많은 이야기를 듣지만 어느 누구도 "너의 진로는 바로 이것이다!"라고 명확하게 이야기해주지 못한다. 그 어떤 고민보다 많은 시간을 할애하면서도 우리는 왜 여전히 진로에 대해 만족하지 못할까?

초등학교의 경우, 5학년 때부터 본격적으로 진로 교육을 시작한다. 성격 유형 검사(MBTI), 홀랜드 검사 등을 통해 적성, 흥미, 관심 분야 등을 알아보고 그 결과에 맞는 직업군을 소개하면서 다양한 방법으로 직업에 대해 알아보는 과정을 거친다.

만일 어떤 아이가 노래 부르기를 좋아하고 가수의 꿈을 가지고 있다면, 그 아이는 최소한 가수라는 직업에 대해 알아보고, 그런 꿈을 기초로 진로를 탐색해보아야 할 것이다. 하지만 실상은 아이들이 원하는 것은 탐색 단계에서조차 거절당하는 일이 많고, 이런 길은 이래서 힘들고, 저런 길은 저래서 배고프고 등등의 다양한 이유를 근거로 결국 부모들이 원하는 안정적인 진로를 향해 갈 수밖에 없는 경우가 더 많은 것이 현실이다.

2013년 〈이오덕동요제〉 참가곡 중 하나인 다음의 노랫말을 보자.

나는 영훈초등학교를 나와서
국제중학교를 나와서
민사고를 나와서
하버드를 갈 거다.
그래 그래서 나는
내가 하고 싶은 정말 하고 싶은
미용사가 될 거다.

영훈초등학교는 서울에 있는 사립초등학교다. 학비가 만만치 않아 보내기가 쉽지 않다. 이곳에 다니는 초등학생이 국제중과 민사고(민족사관고등학교)를 나와 하버드를 갈 거란다. 여기까지 가사를 본 사람이라면 공부를 잘하거나 앞으로 더 열심히 해서 좋은 대학을 가는 것이 목표구나 하고 생각하겠지만 마지막 가사가 웃음을 주다 못해 우리 기성세대를 부끄럽게 만든다.

이 아이의 꿈은 노랫말처럼 미용사가 되는 것이다. 미용사가 되기 위해 굳이 하버드 대학까지 안 가도 되는 것은 이 학생도 잘 아는 사실이다. 그러나 부모의 기대가 고스란히 가사 안에 담겨 있다. 누군가는 이런 질문을 던질 수도 있다.

"그냥 미용사가 되고 싶다고 부모님께 말씀드리면 안 될까?"

참 쉬운 얘기지만 누구에게는 그 한마디가 쉽지 않은 것이 현실이다. 부모의 기대 속에 숱하게 들어온 말이 "공부 열심히 해라, 국제중 정도는 가고 민사고는 졸업해야 하버드에 갈 수 있다"가 아니었을까? 그래서 비록 내 꿈은 미용사이지만 우선 부모의 기대를 충족시킨 다음에 꿈을 이루면 되지 않을까? 하고 체념한 듯싶다. 어떤 면에서 효자이거나 효녀인지도 모르겠지만 씁쓸한 내용의 가사임에는 틀림없다.

필자가 잘 아는 선생님의 이야기다. 이 글을 읽는 학부모들은 자신이 상담자라 생각하고 판단해보면 좋겠다. 그 선생님에게는 딸, 아들이 한 명씩 있다. 딸아이는 단 한 번도 미술 학원을 다녀본 적이 없고, 그 누구에게도 미술 지도를 받아본 적이 없었다. 그런데 타고난 재능과 본인의 관심으로 그림 그리기를 무척 좋아해 미술 대회에서 늘 좋은 결과를 받아왔다고 한다. 초등학교와 중학교 때까지만 해도 상장을 받아오고 본인도 좋아하니 부모 입장에선 그저 기분 좋은 정도였다고. 그런데 6학년이 되면서 처음 아이의 입으로 본인은 미술을 좋아하니 앞으로 화가가 되고 싶다는 얘길 하더란다. 그 순간, 늘 학생들과 학부모들 앞에서 아이들의 적성과 소질, 흥미가 중요하니 그에 따라 진로를 정해야 한다고 역설했음에도 불구하고 막상 자신의 자녀가 화가가 되겠다고 했을 때 맨 처음 떠오른 것은 '힘들고 배고프고 돈 안 되는 길인데……' 하는 생각이었단다. 그래서 좀 더 생각해보자는 말로 일단 순간의 위기를 모면했는데, 은연중에 다른 길을 강요하게 되었고, 이런 갈등의 시작이 결국은 자식과의 관계에 악영향을 미쳤다는 고백을 들은 적이 있다. 그리고 이런 고민은 지금도 진행 중이라고 한다.

우리라고 이러한 상황에서 자유로울 수 있을까 하고 자문해본다. 자녀가 이런 선택을 한다면 전폭적으로 지지할 수 있을까? 아니면 위의 선생님처럼 다른 길로 인도하려 할까? 분명 자녀가 미술에 소질이 있는데도 말이다.

비단 이런 사례들이 한두 개는 아닐 것이다. 내 꿈은 가수인데 하루에 학원을 아홉 개씩 다니면서 자신의 꿈을 이루는 데 전혀 도움이 되지 않는 길을 걷고 있어 힘들다는 푸념 섞인 내용이 담긴 신문 기사를 본 적이 있다. 학원을 아홉 개씩 보내는 부모님이 가지고 있는 신념과 철학은 무엇일까 궁금해졌다. 우스갯소리로 집안 사정이 넉넉해서 그 많은 학원을 보내는 건 절대 아닐 테고, 아마 다양한 경험을 통해 우수한 대학 진학에 이어 좋은 직장을 얻도록 지원해줘야 한다는 자식에 대한 지극한 사랑, 정성이 만들어낸 결과일 것이다. 그러나 결과는 부메랑처럼 원하는 방향대로 돌아오지 않을 수도 있다.

먼저 인생을 산 선배로서 자신이 갖고 있는 경험과 지식을 동원해 자녀들을 돌보고, 조언해주는 역할은 부모로서의 마땅한 의무다. 하지만 그 의무 때문에 자녀들은 본의 아니게 힘들어질 수도 있다. 나아가 자녀들의 꿈과 희망을 포기하게 만들고, 힘겨운 학창 시절을 보내게 할 수도 있다.

그나마 다행스러운 것은 부모들의 의식이 많이 달라져서 초등학생 자녀를 둔 학부모의 경우 자녀들이 원하는 것을 1순위에 두려고 노력하는 학부모들이 늘고 있다는 점이다. 하지만 중고등학생이 되면서 초등학생 때와는 달리 생각이 바뀌는 경우가 많아 안타까운 마음이 든다. 아무쪼록 자녀들의 흥미와 소질에 관심을 두고 지속적인 대화를 통해 자녀들이 진정으로 원하는 미래의 모습에 좀 더 가까이 갈 수 있기를 희망한다.

❷ 아이가 시험지를 받아왔습니다 무엇부터 보십니까?

　세상의 변화는 교육뿐 아니라 사회, 정치, 경제 분야에서 이전보다 빠르게 일고 있다. 학교 현장은 더더욱 그렇다. 우선 학교 시설이 많이 달라졌다. 교실마다 컴퓨터, TV 등의 전자 비품이 구비되어 있고, 책걸상은 아이들의 신장에 맞게끔 높낮이가 조절 가능하며, 무겁게 들고 다니던 책가방은 교실 안 사물함에 비치할 수 있어 보다 편히 등교할 수 있게 되었다. 그리고 도시락을 가지고 다니던 시절은 추억일 뿐, 현재는 모든 학교가 급식 시설을 갖춰 학부모들이 아침마다 도시락을 싸느라 분주했던 모습은 사라졌다.

　학교 시설 등을 포함한 외부 모습뿐만 아니라 학교의 내면적 활동도 많이 바뀌었다. 교사들은 전문적 학습 공동체를 만들어 보다 양질의 교육을 하기 위해 교재 연구 및 수업 개선에 애쓰고 있다. 즉 무엇을 가르쳐야 할지(교육과정 재구성)를 고민하고, 어떻게 수업을 할지 그리고 가르친 것들을 어떤 방법으로 평가할지 고민하고 있다. 그 결과 서열화 또는 결과 중심에서 벗어나 학생들의 성장을 돕고, 과정 중심의 평가를 하려는 틀로 바뀌었다. 그러나 이에 비해 아직 변화가 더딘 곳이 있는데 바로 우리 주변의 초등학생 자녀를 둔 학부모들이다.

동상이몽이란 말이 있다. 같은 침대에서 서로 다른 꿈을 꾼다는 뜻인데, 겉으로는 같이 행동하면서 속으로는 각기 다른 생각을 하는 것을 이르는 말이다. 학생들의 꿈과 끼를 키워주고 바른 인성과 창의성 함양이 중요하다고 말하지만 꿈과 끼도, 바른 인성과 창의성도 어느 순간엔 나중 순위로 밀려나는 걸 쉽게 목격할 수 있다. 세상 부모라면 자식을 위한 사랑이 모두 특별하다. 하지만 그 사랑을 표현하는 방법에선 차이가 있다. 어떤 모습이 더 훌륭하다거나 바람직하다고 단정 지을 수는 없다. 적어도 자식을 위해 행하는 모습 속에 얼굴 찡그리게 만드는 일들이 있다면 그것이 자식을 위한다는 명분보다는 과연 이것이 우리 사회에 부모로서, 그리고 기성세대로서 맞는 행동인지 검토가 필요할 때가 아닌가 싶다.

우리는 이제까지 다른 것은 몰라도 자녀 교육을 위해 많은 것을 희생해왔다. 그것이 설령 규칙과 법을 어기는 일이라 할지라도 개의치 않았다. 그러나 이제는 어른부터 달라져야 한다. 우리 모습을 돌아봐야 한다.

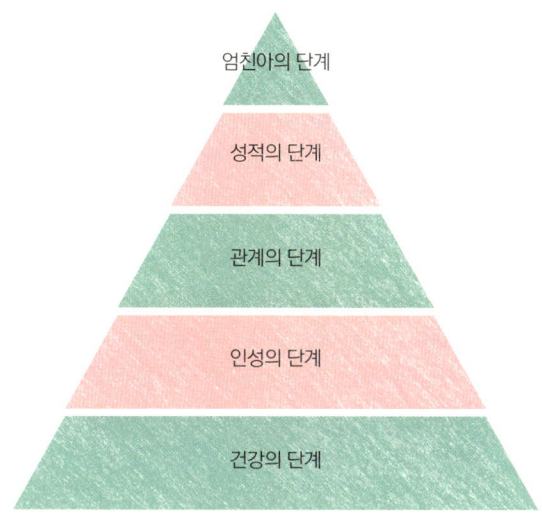

초등학교 학부모 욕구 5단계

스스로도 잘 몰랐던 초등학교 부모 욕구 5단계

결혼한 부부가 아이를 낳기 전, '우리 아이는 어떤 아이면 좋을까?' 하고 상상하면서 나름대로 이상적인 아이의 모습을 그려본다. 하지만 처음에 가졌던 우리 아이에 대한 이상적인 생각은 주위 환경과 아이의 성장과 맞물리면서 변화를 거듭한다. 이런 변화는 대부분 '바라는 정도(욕구)'에 따라 분류할 수 있다.

부모의 바람을 정리하면 크게 다섯 개의 욕구로 나눌 수 있다. 과연 부모로서 나는 우리 아이에게 어떤 바람을 가지고 있는지 생각하면서 처음 자녀를 만났을 때 흘렸던 감격의 눈물을 떠올려보는 계기가 되었으면 한다.

우리 아이에게 바라는 가장 낮은 1단계는 건강의 단계다. 자녀가 막 태어났을 때의 바람은 오로지 건강뿐이다. 요즘 환경 오염으로 인해 선천성 질환이나 아토피처럼 아이를 괴롭히는 질병들이 많다. 이런 이유로 '건강하게만 자라 다오'라는 말이 나온 것. 그런데 이 단계는 탄생과 동시에 확인이 가능하므로 가장 짧은 단계다. 아이가 건강하다는 것을 확인한 뒤에는 다음의 욕구가 생기게 마련이다.

2단계는 인성의 단계로, 사회가 각박해지면서 마음까지 빡빡해지는 현상이 발생한다. 따라서 부모들은 예의 바르고 남을 배려할 줄 알며, 부모 말 잘 듣고, 스스로 할 일을 찾아서 하는 아이가 되길 바란다. 그런데 이것은 엄마의 양육 형태에 따라 여러 가지 형태를 보이지만 부모 앞에서는 대체로 아이들이 잘하고 있기 때문에, '이 정도는 괜찮아'라는 생각으로 쉽게 충족된다.

3단계는 관계의 단계다. 어린이집과 유치원이라는 집단생활을 시작하면서 걱정거리는 다른 아이들과의 관계에 집중된다. '혹시 우리 아이가 아이들에게 따돌림을 당하지는 않을까? 맞지는 않을까?' 걱정하면서 부모들이 모임을 만들어 아이들의 관계를 만들어주기도 한다. 그래서 유치원 때 만들어진 모임이 초등학교, 중학교까지 이어진다고 들었다. 부모님이 단짝을 맺어주다 보니 오히려 아이들은 스스로 관계를 배워가는 일에 어려움을 느낀다. 아이들은 매년 새로운 아이들과 관계를 맺게 되는데, 그 아이들보다 과거의 몇몇 아이들과의 관계를 중시하다 보면 오히려 새로운 관계를 맺는 일이 어려워질 수 있다. 그런 이유로 이러지도 저러지도 못하면서 아이가 별 탈 없이 지내기를 바랄 뿐이다. 여기까지가 우리 아이의 행복을 위한 부모로서의 걱정이었다면 다음 단계는 아이와 함께 부모의 욕심이 표출되는 단계다.

4단계는 성적의 단계로, 건강하고 인성이 되며 올바른 관계가 형성되면 아이의 성적에 관심을 갖기 시작한다. "누구는 몇 점이다, 누구는 무엇을 잘한다"며 본의 아니게 아이를 성적의 덫으로 밀어 넣기 시작한다. 사교육 순례가 시작되고, 우리 아이를 위해서라면 '참새아빠'도 마다하지 않는 열성적인 부모가 된다.

5단계는 엄친아의 단계. 4단계까지 피나는 노력으로 맺은 결실은 주위 사람들이 모두 부러워하고, 부모 스스로 기쁨을 느끼는 '엄마 친구의 아들' 단계다. 엄마 친구의 아들은 모든 분야에 팔방미인은 물론 학생으로서 완벽한 아이를 일컫는 말이다. 모든 부모들이 우리 아이가 이루었으면 하는 최고의 단계이기도 하다. 이 단계에 이르면 엄친아의 엄마는 '돼지엄마'의 자격이 부여되기도 한다. 주위 학부모의 부러움을 받는 동시에 진학 지도의 대가로 인정받는 것이다.

부모의 바람이 커지고, 욕구의 단계가 올라갈수록 자녀들의 짐도 커지는 것은 분명하다. 자기 아이가 잘되기를 바라는 부모의 마음은 이해하지만 현재의 불행을 담보로 하는 미래의 불확실한 행복이 진정 우리 아이를 위한 길인지 생각해보았으면 한다.

PLUS TIP

매슬로의 욕구 5단계 이론

인간의 욕구는 타고난 것이며 욕구를 강도와 중요성에 따라 5단계로 분류한 에이브러햄 매슬로(Abraham H. Maslow)의 이론이다. 하위 단계에서 상위 단계로 계층적으로 배열되어 하위 단계의 욕구가 충족되어야 그다음 단계의 욕구가 발생한다. 욕구는 행동을 일으키는 동기 요인이며, 인간의 욕구는 낮은 단계에서부터 그 충족도에 따라 높은 단계로 성장해간다. 이것이 욕구 5단계설이다.

1단계 욕구는 생리적 욕구로 먹고 자는 등 최하위 단계의 욕구다.

2단계 욕구는 안전에 대한 욕구로 추위·질병·위험 등으로부터 자신을 보호하는 욕구다.

3단계 욕구는 애정과 소속에 대한 욕구로 어떤 단체에 소속되어 애정을 주고받는 욕구다.

4단계 욕구는 자기 존중의 욕구로 소속 단체의 구성원으로 명예나 권력을 누리려는 욕구다.

5단계 욕구는 자아실현의 욕구로 자신의 재능과 잠재력을 발휘해 자기가 이룰 수 있는 모든 것을 성취하려는 최고 수준의 욕구다.

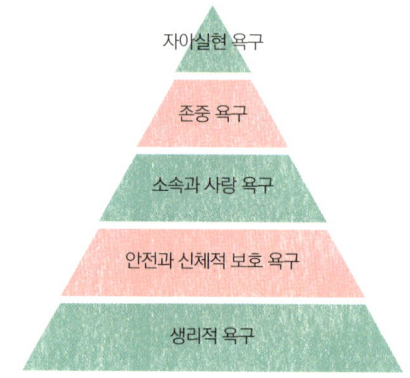

자료 : 매슬로의 욕구 5단계설, 『사회복지학사전』, 2009, Blue Fish

평가지(시험지)를 보는 학부모의 속마음 5단계

제2장에서는 평가의 방향, 시기, 평가 모습 등에 대해 자세히 설명할 예정이다. 그전에 우리 자녀들의 평가지를 받아본 학부모의 속마음에 대해 잠시 이야기를 나눠보려고 한다.

step 1 시험 점수 확인
step 2 반 평균 점수 확인
step 3 경쟁하는 친구 점수 확인
step 4 이 문제는 왜 틀렸니?
step 5 다음엔 점수를 더 올려라!

초등학교에서 학생들을 대상으로 시험을 치르는, 또는 평가를 하는 주된 이유는 이를 통해 자신이 알고 있는 것을 확인하기 위함이다. 혹 모르는 게 있다면 다시 공부하기 위한 방안으로 평가를 실시한다. 물론 때에 따라 평가 점수를 활용하여 반 편성을 하기도 하고, 특정 인원을 선발하기 위해 평가를 실시하는 경우도 있지만 대체적으로는 학습한 내용을 확인하기 위한 피드백의 일환이다. 그러나 평가를 본 뒤 아쉽게도 평가의 순기능이 제대로 작동되지 않아 안타까운 것이 사실이다.

우선 아이들부터 그렇다. 과거에 평가지에 점수를 매겨 아이들에게 나눠준다면 교실에서는 어떤 일이 벌어질까? 사람의 기본 심리대로 우선 점수를 본다. 아이들도 어른과 똑같이 주변 친구들의 점수에 관심을 갖는다. 그리고 자기보다 잘한 친구들을 부러워하거나, 친구와 비교된 자신의 점수 때문에 실망한다. 어떤 면에서는 오히려 이런 자극이 학습 동기를 부여한다. 그러나 문제는 딱 여기서 그치는 데 문제가 있다.

속상한 마음이야 어쩔 수 없다 치더라도 다시 마음을 잡고 평가의 본래 목적대로 '내가 틀린 문제가 무엇인지, 왜 내가 이 문제를 틀렸는지' 고민해보고 다시 알기 위해 재학습하는 것이 본래의 기능 아닐까? 그러나 안타깝게도 다시 공부하는 것에는 큰 관심이 없어 보인다.

그래서 교사들은 "점수 자체가 중요한 게 아니다. 어떤 문제를 내가 왜 틀렸는지 확인해보자" 하는 식의 얘기를 하면서 오답 노트 등을 활용해 재학습을 위한 준비를 한다.

보다 솔직히 이야기하면 과거 교사들에게도 평가의 피드백 기능이 약했을 때가 있었다. 자기 반 학생들의 점수를 엑셀 파일 등에 기록하고 반 평균을 보면서 다른 반과의 반 평균을 무의식중에 신경 쓴 것을 돌이켜보면 아이들의 심정을 모르는 바 아니다. 심지어 어느 학교의 교장처럼 반 평균이 제일 안 좋은 학급의 담임을 불러 왜 점수가 이 모양이냐고 물으며 교사들에게 무기력감을 주는 상황일 때는 더더욱 점수 자체에 모든 관심이 쏠렸을 것이다.

이러한 맥락 속에 우리 학생들을 떠올려본다. 어쩌면 학생들도 점수를 향한 부모님의 뜨거운 관심 때문에 평가지를 받자마자 점수부터 확인하고 경쟁하는 친구의 점수부터 확인했을 것이다. 집에 가면 분명 부모님이 "네 친구, 걘 몇 점 맞았니?" 식의 질문을 할 테고, 만일 본인의 점수가 낮다면 비교를 당하며 은연중에 불쾌감을 느낄 테니 본인도 모르게 친구들의 점수에 관심을 갖게 된 것은 아닐까 하는 생각이 들었다. 마치 점수를 비교했던 교장 때문에 반 평균을 비교하는 교사들처럼 말이다.

다시 시험지를 받아보는 부모님의 속마음을 들여다보자.

1단계 시험 점수를 확인하는 것은 자연스러운 현상이라 여기고 넘어가자.

2단계 반 평균 점수를 확인하고 싶은 마음도 다소 이해가 간다. 우리 자녀가 반에서 어느 정도의 학습 능력을 가지고 있는지, 혹은 이번 시험의 난이도를 알기 위해서다. 그러나 이런 의식 또한 분명히 바뀌어야 할 부분이다. 왜 그럴까?

적어도 초등학교의 평가 패러다임이 상대 평가에서 절대 평가로 바뀌고 있기 때문이다. 몇 명 중에서 몇 등이 중요한 게 아니라는 것이다. 내 점수가 90점이라고 했을 때 반 평균이 95점이라 해도 90점이라는 점수 자체에 의미가 있다는 것이다. 90점을 맞은 친구는 틀린 2~3문제를 바로 알기만 하면 된다.

3단계 경쟁하는 친구의 점수를 확인하는 것은 그야말로 경쟁 위주의 사고 속에서 생겨난 습관이다. 앞에서도 잠시 언급했지만 부모들이 자녀들에게 던지는 질문 속에서 우리 아이들도 동일하게 친구들의 점수부터 확인한다. 때로는 그 친구를 시샘하고 미워하는 마음까지 갖는 경우도 종종 볼 수 있다. 그러나 사고의 전환을 통해 새로운 기회를 찾을 수 있다. 그것은 바로 경쟁하는 친구가 아니라 협력하는 친구로서의 역할이다. 가령 자신이 틀린 문제를 친구가 맞은 것을 확인하고 그 친구에게 도움을 요청한다면 어떤 일이 벌어질까? 질투, 시기보다는 협력, 상생하면서 동반 성장을 이룰 수 있지 않을까?

4단계 "이 문제는 왜 틀렸니?"에서 부모님의 속마음을 들여다보아야 한다. 여기서 '왜?'라는 질문에 포인트가 있다. '무엇을 몰라서 틀린 것 같니?'의 접근인지, 아니면 '왜? 틀려서 점수가 이렇게 낮은 거야?'라는 불만 섞인 뉘앙스인지를 말이다. 우리 자녀들도 감정의 동물이다. 특히 시험을 끝내면 민감해지기 마련이고 말 한마디 한마디가 그 어느 때보다 크게 다가온다. 이런 점에서 부모들이 던지는 질문의 목적, 뉘앙스에 변화가 필요하다.

5단계 "다음엔 점수를 더 올려라!"처럼 결국엔 높은 점수를 받는 것이 가장 중요한 일이 되어버린다. 물론 학습한 내용을 다 이해하면 당연히 점수가 올라간다. 그것은 교사 입장에서도 즐거운 일이다. 하지만 우리 아이들 입장에서는 다르게 다가올 수 있다. 무조건 점수를 높게 받는 것이 목적이 되는 순간, 자칫하면 부정행위로 연결된다.

요즘 매스컴을 통해 접할 수 있는 덴마크, 스웨덴 같은 나라의 교육 현장에는 부정행위가 없다. 심지어 옆 학생이 알려줄까 물어도 거절하는 것이 그들의 문화다. 평가 목적이 친구와의 경쟁이 아니고, 높은 점수가 목적이 아니라 내가 모르는 것을 확인하는 과정일 뿐이라고 여기기 때문이다. 그래서 많은 학생들이 평가를 두려워하지 않고 오히려 그 시간을 중요하게 여긴다. 왜 그런지는 그들의 부모를 통해 쉽게 알 수 있다. 우리에게 없는 위의 5단계 중 하나가 그 해답이 될 수 있다.

바로 어떤 문제를 틀렸는지, 무엇을 몰라서 이 문제를 해결할 수 없었는지에 대한 단계일 것이다. 공부를 가르치는 교사에게도, 배우는 학생에게도, 평가지를 받아보는 학부모에게도 필요한 것이 '왜? 무엇을? 아직 내가 모르고 있는가?'에 관심을 두는 태도다.

따라서 피드백 기능이 평가의 중요한 순기능이 되는 셈이다. 앞으로 우리 아이들의 시험지를 받아볼 때 먼저 '어떤 문제를 왜 틀렸을까? 그래서 어떤 도움을 줘야 할까?' 이런 고민을 해보면 좋겠다.

옆집 아줌마의 이야기, 조언인가? 참견인가?

'카더라 통신'이라는 말이 유행한 적이 있다. '어디 학원에 보냈더니 성적이 올랐다더라', '외고를 보내려면 이렇게 저렇게 해야 한다더라' 등 확실한 근거 없이 주변에서 들려오는 소문들이 마치 사실인 것처럼 신념을 주어 판단을 흐리게 하는 것들을 의미한다.

'카더라 통신' 못지않게 초중고 자녀를 둔 학부모들에게 강력한 영향력을 끼치는 신조어가 하나 더 있는데 바로 '돼지엄마'다. 사교육 1번지인 대치동에서 쉽게 들을 수 있는 돼지엄마는 어미 돼지가 새끼들을 이리저리 끌고 다니듯 또래 학부모에게 영향력을 행사하는 엄마를 일컫는 말이다.

자녀들이 5, 6학년이 되면 슬슬 국제중학교 등에 보내야 하는 시기가 찾아오는데, 자녀들의 성적이 좋지 않으면 알게 모르게 성적이 좋지 않은 자녀의 엄마들을 따돌리고, 성적이 좋은 엄마들끼리 네트워크를 만들어 자녀들의 성적 관리를 한다고 한다. 그들 중 자녀가 국제중학교, 외국어고등학교·과학고등학교, 서울대학교 등에 진학하면 학원가에서 그들 어머니를 학원 홍보실장으로 모셔(?) 나름 마케팅 전략을 세운다고 한다. 즉 돼지엄마는 학원 입장에서 볼 때 마케팅 능력과 전문성을 갖춘 멀티플레이어형 인재인 셈이다. 뿐만 아니라 돼지엄마가 되려면 자녀의 상위권 성적, 남다른 언변, 경제력과 정보력, 인맥, 카리스마 등이 필요하다. 이러한 권력은 성적을 최고로 꼽는 부모들 사이에선 대통령 권력 못지않다.

몇 년 전 한 어머니의 상담 내용은 또 다른 예다. 상담을 신청한 어머니는 지인과 통화하고 나서 마음이 어지러워 조언을 구하기 위해 상담을 신청했다고 했다. 상담 내용은 대략 이랬다.

지영(가명)이와 같은 반 학생의 어머니로부터 전화가 걸려왔다. 비록 형편은 어렵지만 자식을 위해 강남으로 이사하기로 결심했다는 것이다. 아무래도 사교육의 메카인 강남으로 이사해 주변 학부모들과 교류하면서 그들 문화 속에 합류한다면 분명 좋은 대학에 진학할 가능성이 높을 것 같아 이사를 결정했다며 지영이 엄마도 빨리 결정하고 같이 강남으로 이사하자고 제안했다고 했다.

아직 초등학생인데 벌써 강남으로 이사까지 할 필요가 있냐고 반문하면서 전화 통화를 마무리했지만 그 후 몇 날 며칠 통화 내용이 떠오르면서 자신의 소신 때문에 지영이의 진로를 망치는 건 아닌가 싶었다.

당시 우리 반 지영이는 책 읽기를 좋아하고 교우 관계도 원만했으며, 학업 성적도 뛰어난 아이였다. 아마 이러한 조건 때문에라도 더더욱 고민되었을 거라는 생각이 들었다. 그날 긴 시간 동안 상담이 이어졌고, 위에 언급했듯이 카더라 통신에 민감하게 반응하지 말라는 당부와 함께 지금도 충분히 잘하고 있으니 걱정하지 말라면서 상담을 마무리했다.

지영이 어머니가 지인과 통화하고 나서 몇 날 며칠 통화 내용이 생각났듯이, 필자 또한 상담 내용이 계속 생각났다. 과연 내가 건넨 조언이 확실한가? 나 자신에게도 묻곤 했다.

이러한 질문에 답하기 위한 기준을 생각해보았다.

첫째, 과연 공부는 무엇 때문에 하는 것인가?

둘째, 정말 강남으로 이사를 가면 공부가 잘될까?

셋째, 내가 속한 지역에서 공부를 하면 뒤처지는 것인가?

넷째, 공부는 스스로 하기엔 역부족인가?

다섯째, 공부보다 소중한 것이 무엇일까?

등의 질문들을 스스로 해보았다.

각각의 질문에 정답이 있는 것은 아니다. 다만 같은 고민을 하고 있는 학부모가 있다면 함께 고민해보는 게 좋겠다고 생각했다. 적어도 필자는 공부하는 환경도 중요하지만 그보다 공부하는 방법이 더 중요하고, 좋은 성적으로 좋은 대학에 진학하는 것도 중요하지만 그보다는 '행복이란 가치가 소중하다'는 결론에 다다랐다.

지영이의 상담 내용은 '이것이 정답이다!'라고 말하기에는 어려운 문제였다. 만일 정답이 있다면 정답을 찾아가는 과정에서 유사한 답안을 찾을 수 있지 않을까 하는 희망을 품어본다. 아이들이 강남으로 간다고 해서 공부를 다 잘한다거나 아이들이 모두 행복해지는 게 아니라는 것만큼은 확신했다. 때문에 더욱 신중한 결정이 필요했다. 지영이 어머니와 다시 통화할 때 필자의 뜻을 전했고, 선택의 몫은 여전히 학부모라는 사실도 알려드렸다.

그 후 한결 가벼운 목소리로 한 통의 전화가 걸려왔다. 남편과 오랜 대화를 나눴고, 지금 이곳에서 부모로서의 소신을 가지고 열심히 지도하기로 결정했다는 내용이었다. 지금까지도 지영이는 열심히 공부하며, 여전히 또래 친구들과 함께 행복하게 잘 지내고 있다.

일단 좋은 대학에 진학하고 보는 것이 장땡!

신앙생활을 중요하게 가르치는 교회에서조차도 자식 사랑이 남다른 신앙인을 종종 보게 된다. 고3이 되면 잠시 교회 활동을 중단하고 학업에 집중해 좋은 대학에 진학하기만 하면 이것조차 신앙생활 못지않게 중요하다는 태도다. 그런 이유로 교회에서 고3 학생들이 사라지는 해프

닝이 벌어지기도 한다. 신앙 교육을 강조하는 이들의 속마음조차 그러한데 다른 고3 자녀를 둔 학부모들은 오죽할까 싶다.

최근 알고 지내는 학부모와 대화할 기회가 있었다. 대학생 아들과 고등학생 딸을 둔 학부모로, 대학생 아들 때문에 마음고생이 심했다는 얘기를 전했다. 내용은 대략 이렇다.

어릴 때부터 주변 사람들에게 영특하다는 얘길 종종 들으며 초등학교와 중학교 시절을 보내고 고등학교 때까지 공부를 잘하는 편이어서 기대감이 컸다. 소위 말하는 명문대 진학은 으레 하겠거니 생각했고, 이를 위해 나름 열심히 뒷바라지했다. 학원가 근처로 이사도 했고, 필요하다면 큰돈 들여가며 과외 등 자식을 위해 고3 어머니를 자청하며 헌신적으로 1년을 보냈다. 하지만 생각만큼 수능 성적이 나오지 않았고, 그 때문에 속상해하는 아들보다 본인이 더 힘들고 좌절하는 모습을 보며 정작 아들은 힘든 티도 못 낼 지경이 되어버렸다. 말 그대로 주객이 전도된 상황인 셈이다.

아들은 대학 간판보다 적성에 맞는 전공을 선택하려 했지만 자신은 오히려 아들에게 재수를 독려하며 꼭 명문대에 가기를 바랐다. 그렇게 아들을 힘들게 했다. 재수 생활 역시 편안할 리 없었다. 재수하는 내내 아들은 아들대로, 어머니는 어머니대로 지쳐갔다. 급기야 대화도 줄어들고 오히려 모의고사 성적이 떨어지는 상황이 되자 그동안 지내온 과정을 돌아보게 되었다. 그제야 비로소 아들에게 미안한 마음이 들었다.

용기를 내어 아들에게 속마음을 털어놓았고, 아들이 원하는 공부를 하는 데 동의했다. 아들 역시 그런 어머니 마음을 이해하고 다시 열심히 공부해 명문대는 아니지만 원하는 전공을 선택해 대학에 입학했다.

모자의 이런 관계를 지켜본 당시 중학생이었던 딸은 완전히 달랐다. 딸은 자신이 원하는 것이 무엇인지 고민하고 결정한 뒤 스스로 공부하기 시작했다. 아들 같았으면 진즉에 명문 학원에 과외 공부를 시켰겠지만 아들 일로 인해 이번에는 온전히 딸이 원하는 대로 믿고 기다렸다. 딸은 필요할 때 잠시 학원을 다녔을 뿐 자신이 필요한 공부법을 터득했고 본인이 언어에 재능이 있다는 사실을 발견한 뒤 언어 공부를 열심히 해 외고에 진학했다.

이런 사례는 어느 집에서나 흔히 볼 수 있는 상황이다. 학부모의 때늦은 고백에 공감하면서 착잡한 기분을 감출 수 없었다. 본인이 이처럼 '아들바라기'가 되어 서로 지치게 된 원인은 주변 엄마들 때문이라고 조심스럽게 전했다. 주위에서 누구 아들은 공부 잘한다고 들었는데 지금 뭐하는 거냐고, 전교 1등 하는 아들 과외 선생님이 진짜 잘 가르친다고 하는데 누구 아들도 과외 시켜보지 않겠냐고, 혹은 지금 확실히 지원해야지 자식들만 믿었다간 큰코다친다고, 나중에 좋은 대학 못 들어가면 오히려 부모 욕할지 모른다고…….

아들을 생각하기보다는 주변 학부모들의 얘기에 민감해 있었다는 고백이다.

어느 부모가 자식 잘되기를 바라지 않을까? 그러나 적어도 앞의 사례처럼 내 자녀가 무엇을 원하는지를 먼저 파악한 다음에 도움을 주어도 늦지 않다는 생각을 피할 수가 없다.

지난 1년간의 상처가 아직 남아 있긴 하지만 아들이 원하는 공부를 할 수 있어 다행이라는 그 학부모는 잘못된 '열심'은 도리어 자식들에게 독이 된다는 사실을 다른 학부모들도 알았으면 좋겠다고 털어놓았다. 초등학교 시절이든 고등학교 시절이든 다시 한 번 부모의 교육관이나 철학, 태도가 중요하다는 것을 새삼 깨닫게 된다.

③ 부모님은 학창 시절에 어땠나요? 시험이 행복하던가요?

참으로 세상은 많이 변했다. 어린 시절 바나나 하나 사 먹기 어려웠던 시절, 슈퍼마켓에는 바나나 한 송이 매달아놓고, 과자 한 봉지 값의 열 배 이상을 받으면서 팔았던 때가 생각난다. 지금은 값싸고 쉽게 사 먹을 수 있어 수십 년 사이 변해버린 세상이 실감 난다. 이처럼 10년 뒤도 내다보지 못하는 것이 우리의 모습이고 한계인 듯싶다. 그렇다면 교육은 어떨까? 교육은 백년지대계란 말이 있다. 이는 교육이란 본래 먼 장래까지 내다보고 세우는 큰 계획이라는 것을 의미하는 만큼 교육은 앞으로 다가올 미래를 준비하는 데 큰 역할을 해야 할 것이다. 대한민국 교육이 제대로 자리 잡은 지 100년이 채 되지 않았지만 학교 현장은 많은 변화를 겪었다. 이는 내부적 혹은 외부적인 사회적 요구에 따른 것이기도 하다. 그러나 안타깝게 오랜 시간 동안 변하지 않은 초등학교 문화가 하나 있는데 바로 평가(시험) 현장이다.

수업 때는 교사와 학생 모두 재미있게 공부를 가르치고 배우다가도 평가 시기만 되면 딱딱하고 긴장되며 때론 무섭게까지 느껴지곤 한다. 이는 해방 이후 몇십 년이 흘렀음에도 불구하고 우리 부모님, 그리고 현재 부모가 되어 있는 우리들, 앞으로 우리 자녀들에게도 동일하게 적용되는 부분이 아닐는지. 이런 반복되는 패턴 속에 우리들 뼛속에 강력한 평가 DNA가 자리 잡고 있는지 모르겠다. 학부모들의 학창 시절조차도 평가 결과를 통해 같은 반 친구와 비교되고, 무엇을 틀렸는지에 대한 관심보다는 오로지 그 결과인 등수나 점수만 거론되던 시절이 그토록 싫었음에도 불구하고 지금 우리 자녀들에게 같은 속성들이 반복되고 있는 건 아닌지 모르겠다. 이번 기회에 우리 스스로에게 한번 물어보는 건 어떨까?

"그 시절, 과연 우리는 평가(시험) 시기가 다가오면 행복했었나?"

아이의 모습에서 부모가 보인다

다소 조심스러운 얘기일 수도 있지만 학교에서 만나는 아이들 한 명 한 명을 통해 부모의 모습이 그려진다. 아이들의 모습 속에 과거 부모님의 모습이 담겨 있을 가능성이 있기 때문이다. 때때로 상담을 하다 이를 발견하기도 한다.

제자 가운데 상당히 깔끔한 남학생이 있었다. 쉬는 시간에 뛰어노는 여느 남학생과 달리 테이프를 가지고 자신의 옷 혹은 책상 위에 있는 머리

카락이나 먼지를 떼어내곤 했다.

당시에 속으로만 '뭐 이리 깔끔할까? 집에서도 그런가?' 했었는데, 이후 상담을 위해 학교를 방문한 어머니를 보고 적잖이 놀랐던 기억이 난다. 상담하는 중간중간 책상 위에 미처 치우지 못한 지우개 가루 등을 쓸어내며 이야기를 나누고, 마지막 인사를 하고 돌아갈 때도 본인의 옷을 몇 차례 털면서 교실 문을 나섰기 때문이다.

이처럼 모두에게 해당되는 것은 아니지만 상당 부분 아이들 모습에서 부모의 모습을 예측할 수 있다. 굳이 '부모는 아이들의 거울이다'라는 말을 거론하지 않아도 어느 정도 공감하는 부분이다. 그렇다면 아이들이 공부하는 모습에서 부모의 모습을 떠올려보는 건 무리일까?

2008년 국가 수준 성취도 평가가 전국적으로 실시되었을 때, 이와 관련하여 학부모들에게 평가 참여 여부에 대한 선택 자율권을 준 일부 교사가 교육부로부터 파면, 해임 등 중징계를 받아 세간이 떠들썩했다. 최근 이 내용을 담은 〈명령불복종 교사〉라는 독립영화가 상영되기도 했다.

당시 어느 학교는 6학년 전교생을 대상으로 문제은행의 문항지를 발간하여 밤늦게까지 풀게 하는 등 돌이켜보면 교사에게도 학생에게도 매우 힘든 시기였다.

그때 필자는 6학년 담임을 맡고 있었는데, 국가 수준 성취도 평가 며칠을 앞두고 마치 고3을 방불케 하는 학생이 있었다. 평소에도 열심히 공부하고 시험마다 좋은 점수를 받아온 학생이지만 유독 그 시기에는 열을 올리며 공부했다. 그래서 물었다.

"특별히 평소보다 이렇게 열심히 공부하는 이유가 있니?"

그 학생의 대답은 이랬다.

"엄마가 전국적으로 보는 시험인 만큼 최선을 다해야 한다고 하셨어요. 나중에 수능 시험 때도 지금처럼 전국 단위로 시험을 치르게 되니 미리 경험한다 생각하고 열심히 하라고 하셨어요."

아이의 답변은 틀린 게 하나도 없었지만 뭔가가 씁쓸했다.

그래서 다시 질문했다.

"이번 시험은 개인 등수가 나오는 것도 아닌데, 알고는 있니?"

"아뇨, 그런 건 몰랐어요."

"그래. 그럼 넌 공부를 왜 열심히 하는 거야?"

"특별한 이유는 없어요. 그냥 엄마가 공부 열심히 안 하면 인생의 실패자로 살게 되어 여러모로 힘들다고 하시고, 제가 생각해봐도 틀린 말은 아니잖아요?"

"그렇구나. 그럼 장래 희망은 뭐야?"

"글쎄요, 음…… 그냥 의사나 변호사같이 돈 잘 벌고, 객관적으로 인정받는 사람이오."

당시를 회상해보면 그 학생의 어머니가 참 야속했다. 도대체 왜 그랬을까? 그 어머니의 인생에는 어떤 스토리가 담겨 있을까? 꼭 자녀에게 그런 이유밖에는 설명할 수 없었을까? 여러 생각으로 그날 기분이 썩 좋지 않았다.

교직 생활을 하는 동안 역경을 극복하고 훌륭하게 자라는 학생들을 보았는가 하면, 좋은 환경임에도 어긋나게 자라는 학생들도 보았다. 그래서 아이들의 현재 모습이 반드시 부모의 모습일 거라고 단정하기는 어렵지만, 아이들이 공부에 임하는 태도나 학교에서 보여주는 행동이 부모의 삶과 동떨어져 있지는 않은 듯 보인다.

흔히 가정 교육이 중요하다고 한다. 하지만 가정 교육 못지않게 학교 교육도 중요하다. 그래서 가정 교육과 학교 교육이 밀접하게 연계되었을 때 아이들의 성장은 더욱 빛을 발한다. 과거처럼 입신양명으로 공부하던 시절은 다 지나갔다. '사'자 돌림 직업군이 여전히 선망의 직업으로 남아 있지도 않다. 세상의 무대는 여전히 넓고 그 무대가 점차 우리 자녀들에게 기회로 다가오고 있다. 세상의 변화 속에 과거의 부모들 삶을 반추하며 아이들에게 교육하고 있는 지점들을 새롭게 점검해볼 필요가 있지 않을까.

앞의 사례처럼 맹목적으로 공부만 하는 아이들이 아니라 자신의 적성과 소질을 발견하고, 자신이 좋아하고 열심히 참여할 수 있는 의미 있는 일을 준비하는 아이들이 되었으면 좋겠다는 바람을 다시 한 번 가져본다.

지금 우리 아이들은 얼마나 행복할까?

2014년 8월 여성가족부와 통계청이 발표한 자료에 따르면, 청소년의 사망 원인 중 1위가 자살이라고 한다. 또한 교육부 자료에 의하면, 지난 4년간 초중고생 자살 사망 현황은 558명인데 그중 초등학생이 12명 포함되어 있고, 그들이 자살까지 생각하게 되는 이유는 입시로 인한 성적과 진학 문제라고 나와 있다. 비단 몇 년 동안의 문제는 아닐 텐데 통계 자료를 통해 누적된 수를 보니 그야말로 보통 심각한 일이 아니란 것을 누구나 실감하게 된다.

가끔 쉬는 시간에 아이들이 교실에서 뛰노는 모습을 보고 있노라면 어찌 그리 해맑고 순수한지……. 그런 아이들이 이 사회의 구조 문제, 기성세대의 관념으로 인한 피해를 고스란히 받고 있구나 싶은 생각과, 좀처럼 바뀌지 않는 입시 경쟁으로 많은 학부모들이 그 경쟁 대열에 끼고자 할 때 교사로서 무력감마저 느낀다.

최근 '행복'이란 키워드가 주목을 받으며 유행처럼 번지고 있다. 학교에서도 행복과 관련한 설문을 통해 우리 학생들의 행복지수에 대해 알아본 적이 있다. 행복의 기준이 사람마다 다르고 절대적이지 않다는 것을 감안하더라도 분명 '당신은 행복한가요?'라는 질문에 잠시 고민에 빠지지 않을 수 없을 것 같다. 학부모들의 행복한 삶도 무척 중요하다. "윗물이 맑아야 아랫물이 맑다"는 속담처럼 부모가 행복하지 않다면 과연 우리 아이들이 얼마나 행복할 수 있을까?

최근 학교에서는 아이들과 눈을 맞추는 아침 인사 나누기 운동을 시작했다. 수업을 시작하기 전에 아이들의 심리 상태를 살피는 일은 무척 중요한 일이기 때문이다. 매일매일 모든 학생들이 행복한 표정을 지으며 등교하면 얼마나 좋을까? 하지만 때로 근심 가득한 학생들을 본다. 당장에 그 이유를 묻지 못하고 쉬는 시간이나 종례 후 해당 학생과 면담해보면 절반 이상이 가정 문제다. 부모의 다툼으로 슬프다고 얘기할 때도 있

PLUS TIP

어린이 놀이헌장

아동 삶의 만족도 OECD 6년 연속 꼴찌인 우리나라 아이들을 위해 놀이 문화가 필요하다는 데 공감하고 전국 17개 시도교육감협의회에서 2015년 어린이날을 맞이하여 '어린이 놀이헌장'을 선포했다. 그리고 이를 위한 여러 가지 정책도 함께 발표했다. 이런 정책들이 구호에 그치지 않고 행복한 아이들이 되는 데 밑거름이 되었으면 하는 바람이다.

어린이 놀이헌장

모든 어린이는 놀면서 자라고 꿈꿀 때 행복하다.
가정, 학교, 지역사회는 어린이의 놀 권리를 존중해야 하며,
어린이에게 놀 터와 놀 시간을 충분히 제공해주어야 한다.

- 어린이에게는 놀 권리가 있다.
- 어린이는 차별 없이 놀이 지원을 받아야 한다.
- 어린이는 놀 터와 놀 시간을 누려야 한다.
- 어린이는 다양한 놀이를 경험해야 한다.
- 가정, 학교, 지역사회는 놀이에 대한 가치를 존중해야 한다.

어린이 놀이 관련 시·도 교육청 10대 공동 정책

어린이들에게 충분한 놀이 시간을 보장하겠습니다.

1 탄력적 교육과정 운영으로 충분한 휴식·놀이 시간 보장
2 수업 전, 방과 후 시간의 학생들 놀이 시간 확보 및 여건 조성

학교 내외에 안전한 놀이 공간을 확보하겠습니다.

3 학교 운동장을 놀이 중심 공간으로 재구성
4 학교 내외 놀이 공간 마련(빈 공간에 놀이 소재 배치)
5 학교 내외 놀이 시설에 대한 안전 강화

> **다양한 놀이 경험을 제공하겠습니다.**
>
> 6 (방과 후) 교육과정에 다양한 놀이 소재와 프로그램 제공
> 7 학생 교내 행사(운동회, 체육 대회 등)에 놀이 프로그램 운영
> 8 돌봄 시간 놀이 프로그램 운영, 다양한 놀이 교육 실시
>
> **어른들이 놀이 친구가 될 수 있도록 지원하겠습니다.**
>
> 9 놀이 관련 연수 개설 및 놀이 동아리, 연구회 적극 지원
> 10 가정 및 학교, 지역사회와 연계한 놀이의 필요성 홍보 강화

고, 형제·자매 관계 때문에 고민하는 학생들도 있다. 결국 부모들의 행복하지 않은 삶으로 우리 학생들이 행복하지 못한 결과에 이르곤 한다.

또 가정의 문제가 아니어도 우리 학생들이 행복하지 않은 이유는 정말 다양하다. 예를 들어 학원 숙제가 너무 많다, 친구와의 관계 때문에 속상하다, 공부하기가 정말 싫은데 부모님은 매일매일 공부 얘기만 해서 속상하다, 정말 하고 싶은 게 있는데 부모님이 반대하신다 등등의 이유를 말한다.

시대와 남녀노소를 막론하고 고민은 늘 있어왔다. 그러나 최근 '당신은 행복한가요?'라는 질문을 통해 우리가 가지고 있는 고민에서 벗어나 진정 행복한 삶이 뭘까? 어떻게 하면 행복해질 수 있을까? 행복의 본질은 무엇인지에 대해 생각해보는 기회가 되었다.

매스컴을 통해 세계적으로 가장 가난한 나라이지만 행복한 나라로 부탄이라는 국가가 소개된 적이 있다. 보통 많은 나라들이 경제지표

(GNP)를 중시하지만 부탄은 세계에서 유일하게 행복지수(GNH, Gross National Happiness)를 만들고 그것을 중시하는 나라다. 외적인 모습으로 기준을 삼는다면 우리나라에 비해 과연 얼마나 행복할까 하는 생각이 들지 모르지만 그들의 내적 기준이 세계에서 가장 행복한 나라로 꼽힐 수 있게 만들었을 것이다. 행복하지 않은 학교생활, 행복하지 않은 삶이 무슨 의미가 있을까? 흔히 행복은 멀리 있지 않다고들 얘기한다. 자녀들의 눈높이에 맞게 교육하는 것, 자녀들의 관심사에 우선순위를 두는 것, 자녀들의 고민에 귀 기울이는 것, 자녀들의 꿈이 뭔지 알고 오로지 믿고 기다려주는 것, 자녀들과 매일매일 30분이라도 대화를 나눠보는 것, 자녀들을 보면서 미소 한번 지어주는 것 등은 지금 당장이라도 실천해볼 수 있는 일들이지 않을까.

다중 지능을 통한 우리 아이 재발견

교직 경력이 쌓이다 보니 과거에 볼 수 없었던 것들을 조금씩 발견한다. 수업을 담당하는 교사로서 가르치는 방법에 따라 아이들의 반응이나 배움의 깊이가 달라진다는 사실을 실제 경험하고, 생활 지도를 담당하는 교사로서 아이들이 언제 속상해하고 힘들어하는지 더 잘 알게 된다.

그리고 아이들이 가지고 있는 재능이 저마다 다르다는 사실 또한 알게 된다. 누군가는 수학, 과학에 뛰어난 재능을 나타내기도 하고, 누군가는 축구, 달리기 등 운동에 소질을 보이며, 누군가는 미술 수업에 탁월한 실력을 뽐내기도 한다. 또 누군가는 음악 시간에 남들에 비해 열심히 노래를 부르거나 악기를 다루는 일에 두각을 나타내기도 한다.

어느 해는 사교육의 힘일는지 몰라도 많은 학생들이 비슷비슷한 결과를 보이기도 하는데, 그럼에도 불구하고 결과는 비슷할지언정 그 과정을 지켜보고 있으면 학생마다 주어진 일에 얼마나 즐겁게 참여하는지, 혹은 그 일을 얼마나 오랫동안 꾸준히 참여하는지 차이를 보인다. 이런 점에서 다중 지능 이론에 따른 아이들의 다양한 지능에 관심을 가져볼 필요가 있다.

다중 지능 이론이란 1983년 하버드 대학의 발달심리학자 하워드 가드너(Howard Gardner)가 기존의 지능 검사, 지능지수를 비판하며 새로운 접근을 주창한 이론이다. 인간의 지능이 기존의 지능 검사(IQ Test)만으로는 재능을 판단할 수 없다고 하면서 언어 지능, 논리 수학 지능, 음악 지능, 공간 지능, 신체 운동 지능, 대인 관계 지능, 자기 이해 지능, 자연 친화 지능과 같은 여덟 개의 지능을 얘기했다.

언어 지능이란 말로 하든 글로 표현하든 언어를 효과적으로 구사하는 능력을 말한다. 수업과 연관 지어 생각해보면 토의·토론 수업을 즐거워하거나, 독후감·일기 등을 잘 쓰는 학생들을 떠올려볼 수 있다.

논리 수학 지능은 숫자나 기호, 규칙, 명제 등의 상징체계를 익숙하게 받아들이고 그것을 새롭게 창조할 수 있는 능력이다. 이는 아무래도 수학 시간 때 계산 과정에 실수가 덜하고 문제풀이를 상대적으로 잘하는 학생들이다.

음악 지능이란 음악의 상징체계(리듬, 음정, 음색)를 이해하고 창조할 수

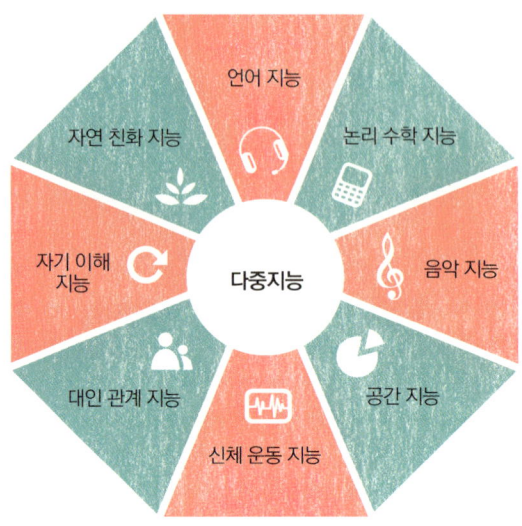

있는 능력으로 악기 연주, 노래 부르기, 음악 작품에 관심을 가지는 학생들이다.

공간 지능이란 시각적·공간적 세계를 정확히 지각하는 능력과 그런 지각을 통해 형태를 바꾸는 능력으로서 이 지능이 뛰어난 학생들은 기본적으로 사물을 입체적으로 볼 수 있는 능력이 뛰어나 수학 과목의 도형 영역에 남다른 능력을 보여준다. 만일 내 자녀가 이러한 능력을 갖췄다면 건축가를 생각해볼 수 있을 것이다.

신체 운동 지능은 인간의 몸 전체 혹은 손 같은 신체 일부를 사용해 문제를 해결하거나 무언가를 만들어내는 능력이라고 할 수 있다. 체육 시간에 탁월한 실력을 보이는 학생들 대부분이 신체 운동 지능을 가졌다고 볼 수 있다.

    대인 관계 지능이란 인간 친화 지능이라고도 한다. 이는 사람들의 기분, 성향, 동기, 의도를 알아내는 능력과 사람을 효과적으로 이끌거나 따르는 기술 등을 포함한다. 개인적으로 대인 관계 지능이 부족한 학생들을 보면 걱정스러운 마음이 드는 요즘이다. 유독 친구 관계에 어려움을 겪거나 힘들어하는 경우를 보면 상대방의 기분을 헤아리지 못하고 자기 감정만 앞세우는 특징을 발견하게 된다. 앞으로의 미래 사회를 떠올려 본다면 대인 관계 지능을 키우는 일에 신경 쓸 필요가 있다.

    자기 이해 지능은 자기 성찰 지능이라고도 하는데 자신의 장단점, 특기, 관심 등을 잘 파악하며 감정을 잘 알고 다스리는 능력이다. 이 지능은 학생들마다의 공부법을 결정하는 데 유용하다. 무조건 공부 잘하는 친구의 공부법을 따라 하는 것이 능사가 아니고 자기 삶의 형태(life style)에 따라 많은 부분을 주도적으로 이끌어갈 수 있을 것이다.

    마지막으로 자연 친화 지능이란 식물·동물 세계와 같은 다양한 형태의 자연을 이해하고 자연계의 관계를 이해할 수 있는 능력이다. 보통의 경우 과학 시간에 흥미를 보이는 학생들이 여기에 해당한다.

    아이들마다 머릿속에 들어오는 정보의 종류에 따라 처리하는 방식에 차이를 보인다. 예를 들어 음악이나 미술에는 재능을 발휘하지 못하지만 과학이나 수학 과목 등은 서로 다른 정보 처리 체계를 통해 나름대로 탁월한 재능을 발휘한다. 즉 교육을 받고 있는 학생은 학교에서 주로 다루는 언어, 논리, 수리 분야의 정보 처리 체계로 모든 정보를 처리하는 것이 아니라 누구나 자신만의 탁월한 분야에서 정보를 처리하는 독립된 정보 처리 시스템을 가지고 있다는 것을 의미한다.

학생들마다 타고난 지능이 다를지라도 다양한 경험과 지식의 습득을 통해 여덟 가지의 지능을 현재보다는 조금씩 향상시킬 수 있다. 그러나 우리 아이가 어떤 지능이 더 높은지에 대한 파악은 추후에 진로를 결정한다거나 자신의 부족한 점들을 보완할 수 있다는 점에서 분명 관심 있게 지켜볼 만한 이유가 된다.

실제 학급에서 아이들을 대상으로 간단한 설문과 함께 다중 지능을 측정해보는 시간을 가졌는데, 미처 몰랐던 부분들을 알게 되는 소중한 시간이었다. 비록 학교에서 보는 평가 점수로는 낮을지라도 이 학생이 이러한 지능에 탁월함을 가지고 있을 거라고는 미처 몰랐다. 이후에 그 학생을 좀 더 관심 있게 지켜보니 그쪽 분야의 책을 자주 읽는다든지, 여가 시간에 그쪽 분야를 좀 더 알기 위해 꾸준히 관심 영역을 넓히고 있다는 사실을 알게 되었다.

적어도 입시를 코앞에 둔 상황이 아니라면 우리 아이의 지능에 관심을 가지고 지켜보면서 아이의 적성에 맞게 지도할 필요가 있다. 그렇다고 다중 지능 이론에서 말하는 것이 한두 가지 지능에만 몰두하라는 것은 아니다. 다른 지능도 균형 있게 발달시키다 보면 마치 쓰지 않던 근육들을 처음 사용했을 때는 몸이 뻐근하거나 알이 배는 현상이 발생하지만 같은 근육을 반복적으로 사용하면 해당 근육이 발달하듯이 다른 지능들도 발달한다.

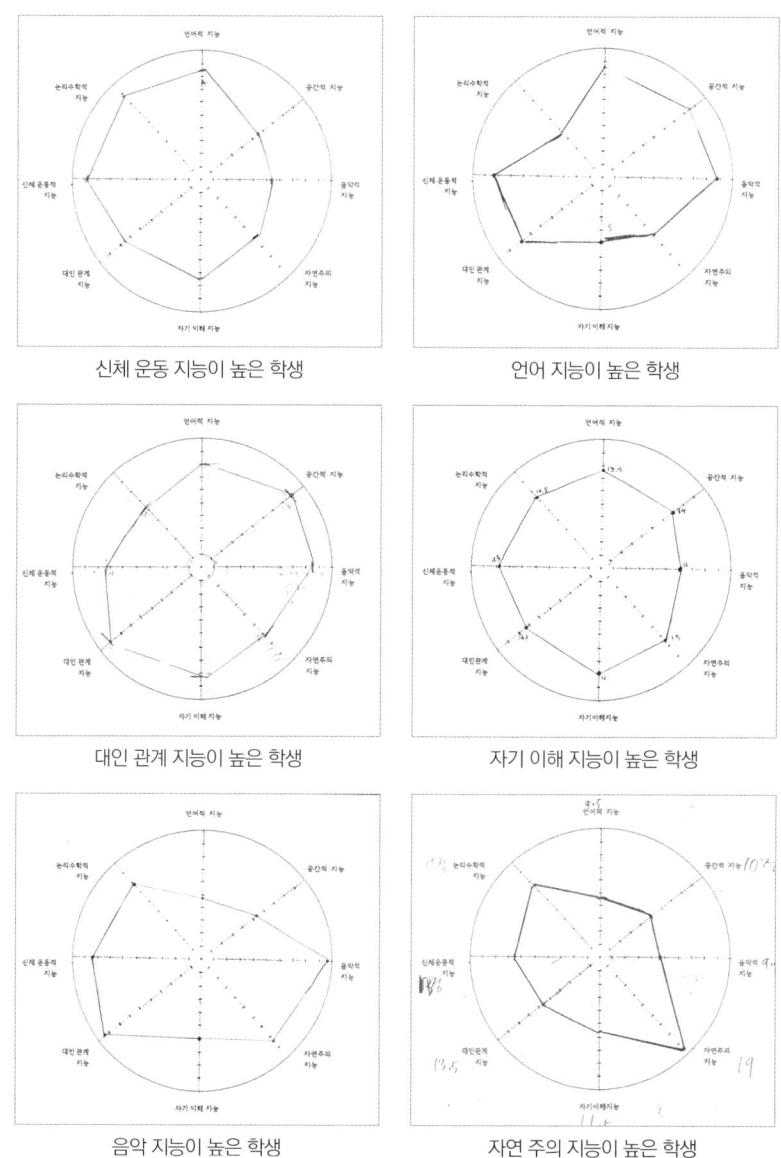

초등학교 ○학년 다중 지능 검사 결과

이를 위해서는 교사나 학부모의 칭찬과 관심 등 우리 아이들에게 동기 부여를 제공하는 일이 중요하다. 동기 부여를 하는 데는 내적 방법과 외적 방법이 있다. 많은 사람들이 쉽게 할 수 있는 것이 아마도 외적 동기 부여 방법일 것이다. 예를 들어 이번 시험을 잘 보면 컴퓨터나 게임기 같은 평소 가지고 싶어 했던 물건을 사주기로 하거나 어떤 일을 잘 수행했을 때 엄지손가락을 치켜세우면서 "잘했다, 자랑스럽다"라고 말해주는 것 등을 의미한다. 그러나 이러한 외적 동기 부여에는 더 나은 보상이 따르지 않으면 효과가 줄어들기도 한다. 반면 내적 동기는 자신이 원하는 것을 발견하고 '내가 왜 이것을 하고 싶은지' 심사숙고하여 스스로 깨닫게 하는 것이다. 그것은 굳이 외적 보상이 없더라도 자신이 좋아하고 원하는 일들에 대해 지속적인 관심을 가질 수 있게 해준다.

지금부터라도 자녀들이 무엇을 좋아하고 관심을 가지고 있는지, 어느 영역에 소질과 재능을 보이는지 알아보고 다양한 경험을 통해 균형 있게 성장할 수 있도록 내적 동기 부여를 지원한다면 부모의 역할 중 더욱 의미 있는 역할 한 가지가 추가될 것이다.

❹ 평가에 대한 DNA를 바꾸면
어떻게 가르칠 것인지 답이 보입니다

흔히 부모의 DNA를 자식들이 물려받는다고 말한다. DNA란 'deoxyribo nucleic acid'의 약자로 간단히 말해 네 개의 염기로 이루어져 있는데, 이 염기들이 유전 정보를 저장하는 역할을 한다. 그 때문에 부모와 아이는 외모가 비슷하고 체질이 비슷하다.

가끔 엉뚱한 생각을 할 때가 있다. 우리 몸속에 '평가 DNA'가 있는 것은 아닐까 하고 말이다. 교육 환경은 물론 다양한 주변의 상황이 바뀌었음에도 불구하고 교사, 학부모, 심지어 학생까지 여전히 변하지 않는 평가에 대한 태도를 볼 때 안타까운 마음과 함께 그런 엉뚱한 생각을 하게 된다.

사람들은 본능적으로 과거의 경험이나 본 것, 들은 것 등 오감에 따라 사고하고 행동 방식을 결정한다. 가르치고 배우는 관계에 있을 때 교사는 경험이나 오감에 의해 다양한 방식으로 가르치고자 하는 메시지를 전달한다. 하지만 여기에 변하지 않는 평가 DNA가 적용된다면 아이들도 영향을 받기 쉽다. 평가 DNA로 치자면 교사들이야말로 대표적인 부류가 아닐까 한다. 아마도 많은 교사들이 학창 시절 학습 성취도 면에서 우위를 차지해왔을 테고, 교사가 되기 전부터 되고 난 후까지 평가 DNA를 손볼 여유가 없었을 것이다.

쉽게 말해 시험을 잘 못 본 학생들을 이해하기 어려울 수도 있다는 이야기다. '내가 얼마나 열심히 가르쳤는데 이것도 틀린단 말인가?' 하면서 학생들에게 책임을 돌릴 수 있다. 이런 점에서 교사들도 평가에 관한 연수가 필요하다.

그렇다면 학부모들은 어떤 평가 DNA를 가지고 있을까?

교사 집단과 비슷하게 학창 시절 학업 성취도 면에서 선두 그룹에 속했던 학부모와 다소 학업과는 거리를 두고 지낸 학부모의 입장 차이가 커 보인다. 우선 선두 그룹의 학부모는 위에서 잠시 언급했듯이, 본인의 경험적 요소가 자녀들을 가르치는 관계에 놓였을 때 행동 방식을 결정한다.

예를 들어 '아빠(엄마)는 하루 세끼 먹고 공부만 했어. 학교 공부 끝나고 학원 가서 늦게까지 공부했기 때문에 지금의 위치까지 올라온 거야. 그러니 너도 잠자코 무조건 공부해.'

'국어, 수학은 무조건 100점 맞아야 돼. 안 그러면 대학 가기 힘들다.'

'꿈은 대학 가서 생각하고 일단 SKY 간 다음에 보자' 하는 식의 훈계로 자녀들을 통제할 것이다.

반면 학창 시절에 학업 능력이 다소 부족해 고민을 많이 했거나 본인 역시 부모로부터 공부나 시험에 대한 스트레스를 많이 받아온 학부모라면 아마도 다른 행동 방식을 결정할 것이다. 극단적인 예지만 학부모마다 살아온 과정이나 학창 시절에 떠오르는 기억들에 의해 자녀들을 지도하는 행동 방식이 결정될 가능성이 크다.

냉정하게 말해서 우리가 원하는 대로만 자녀들이 자랄 수 있을까? 자녀들의 성격, 특성 등 다양성을 고려하는 것이 그 무엇보다 우선이다. 그래서 자녀 교육이 어려운지 모르겠다. 다만 적어도 이 한 가지는 분명하다. 학부모나 교사의 몸속에 자리 잡고 있는 평가 DNA가 자녀 또는 학생들의 평가 DNA와 일치하지 않을 수 있다는 사실 말이다.

학부모 마음 뒤흔드는 교육 신조어

최근 들어 '기러기아빠, 참새아빠, 펭귄아빠, 엄마사정관제, 카페맘, 아카데미맘' 등 교육 신조어가 많이 등장했다. 낱말 자체만으로도 쉽게 그 뜻을 유추해볼 수 있다. 우선 기러기아빠는 1990년대 초 조기 유학 열풍으로 생겨난 현상으로, 다른 나라로 아내와 자녀를 유학 보내고 1년에 한두 번 가족이 있는 외국으로 찾아간다는 점에서 철새와 비슷하다고 해서 붙여진 용어다. 반면 이에 비해서 형편이 좋진 않지만 자녀의 교육을 위해 강남 소형 오피스텔을 얻어 강남으로 유학 보내는 아빠는 '참새아빠'라고 부른다.

예전에 EBS에서 〈글로벌 다큐멘터리 스파이 펭귄 3부작〉을 본 적이 있다. 이 방송은 펭귄을 밀착 촬영해 시청자들에게 펭귄의 삶에 대한 새로운 지식을 전달했다는 점에서 호평을 받았다. 여기서 필자가 가장 인상 깊게 기억하는 장면은 암컷 펭귄이 알을 낳고 부족한 체력을 보충하기 위해 먼바다로 떠나기 전에 수컷 펭귄에게 낳은 알을 맡겨놓고 가는데, 이때 수컷 펭귄이 행여나 그 알을 빙판에 떨어뜨릴까 봐 최대한 발을 모아 발등으로 안간힘을 쓰며 알을 지켜내는 모습이었다. 사람에게만 있는 줄 알았던 모성애, 부성애가 동물 세계에도 있음을 보여주는 가슴 찡한 장면이었다.

그리고 이후에 '펭귄아빠'라는 신조어를 접하게 됐다. 아이들 교육은 최대한 뒷바라지해야겠는데, 가정 형편이 어려워 그저 발만 동동 구르는 아빠의 모습을 빗댄 용어라고 한다. 부성애 지극한 펭귄의 모습과 부성애 지극한 이 땅의 아버지 모습이 오버랩되면서 가슴 한 켠이 먹먹해지는 신조어였다.

'엄마사정관제'는 본래 '입학사정관제'라는 말에서 나온 것으로, 내신 성적과 수능 점수만으로 평가해오던 점수 위주의 획일적인 대학 입학 전형 제도를, 대학 입학생들의 잠재 능력과 소질, 가능성 등을 다각도로 평가하고 판단하여, 각 대학의 건학 이념과 교육 특성에 맞는 신입생을 선발하기 위해 2008년부터 정식으로 시행한 제도다. 그러나 막상 대학 입시 결과를 분석해보니 좋은 대학을 가려면 아이들의 특성보다는 엄마의 정보력, 경제력 및 네트워크가 더 중요하더라는 결론에서, 다소의 냉소를 담아 붙인 이름이다.

'카페맘, 아카데미맘'이란, 대치동이나 목동 등 소위 교육열이 높다는 학군에 학원이 많이 생기면서 엄마들이 자녀들을 학원에 보내놓고 아이들 수업이 끝나기를 기다리는 동안, 본인들은 카페 등의 특정한 장소에 모여 사교육 정보를 나누는 엄마들을 일컫는 말이다.

이처럼 각종 웃지 못할 신조어들의 내면을 들여다보면, 그것이 곧 우리 교육의 슬픈 자화상이 아닌가 싶어 씁쓸해진다.

울며 겨자 먹기, 사교육 시장 들여다보기

사교육비 증가가 하늘을 찌르자 교육부에서도 이에 대한 심각성을 인식하고 한때 초등학교 반별로 학생들 사교육비를 조사하라는 공문을 내려보낸 적이 있다. 그때 1학년부터 6학년까지 학년에 따라 반 평균 사교육비 차이가 있었다. 그리고 지역에 따라 사교육비 차이가 컸다. 경기도의 경우 분당, 고양, 용인, 수원 등 대도시에 비해 경기 북쪽의 가평, 연천 등은 비교적 사교육비가 적었다. 이런 결과가 나타나는 이유는 쉽게 유추해볼 수 있다. 학원이 얼마나 즐비하게 들어섰느냐에 따라 당연히 사교육 정도의 차이가 크다. 그리고 학원이 들어설 수 있는 여건의 차이는 당연히 가정 경제력의 차이였을 것이다. 이에 교육부는 '사교육 없는 학교' 등을 지정하여 많은 예산을 지원함으로써 사교육에 대한 요구를 학교가 수용하여 공교육의 정상화를 위해 애썼다. 하지만 그러한 정책은 미봉책에 그쳤다고 생각한다.

지금 당장이야 학교에 예산을 지원하여 다양한 방과 후 프로그램을 마련해 가정의 사교육비 지출을 줄일 수 있겠지만 예산 지원이 그치면 결국 다시 학원 등을 찾아가게 되어 사교육비 지출이 늘어날 것이다.

필자는 개인적으로 그즈음에 맞춰 우리 반 한 사람당 한 달 사교육비를 조사해보았는데 적게는 10만 원에서 많게는 50만 원까지 지출하고 있었고, 반 평균 한 사람당 약 30만 원 가까이 되었다. 단순히 수적으로 계산해보니 우리 반의 한 달 사교육비가 무려 900만 원(30만 원×30명)이 나왔다. 이를 다시 12개월, 즉 1년 치를 계산해보니 1억 800만 원(900만 원×12개월)이라는 엄청난 액수였다.

'만일 우리 반 전원의 사교육비를 통장에 1년 동안 저축한다면 어떤 일들을 할 수 있을까?' 하고 잠시 엉뚱한 생각을 해보았다. 그리고 여행사를 다니는 친구에게 "1억 원 정도면 6학년 학생 30명을 데리고 어떤 여행을 할 수 있을까?"라고 물은 적이 있다. 친구의 대답이 예상 밖이었다. 한 달간 미국 여행을 다닌다고 할 때, 비즈니스석 왕복 티켓에 최고급 호텔, 최고급 식사, 최고급 코스로 진짜 최고의 여행이 되게 해줄 수 있다고 했다. 그 친구의 입에서 '최고'라는 말이 몇 번이나 나왔는지 셀 수 없을 정도였다.

필자의 상상이 허무맹랑한 얘기일 수 있다. 하지만 생각하기에 따라선 결코 이루어질 수 없는 꿈이나 환상이 아닐 수도 있다. 다 생각하기 나름이다. 중요한 것이 무엇인지를 보는 눈이다. 문제는 의식의 전환이다. 어쩌면 이 같은 의식 전환의 대가로 1억 원 이상이 필요할지 모른다는 생각을 했다. 엉뚱하게도 한 달 동안 아이들이 가고 싶은 곳으로 함께 여행을 가고 싶어졌다.

필자가 6학년 담임교사를 할 때의 일이다. 우리 반 학생 어머니의 고민 섞인 질문은 몇 년이 지나도 잊을 수가 없다.

"선생님, 은서 친구들을 보면 대부분 학원에 다니더라고요. 제 생각엔 우리 은서가 나름대로 학교에서 열심히 공부한다고 생각해서 따로 학원에 보낼 생각은 안 해봤는데, 막상 다른 아이들이 모두 학원에 다닌다니까, 이러다 우리 은서만 낙오되는 건 아닌가 하는 걱정에, 은서도 아무 학원이라도 하나 정도는 보내야 하는 게 아닌가 싶어 고민이 많습니다. 우리 은서는 어떡하면 좋을까요?"

담임교사들이 이런 질문을 받을 경우 저마다 다양한 답변을 할 수 있겠지만 필자는 '은서 어머님이 듣고 싶은 답변이 무엇일까'를 먼저 고민하게 된다. 단순히 주변 친구들이 학원을 많이 다니는데, 안 보내는 것이 불안해서 하는 이야기일까, 아니면 은서 어머님도 속마음은 학원을 보내고 싶은데, 그런 어머님의 확신을 더하기 위해 담임교사의 조언을 구하는 것일까 등등 말이다. 이유야 어쨌든, 분명한 사실은 학년이 올라가면서 많은 학부모님들에게 학원은 단순히 가고 안 가고의 문제만은 아니라는 생각이 들었다.

통계청 자료에 따르면, 2013년 초중고 사교육비 총액은 약 18조 6000억 원. 그중 초등학교는 7조 7000억 원이라고 한다. 학생 1인당 월평균 사교육비는 23만 9000원으로 전년(23만 6000원) 대비 3000원(1.3%) 증가했다. 이러한 추세는 앞으로도 사교육비로 더 많은 비용이 지출될 것이라는 예측을 가능하게 한다. 뿐만 아니라 아버지가 외벌이를 하고 있는 가구에서 가장 지출 많은 항목이 사교육비임을 볼 때, 자녀의 교육을 위한 비용이 가정 경제에서 얼마나 큰 비중을 차지하는지 쉽게 알 수 있다.

그렇다면 왜 우리는 사교육 시장에 그처럼 많은 돈을 투자하고 있을까? 이유는 간단하다. 자식의 미래를 위한 것이다. 세상은 갈수록 힘들어지고 직장 구하기는 점점 더 어려워지니, 그나마 스펙이라도 화려해야 직장을 구할 수 있는 현실에서, 내 자식만큼은 보다 편안한 삶을 살게 해주고 싶은 부모 심정이, 허리띠를 더욱더 졸라매게 했을 것이라는 생각을 아주 쉽게 해볼 수 있다.

"선생님, 언론에서는 사교육 문제가 심각하다고 하는데 솔직히 학교 공부만 열심히 해서 좋은 대학 가는 학생들이 몇 명이나 있을까요?"

"선생님, 저도 어렸을 때 친구들 과외 받는 모습을 보면 부럽더라고요. 우리 집 형편이 어려운 게 화가 날 때도 있었어요. 그래서인지 몰라도 지금 저희 부부는 능력만 된다면 아이를 마음껏 밀어주고 싶고 사교육이든 뭐든 엄청 시켜서 좋은 대학에 갈 수만 있다면 실컷 지원해주고 싶어요."

학부모들의 고충 속에는 나름의 경험과 철학 및 신념이 담겨 있다. 그 때문에 부모들의 판단을 섣불리 맞다 틀리다 논하기 어렵다. 하지만 분명한 점은, 교육이란 그 시대를 반영하는 것이다. 즉 시대마다 교육에 대한 주제가 달라져왔다.

앞으로 우리 자녀들이 살아갈 미래는 어떤 사회일까? 적어도 우리 부모 세대가 살아온 시대와 우리 아이들이 살아갈 시대는 많이 다를 것이다. 이를 다른 말로 한다면, 부모의 경험적 사고가 항상 반복적으로 맞지 않을 수도 있다는 이야기다. 부모의 경험적 사고를 토대로 아이를 교육하되, 한 번쯤은 아이들 입장에서 그들이 살아갈 미래를 향한 새로운 눈을 가져보는 것이 바람직하다.

푸어(poor) 세대의 주범 사교육비

주변을 보면 주거지는 열악한데 고급 차를 타는 사람들, 즉 저축이나 결혼 등 알 수 없는 미래보다는 '현재를 즐기자'는 인식이 강하고, 수입에 비해 자기 형편에 조금 버거운 차를 사는 사람들을 일컬어 '카 푸어(car poor)'라고 부른다. 그런가 하면 '하우스 푸어(house poor)'도 있다. 이는 '집을 가진 가난한 사람'이란 뜻으로 무리한 대출로 집은 마련했지만 이자와 원리금 상환 부담 등으로 빈곤하게 사는 사람들을 지칭한다. 이에 덧붙여 '에듀 푸어(edu poor)'라는 말이 있는데, 하우스 푸어에 이은 어려운 경제 상황과 사회 분위기를 담은 신조어로서, 수입에 비해 과다한 교육비 지출로 경제적 곤란을 겪는 계층을 일컫는 말이다. 에듀 푸어는 교육(education)과 빈곤한(poor)의 합성어다.

우리는 푸어(poor) 시대에 살고 있다 해도 과언이 아닐 만큼 본질에서 벗어나 주객전도의 삶을 살아가는 경우가 빈번하다. 특히 에듀 푸어로 인해 노후 생활을 포기하고 오직 현재 내 자녀의 성적 향상만을 위해 모든 것을 쏟아붓는 부모들이 늘어가고 있다. 이러한 현상은 비단 교육의 문제만은 아닐 테지만 교육 문제로 제한하더라도 결코 부정할 수 없는 사회 현상일 것이다.

한때 세태를 풍자하는 광고로 사람들의 마음을 사로잡은 박카스 광고가 있다. 에듀 푸어의 모습을 보여준 29초 광고인데 아이가 상급 학교에 진학할수록 부모가 거주하는 집의 규모가 작아지고, 식탁의 반찬 가짓수가 줄어들고, 옷차림이 좋지 않은 모습으로 변해가는 내용이었다.

박카스 광고가 말하는 것이 사실이라면, 이러한 상태가 지속될수록 우리 부모들의 미래는 정도의 차이는 있어도 점점 의식주가 부실해지고 노후에 대한 준비가 없어 실버 푸어로 전락할 수밖에 없다는 것을 예상할 수 있다.

학원은 선택인가, 필수인가?

학원을 다니는 데에는 여러 가지 이유가 있을 수 있다. 첫째는 학교 공부를 못 따라가기 때문에 모자라는 공부를 보충하기 위한 선택일 수 있다. 둘째는 학교 공부를 더 잘하기 위한 선행 학습 개념으로 학원 공부를 선택할 수도 있다. 그 밖의 이유로는 학원을 안 다니면 놀 친구가 없다, 혹은 내 자녀만 안 다니면 불안하다 등도 찾아볼 수 있다.

자, 그럼 한번 생각해보자. 정말 위의 이유들을 볼 때, 학원 외에는 해결책이 없는 것일까.

첫째, 학교 공부를 못 따라가기 때문에 그렇다.

정말 그럴까. 학원을 다니면 정말 학교 공부를 잘 따라가던가? 확실히 만족함을 경험했나? 필자는 몇몇 학부모들과 학생들로부터 그렇지 않다는 사실을 직접 들어 알고 있다. 학교에서 집중하지 못하는 친구들은 학원에 다녀도 여전히 집중하지 못한다.

제3장에서 자세한 설명이 나오는데 공부는 자기 스스로의 방법을 터득할 때 비로소 실력으로 나타난다. 공부하는 시간이 남들보다 많다고 해서 결코 그런 게 아니다. 즉 공부는 양보다 질이다.

둘째, 학교 공부를 더 잘하기 위해서 다닌다.

나름 일리 있는 말이다. 실제로 필자의 제자 중에 공부를 무척 잘하는 학생이 하나 있었다. 그 친구는 초등학교 6학년 때 고등학교 수학까지 배우던 학생이었다. 그래서 초등학교 6학년 수학은 너무나 유치하고 시시하다고 말할 정도였다. 당시 고등학생들과 함께 수학을 공부하기 위해 밤늦게까지 학원에 다니느라 또래 친구들과 함께하는 시간보다 학원에서 지내는 시간이 더 많았다. 한참 지나 그 학생이 중학생이 된 뒤 잠시 만나 얘기할 기회가 있었는데, 뜻밖의 얘기를 듣게 되었다. 중학교 올라가서도 여전히 그 학생에게는 중학교 공부가 쉬웠지만 학교생활에 흥미를 잃게 됐다는 것이다. 수학 시간도 재미없고, 학교 공부 시간엔 학원에서 배운 내용을 복습하는 정도였고 오히려 학원 진도를 따라가느라 더 많은 스트레스가 생겼다는 것이다. 모든 학생을 일반화할 수 없을진 몰라도 충분히 이해되는 상황이었다. 결국 이런 결과는 공교육 정상화를 무너뜨리고 학생들에게는 또 다른 스트레스 요인이 되어 급기야

작년엔 공교육정상화법안이 발휘되기에까지 이르렀다.

참고로 초중고에서는 '선행 학습 금지법'이라고 해서 다음 학년의 공부를 배우는 것을 법으로 금지하고 있다. 이 법안의 아쉬운 점이 있다면 학교 안에서만 유효하다는 것이다. 아직까지는 학원의 선행 학습을 막을 방법이 없다. 그래서 반쪽짜리 법안이라 불리기도 한다.

마지막 셋째, 넷째는 학원의 문제가 아니라 우리 교육의 현주소를 돌아봐야 할 문제인 듯싶다. 함께 놀 친구가 없어 학원을 다녀야 하는 처지와 주변 친구들이 모두 학원에 다니기 때문에 단순 불안 심리로 학원을 보내야 하는 상황이 화가 난다. 언제부터 학원이 우리 학생들에게 놀이터 아닌 놀이터가 되었고, 언제부터 학원이 심리 상담 센터 아닌 심리 상담 센터가 되었단 말인가?

학원이 많기로 소문난 대치동에는 정신 상담소와 심리 상담소들이 다른 곳보다 많다고 한다. 우리 아이들이 학원 공부를 해야 한다고 강요받는 순간 스트레스 지수도 지속적으로 올라가고 있음을 보여주는 결과인 셈이다.

적어도 내가 학교 공부도 열심히 하고 있지만 보충 교육을 좀 더 받고 싶어 스스로 학원을 선택한 학생의 학부모가 아니라면 의식의 전환이 필요하다.

필자는 지금도 우리 반 학생들의 한 해 사교육비 1억여 원이 그만큼의 가치를 가져왔는가를 떠올릴 때마다 우리의 의식 전환이 시급하다고 말하고 싶다.

PLUS TIP

공교육정상화법

선행 학습 금지법으로 불리는 법안이 2014년 2월 20일 국회 본회의를 통과했다. 정확하게는 '공교육 정상화 촉진 및 선행 교육 규제에 관한 특별 법안'으로 학교 안에서 해당 연도의 진도보다 선행하는 교육과정을 막아보자는 취지의 법안이다.

공교육 정상화 촉진 및 선행 교육 규제에 관한 특별법(약칭 '공교육정상화법')

제8조(선행 교육 및 선행 학습 유발 행위 금지 등)
① 학교는 국가 교육과정 및 시·도 교육과정에 따라 학교 교육과정을 편성하여야 하며, 편성된 학교 교육과정을 앞서는 교육과정을 운영하여서는 아니 된다. 방과후학교 과정도 또한 같다.
② 학교에서는 다음 각 호의 행위를 하여서는 아니 된다.
　1. 지필 평가, 수행 평가 등 학교 시험에서 학생이 배운 학교 교육과정의 범위와 수준을 벗어난 내용을 출제하여 평가하는 행위
　2 각종 교내 대회에서 학생이 배운 학교 교육과정의 범위와 수준을 벗어난 내용을 출제하여 평가하는 행위
　3 그 밖에 이에 준하는 것으로서 대통령령으로 정하는 행위
③ '학원의 설립·운영 및 과외 교습에 관한 법률' 제2조에 따른 학원, 교습소 또는 개인 과외 교습자는 선행 학습을 유발하는 광고 또는 선전을 하여서는 아니 된다.

제14조(시정 또는 변경 명령)
① 교육부 장관 또는 교육감은 교육 관련 기관이 제8조부터 제10조까지의 규정을 위반한 경우 제11조에 따른 교육과정위원회 또는 제12조에 따른 시·도 교육과정위원회의 심의 결과에 따라 기간을 정하여 교육 관련 기관에 시정이나 변경을 명할 수 있다.

불량 광고를 통한 세태 이야기

　인터넷에서 우연히 본 광고를 보고 참담한 마음을 금할 길이 없었다. 아이의 침실 한 켠, 마치 간이 사우나실처럼 앞뒤로 막힌 가구가 놓여 있고, 가구 안에 책상이 자리 잡고 있는데, 문제는 가구에 문이 달려 있다는 점이다. 한창 뛰어놀면서 자신의 미래를 설계하고, 꿈을 꾸어야 할 아이들이 뒤주 같은 독서실 의자, 그것도 집 안 자기 방에 그런 의자를 마련해놓고 사육당하듯이, 좀 더 심하게 말하면 고문을 당하듯이 공부를 강요당하고, 소위 SKY라 불리는 대학에 가지 못하면 아무런 인생의 의미도 없는 것처럼 여겨지는 현실 가운데 던져져 있다는 것이다. 실제 우리 주변에는 알게 모르게 자녀들을 어떻게 대해야 할지 우리를 미혹하는 문구 혹은 광고 전단지들이 생각보다 많다. 이러한 전단지 등을 통해 무의식 속에서 자녀들을 어떻게 지도해야 할지 방향이 설정되곤 한다.

　초등학교 5학년 교과과정 중에 광고에 대해 배운다. 광고 문구를 보고 신뢰도를 평가하는 것이 학습 목표다. 현재 우리가 흔히 접하는 광고를 보면 이것이 올바른 광고인지, 초등학교 5학년도 쉽게 판단할 수 있다. 그런데 아이의 교육과 관련되면 눈에 무엇인가 씐 듯 판단 능력이 마비되어 올바른 판단을 내리기가 어려워진다.

　주변 학원가를 돌아다니다 보면 과학고 ○○명 입학, 외고 ○○명 입학, ○○경시대회 최우수 입상 등 마치 학원을 다니는 사람들만 우수한 결과를 낸 것처럼 보이는 플래카드를 자주 접한다. 이럴 때일수록 플래카드나 광고 전단지에 현혹되지 말고 자녀들의 특성이 무엇인지, 내 자녀는 무엇을 잘하고 무엇을 좋아하는지, 내 자녀의 생활 양식은 어떻게 되는지 등 자기 자녀에 대해 다시 한 번 곰곰이 들여다봐야 하는 건 아닌가 생각한다.

지난해 『구글은 SKY를 모른다』(이준영, 알투스, 2014)를 읽고 있었다. 책상 위에 놓인 책을 보고 3학년인 우리 반 제자가 천진난만한 표정을 지으며 "선생님, 구글이 누구예요? 왜 그 사람은 하늘을 몰라요?"라고 말하는 것이었다. 순간 귀엽고 웃음이 나와 머리를 쓰다듬어준 적이 있다. 그러고 나서 구글은 사람 이름이 아니라 회사 이름이라는 것을 알려주고, 'SKY'의 뜻을 설명해주려다가 잠시 머뭇거린 적이 있었다. 며칠 뒤 다른 곳 중고등학교 학생들에게 특강할 기회가 있어 이 책을 소개했더니 대번에 SKY는 하늘이 아니라 서울대·고대·연대라는 것을 말해주지 않아도 알고 있었다. 언제부터 우리 학생들은 SKY의 뜻을 달리 해석하게 되었을까? 학생들은 정확하게 언제인지 기억나지 않지만 오래전부터 SKY가 명문대를 지칭한다는 것을 알았다고 한다.

"SKY를 가고 싶으냐?"라는 질문엔 모든 학생들이 망설임 없이 "그렇다"고 답했지만 왜 "SKY를 가고 싶으냐?"는 질문엔 "부모님이 원하신다", "당연히 좋은 대학이니 가고 싶은 거 아니겠느냐", "나중에 취업이 잘될 것 같다", "우리나라에서는 간판이 중요하지 않느냐" 등 다양한 답변이 나왔다. 여전히 이러한 답변들이 유효한 것은 사실이지만 위에서 잠시 언급한 『구글은 SKY를 모른다』에서는 다른 견해를 보이고 있다.

미국 구글 본사에 입사하려는 한국 사람들 중에 자신을 소개하라는 질문에 다양한 스펙을 얘기하지만 정작 면접을 담당하는 사람들로부터 듣는 얘기는 "우리는 너희 나라 SKY를 모른다"는 것이다.

이는 무엇을 의미할까? 우리는 SKY만 가면 모든 것이 끝난다고 생각하지만, 정작 우리가 가고 싶어 하는 기업들은 스펙이 아니라, 자신만의 스토리에 더 관심이 많다는 것이다. 책에서 소개한 바에 의하면, 미국 구글 본사에서 일하는 한국인 다섯 명은 하나같이 자신만의 스토리가 풍성한 사람들이다. 컴퓨터를 좋아해서 밤새 컴퓨터를 뜯고 고치고 이를 반복해서 거의 해커 수준으로 컴퓨터에 관해 잘 알고 있거나 전문가 중의 전문가가 되었을 때, 비로소 구글이 원하는 인재가 되는 것이다.

결코 SKY를 향한 목표가 무의미하다는 것이 아니라 적어도 내가 왜 SKY를 가고 싶어 하는지, 그곳에 입학했다면, 이후 나의 진로에 대한 고민이 뒷받침되어야 한다는 것을 말해주고 싶다. 단순히 SKY 자체가 목적이 되어선 안 된다는 점을 말하고 싶은 것이다.

한데 그것이 참 쉽게 바뀌지 않는다. 그래서 입시가 변하지 않고, 입시를 코앞에 둔 고3 학부모들이 변하지 않고, 이를 지켜본 수많은 학부모들이 중학교 때부터 슬슬 시동을 걸고 더 나아가 초등학생 5, 6학년을 둔 학부모들이 이에 뒤질세라 그들만의 SNS를 구축하고 정보를 통해 앞에서 언급한 '돼지엄마'를 추종하는 것이다.

과거에도 그랬지만 지금도 SKY는 여전히 우리 맘속에 참 날아보고 싶은 공간인 듯하다. 특히 자녀를 둔 학부모들에게는 말이다.

> **PLUS TIP**
>
> **돼지엄마**
>
> 2015년 국립국어원에서 발표한 2014년 신어에 등장한 '돼지엄마'는 자녀를 명문대에 보내기 위해 투자를 아끼지 않는 엄마들의 대표를 뜻하는 은어이다. 교육열이 매우 높고 사교육에 대한 정보에 정통하여 다른 어머니들을 이끄는 어머니를 이르는 말로, 어미 돼지가 새끼를 데리고 다니는 것을 빗대어 부르는 말이다. 돼지엄마가 되기 위해서는 자녀가 일명 SKY(서울대, 고려대, 연세대)라고 불리는 명문 대학교에 들어갈 성적을 지니고 있어야 하며, 물론 사교육에 대한 많은 정보를 가지고 있는 사람을 일컫는다.
> 이런 돼지엄마가 무슨 문제냐? 라고 하지만 실제로 이 돼지엄마들이 그룹을 만들어 학원 정보를 제공하고, 그에 대한 대가로 무료 수강을 듣는다거나 홍보비 명목으로 금전적인 대가를 받는 등 또 다른 사교육 시장의 홍보실장 역할을 하고 있다.

스펙 쌓기 대회가 사라지고 있다

노사정이 학벌이나 스펙보다 직무 능력을 우선하는 채용 시스템을 활용하는 등 노사 주도형 직업 능력 개발 체계를 마련하기로 합의했다는 기사를 본 적이 있다. 합의문에는 '학벌 중심'과 '과도한 스펙 쌓기' 등 사회적 폐해의 해소와 사회 양극화 완화를 위해 직무 능력을 지속적으로 개발해 채용과 배치 등에 반영하고 노사가 협력적 동반 관계를 공고화한다는 내용이 담겨 있다.

늦게나마 이러한 '평생 직업 능력 개발 활성화를 위한 노사정 합의문'을 참석 위원 만장일치로 채택한 것은 바람직한 일이라고 생각한다. 그간 우리 사회는 직무 능력보다는 스펙에 큰 관심을 보여왔다. 그래서 대학에 입학하는 순간부터 다양한 스펙 쌓기에 열을 올리며 전력을 쏟아붓는 모습을 자주 목도한다. 대통령 청년위원회 '2030 정책참여단 스펙 조사팀'이 대학생 500여 명을 대상으로 취업에 필요한 스펙 준비 실태를 조사해 발표했는데 취업 스펙 세트로 '학벌, 학점, 토익, 어학연수, 자격증, 공모전 입상, 인턴 경력, 사회봉사, 끝으로 성형수술'까지 아홉 개를 뽑았다고 한다. 성형수술이 단순히 아름다워지고 싶은 욕구를 벗어나 이제는 취업 수단이 되고 있다.

그렇다면 우리 초등학생 실태는 어떨까?

대학생들만큼은 아니더라도 초등학생 역시 결코 만만치 않은 현실을 보게 된다. 'ㅇㅇ기관에서 주최하는 ㅇㅇ대회' 등 학교에 있다 보면 수많은 협조 공문들이 쏟아진다. 심지어 처음 이름을 들어보는 대회도 많다. 때로는 학교 홈페이지를 통해 홍보하기도 한다. 그리고 몇 주 뒤면 입상한 아이들 상장과 트로피 혹은 부상이 도착해 학생들에게 전달된다. 이런 모습을 보면 생각보다 많은 학생들이 온갖 대회에 참여하고 있다는 것을 쉽게 알 수 있다. 사람들은 이러한 실태에 무슨 문제가 있을까, 많은 대회가 있는 것이 문제도 아니고 더욱이 능력 있는 학생이 참가하는 것 자체가 무슨 문제가 될까 하고 생각할 것이다.

문제는 그것이 아니다. 평소 내가 좋아하고, 관심 있는 분야의 대회에 참가해 나의 실력을 가늠해보고 성취도를 느끼며 자신의 부족한 부분을 파악한 뒤 더욱 노력하는 기회가 된다면 대회에 참석하는 것을 얼마든지 권장하고 싶다. 하지만 내 의지가 아닌 누군가의 의지에 따라, 심지어 아이 본인은 그 대회가 무슨 대회인지, 이를 위해 무엇을 준비해야 하는지도 모르고, 정말 하기 싫은데도 불구하고 그저 상을 받기 위해 수많은 학생들이 대회로 내몰리고 있다는 것이 문제다.

그리고 눈치 빠르고 발 빠른 사교육 시장은 이런 심리를 이용해 벌써부터 ○○대회 입상이라고 대문짝만 한 플래카드를 걸고, 이런 대회를 통해 스펙을 쌓는 것만이 경쟁력인 듯 학부모들과 학생들을 현혹시킨 지 오래다. 이런 것을 보면 대학생들만 스펙 쌓기에 열을 올리는 것이 아니라, 이미 초등학생들도 스펙 전쟁의 대열에 진입한 것 같다.

학교 현장에서는 이런 문제점을 인지하고 몇 년 전부터 학교생활기록부에 교육청 주관 상을 비롯한 모든 대외상 수상을 기록하는 것을 금지하고 있다. 과거 생활통지표에는 대외상 수상 경력을 기록할 수 있었기에 대외상 수상이 많은 아이들은 생활통지표 장수부터가 다르고, 이것이 친구들 사이에서 우쭐댈 수 있는 일이 되어 그 부러움에, 나도 뭔가를 준비해서 상을 받아야겠구나 하던 시절이 있었다. 하지만 지금은 다행스럽게도 이러한 현상이 많이 줄어들고 있다.

만일 현재 내 자녀에게 많은 대회에 참가하여 입상을 하게 하는 목적이 단순한 스펙 쌓기에 머물려 있다면 의식의 전환이 필요하지 않을까 싶다. 우리 옛 속담에 '세 살 버릇 여든까지 간다'라는 말이 있다. 이는 버릇 외에도 어렸을 때 사고방식, 생활양식 등이 형성되면 쉽게 고치기 어렵다는 것이다. 어느 대회를 막론하고 열심히 준비시켜 오로지 입상하는데 목적을 두고 자녀들을 양육한다면 자녀들은 실제 갖추어야 할 역량과 무관하게 입상을 하기 위한 강박으로 인해 편법, 속임수 등을 스스로도 모르게 생각하게 될지 모른다. 이러한 사고가 앞으로 이 사회를 살아가야 할 우리 자녀들에게는 상당히 큰 부담으로 작용한다는 사실을 잊지 않았으면 한다. 우리 초등학생들은 활동 그 자체에 대한 만족과 함께 기쁨을 누렸으면 좋겠다. 경쟁으로부터 벗어나 비록 입상을 못하더라도 "수고했다" "잘했다" 식의 격려로 인해 긍정적 자아 개념이 형성되는 것이 더 의미 있고 바람직해 보인다.

방과 후 우리 자녀 생활 엿보기

초등학생들과 얘기하다 보면 차라리 학교에 있는 것이 더 낫다, 혹은 방학보다 개학이 더 좋다는 말을 한다. 학교보다 집에서 있는 게 더 좋은 필자의 어릴 적과는 많이 다른 모습이다. 아이들이 왜 이런 말을 하는지 짐작이 가는가?

나름의 몇 가지 이유가 있겠지만 그중 한두 가지는 곰곰이 곱씹어볼 필요가 있는 것들이다. 우선 그중 하나가 방과 후 생활이 더 빡빡하다는 것이다. 둘째로는 학원 외에 특별히 할 거리, 놀 거리가 적다는 것이다. 막상 놀려고 해도 함께 놀 친구들이 보이지 않는다. 대부분 친구들이 학원에 가서 모처럼 모여 다 같이 놀려고 해도 시간 맞추기가 어렵다.

이는 학교 수업 중 모둠 과제를 내줄 때만 봐도 쉽게 알 수 있다. 현시대적 요구는 협력이다. 그 때문에 모둠별 과제도 협동 학습 혹은 프로젝트 학습으로 내주는 경우가 많다. 하지만 학생들이 모여서 뭔가를 하기에는 모두 너무 바쁘기 때문에, 과제 자체의 어려움은 둘째치고, 모이는 시간을 잡는 것이 어려워 차라리 혼자 하는 것이 더 낫다고 한다. 사회는 협력을 가르치지만, 정작 협력해야 할 아이들은 뿔뿔이 흩어져 있는 게 현실이다.

학부모들이 어렸을 때처럼 들로 산으로 놀러 다니며 잠자리도 잡고, 매미도 잡던 시절은 이제 끝났구나 싶다. 특히 도시의 경우엔 더 그렇다. 과연 정말 방과 후 시간이 그렇게 없단 말인가 싶지만 우리 학생들의 삶을 면밀히 들여다보면 그리 녹록지 않아 보인다. 왜 그럴까? 아마도 꽉 짜인 스케줄이 큰 방해거리인 듯싶다. 방과 후에도 빡빡한 스케줄 속에 꼭 해야만 하는 일들은 자꾸 쌓여가기만 한다. 학교 과제 외에도 학원 숙제가 너무 많다는 얘길 종종 듣는다. 흔히 하는 얘기로 주객이 전도된 것이다. 학교 공부를 위해 학원이 존재하는 것인지 학원 공부를 위해 학교가 존재하는 것인지 모를 지경이다. 심지어 학원 늦으면 혼난다고 빨리 종례해달라는 아우성이 나올 때도 있으니 정말 뭔가 잘못되어도 한참 잘못되었다는 생각이 든다.

단언컨대 공부 잘하는 친구들은 밤늦게까지 학원을 다니거나 공부만을 위해 책상에 오래 앉아 있는 아이가 아니다. 충분히 잠을 자면서 건강도 챙기고, 자신이 무엇을 위해 공부를 해야 하는지 알고, 자신의 꿈과 끼를 발견하는, 삶에 지쳐 있지 않은 아이들이다.

2013년 한국 아동종합실태조사에 따르면, 어린이·청소년 스트레스 수치가 2008~2013년 사이에 증가했음을 알 수 있다. 그림에서처럼 12~17세에 비해 초등학생 때인 9~11세에서 스트레스 수치가 더욱 증가했다. 각기 다른 해석이 있겠지만 그간 중고등학생이 받아왔던 스트레스 요인들이 초등학교까지 내려와 학업에 대한 스트레스, 부모님의 기대치, 학교 폭력, 왕따 등 교우 관계에 대한 스트레스, 최근 부쩍 높아진 이혼 등 가정불화 등으로 인한 스트레스 등 초등학생의 발달 수준에서 감당하기 어려운 일들이 우리 초등학생들에게 상당한 스트레스로 다가온다는 것이다.

따라서 우리 어린이·청소년의 '삶의 만족도'는 다른 나라에 비해 매우 낮은 점수를 기록하고 있다. 물론 약간의 스트레스는 누구나 갖고 있다. 따라서 나름대로 스트레스를 푸는 각자의 방법을 아는 것도 중요하다고 가르친다. 하지만 그보다 앞서 스트레스를 받는 요인들을 분석하고, 이를 줄여나가는 방법이 더 중요하다. 스트레스를 주는 요인들이 장

어린이·청소년 스트레스 수치 18세 미만 아동을 둔 4000여 가구 / 4점 만점
자료 : 2013년 한국 아동종합실태조사

기화되었을 때는 단순히 스트레스를 푸는 방법만으로는 부족하고 해결하기에도 늦을 수 있기 때문이다.

고등학생은 대한민국의 현실 속에서 대학 입시라는 큰 관문을 통과해야 하니 어쩔 수 없다 치더라도 초등학생들까지 입시 전쟁에 내몰려 밤늦게까지 잠을 줄여가며 공부해야 한다는 것은 설득력이 없어 보인다. 우리는 진정 무엇을 위해 공부하는 것일까?

변화는 소수에서 시작한다

『백마리째 원숭이가 되자』(후나이 유키오, 사계절, 1996)에 나오는 이모 원숭이를 소개하고자 한다. 1952년 일본의 고지마 섬에 원숭이들이 살고 있었다. 과학자들이 이 원숭이들에게 땅속에서 캐낸 고구마를 먹이로 제공했다. 고구마는 무척 달콤했지만 흙이 묻어 있어서 원숭이들은 손으로 흙을 털어내고 고구마를 먹었다. 그런데 어느 날 18개월 된 '이모'라는 원숭이가 흐르는 물에 씻으면 깨끗한 고구마를 먹을 수 있다는 걸 알게 되었다. 그래서 어미 원숭이에게 고구마를 씻어 먹는 방법을 가르쳤다. 그러자 주변 원숭이 친구들이 이를 따라 하기 시작했고 급기야 고구마를 씻어 먹는 행동이 확산되었다.

1952년부터 1958년까지 6년 동안 젊은 원숭이들은 대부분 고구마를 씻어 먹는 방법을 익혔다. 하지만 나이 든 원숭이들은 젊은 원숭이들을 모방한 원숭이들만 이러한 사회적 진보를 익혔을 뿐, 그렇지 않은 원숭이들은 여전히 손으로 고구마의 흙을 털고 먹었다. 고구마를 씻어 먹는

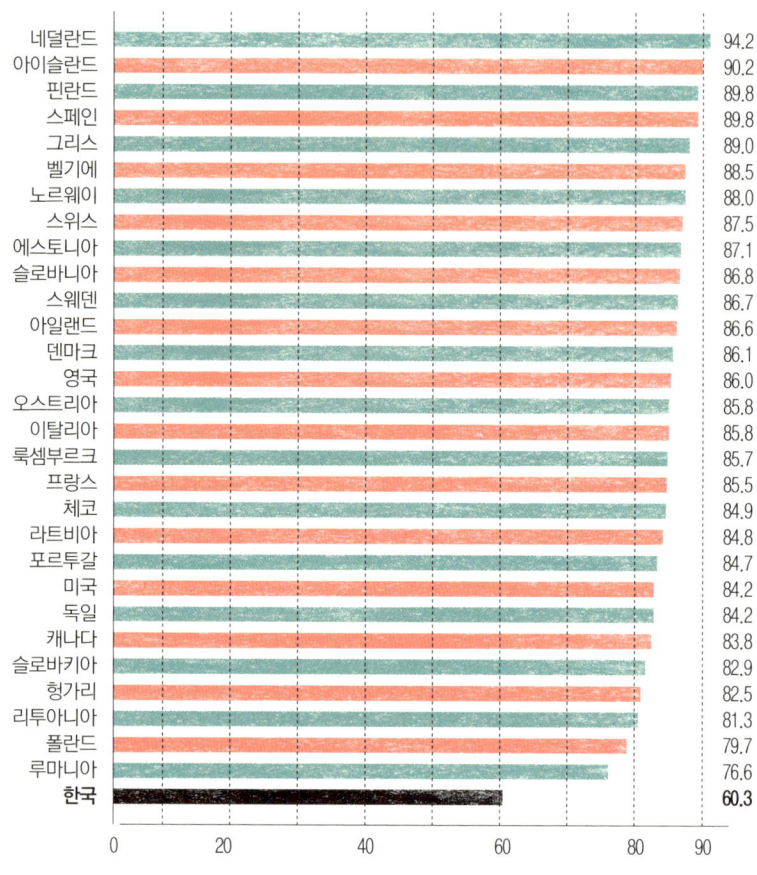

2013 한국 아동 삶의 만족도 조사

자료 : 2013 한국 아동종합실태조사, 보건복지부

원숭이 수가 어느 정도 늘어나자 이번에는 고지마 섬 이외의 지역에서도 고구마를 씻어 먹는 원숭이들이 나타났다. 그런데 이상하게 고지마 섬에서 멀리 떨어진 다카자키 산을 비롯한 다른 지역에 사는 원숭이들도 고구마를 씻어 먹기 시작했다. 서로 전혀 접촉할 수 없는 상황에서도 정보가 전달된 것이다.

이러한 현상을 미국의 과학자 라이올 왓슨(Lyall Watson)은 '100마리째 원숭이 현상(The Hundredth Monkey Phenomenon)'이라고 이름 붙였다. 이는 어떤 행동을 하는 개체의 수가 일정량(critical number)에 달하면 그 행동은 그 집단에만 제한되지 않고, 시간과 공간을 뛰어넘어 확산되어가는 불가사의한 현상을 가리킨다. 많은 동물학자와 심리학자들이 다양한 실험을 통해 이러한 현상이 인간을 포함한 포유류는 물론 조류·곤충류에서도 볼 수 있는 보편적 현상임을 밝혀냈다.

우리나라에서 일어나는 사교육 현상이 바로 인간에게 일어나는 100마리째 현상이라고 생각한다. 처음에 사교육의 일시적인 달콤함을 접한 사람들이 이웃에 알렸고, 일부 주변에서 일어나던 사교육 열풍이 결국 전국의 모든 지역으로 확산되어 아이들의 삶을 피폐하게 만든 것이다.

이제 반대로 아이의 행복을 위해 존재하는 부모가 나서야 할 때다. 이모 원숭이의 역할을 해줄 부모들이 한 사람 한 사람 늘어나서 결국 일정 인원을 넘어선다면 이 현상 역시 전국으로 확산되어 아이에게 행복한 교육을 할 수 있을 것이다.

우리나라 곳곳에서 현 교육의 문제점을 인식하고 우리 아이를 위해 교육이 변해야 한다는 생각을 가진 분들이 점점 늘어나고 있다. 이런 생각의 변화가 점점 퍼지기 시작했다. 이런 분들이 '이모 원숭이'의 역할을 하고 있는 것이다. 이제 교육의 변화는 막을 수 없는 대세다. 부모님들의 생각의 변화가 필요하다.

　몇 년 전 자기 주도 학습에 의한 행복한 교육을 꿈꾸며 무한경쟁 속에 자기 삶을 포기하고 꿈과 희망을 잃어버린 학생들을 돕기 위해 만들어진 단체가 있어 눈길을 끌었다. 바로 '사교육걱정없는세상'이라는 단체인데, 입시와 사교육으로 고통받은 당사자들이 참여와 나눔으로 입시 고통이 없는 세상, 사교육 걱정이 없는 세상을 만드는 국민운동으로 지금도 학생들에게 행복이라는 키워드를 심어주기 위해 불철주야 애쓰고 있다.

　'사교육걱정없는세상'의 많은 활동 중 학력 중심의 사고에서 벗어나고 경쟁보다는 협력이 중요하다고 믿고 있는 학부모들을 위해 '등대지기 학교'라는 프로그램을 개설했다. 등대지기 학교는 '사교육걱정없는세상'이 입시 경쟁으로 고통받고 있는 학부모들을 돕기 위해 시작한 대표적인 시민 교육 프로그램이다. 이를 통해 사교육이 난무하는 이 시대에 부모는 사교육 비용에서 자유롭고 우리 아이들은 학원에 의해 만들어지고 강요받은 학습이 아닌 자기 주도 학습에 의한 행복한 교육을 꿈꾸는, 우리 몸속 깊숙이 박혀 있는 평가 DNA를 바꾸려는 모임이 시작되었다.

　이 프로그램에 참여한 학부모들의 소감문을 보면 등대지기 학교 수료 후 각자가 느끼고 깨달으며 결단한 마음가짐의 실천들이 삶 가운데 적용되고 있는 것들을 보게 된다. 어디 여기뿐일까? 지난 스승의날을 맞이하여 중3이 된 제자 두 명이 필자가 근무하는 학교로 찾아왔다. 손에는 과자 두 봉지와 음료를 들고, 오랜만에 지난 얘기들을 하며 좋은 시간을 보냈다. 아무래도 교사의 직업을 속일 수 없는터라 "요즘 공부는 잘하고 있니?", "이번 시험은 잘 봤니?"라고 물어봤다. 그랬더니 영준(가명)이가 민재(가명)를 언급하며 "민재 지난번 시험 되게 잘 봤어요!"라며 대신 말해주었다. 그래서 "얼마나 잘 봤는데 그래?"라며 재차 묻자 거의 모든 과목을 100점 가까이 맞았다는 것이었다. 잠시 초등학교 시절의 그 제자 모습을 떠올려보았다. 수줍어하면서도 수업 시간에 집중을 잘하고 자신의 생각을 차분하게 발표하는 당당한 학생이었다. 특히 과학 분야의 책을 좋아하여 과학 과목의 성취도가 좋았다. 당시엔 그러려니 했던 것 같다. 몇 년이 지난 지금, 궁금한 게 생겼다. 그동안 어떤 학습 과정을 거쳤고, 공부하는 태도는 어땠는지 말이다.

그 후 민재를 따로 만나 얘기를 나눴는데, 아버지 얘기를 자주 했다.

"아버지가 학원 공부에 의지하다 보면 나중에는 학원에서 보내는 시간이 더 많이 늘어날 것이기 때문에 어릴 때부터 학원보다는 집에서 스스로 공부하는 습관을 기르는 게 낫겠다고 해서 학원을 다녀본 적이 없어요."

"혼자 공부하기 힘들지 않았어?"

"뭐 그런 적도 있었지만 공부하다 어려운 부분은 선생님께 물어보면 됐고, 혼자 문제집 풀면서 알아가기도 해서 크게 어렵진 않았어요."

"곧 고등학교 진학하게 되는데 지금도 혼자서 공부하니?"

"그럼요. 이젠 혼자 공부하는 게 익숙해서 학교 끝나고 집에 오면 그날 배운 거 복습하고 조금 쉬었다가 다시 공부하는데 그리 힘들지 않아요. 오히려 친구들 학원 다니고 뭐하고 하는 시간을 줄일 수 있어서 좋은 것 같아요."

"공부하는 시간 말고는 뭐하고 보내니?"

"아버지랑 밖에 나가서 같이 시간 보내고, 아니면 친구들 만나 얘기하고 그렇죠."

한 시간가량 얘길 나누면서 부모님의 공부에 대한 철학이 자녀의 공부에 대한 방향 및 공부 습관을 만들었다는 생각이 들었다. '사교육걱정없는세상'을 통해 알 수 있듯이 많은 학부모들이 학원가로 아이들을 몰아놓고 공부시키는 듯 보일 수 있지만 모든 학부모가 그러는 것은 아니다. 공부에 대한 생각과 방향이 중요하다. 특히 초등학생 학부모들은 앞으로 중고등학교를 진학시켜야 하는 시점에서 다시 한 번 공부에 대한 생각을 자녀와 함께 고민해보는 것이 중요하다.

지구 상에 유일하게 펭귄이 사는 곳은 남극이다. 남극의 많은 펭귄들이 바다에 뛰어들어 먹이 사냥을 한다. 그런데 남극 바다는 펭귄에게 먹이도 제공하지만 천적도 도사리고 있는 곳으로, 펭귄들에게는 두려움의 대상이기도 하다. 그런 이유로 많은 펭귄들이 바다 앞에서 머뭇거린다. 바다에 대한 두려움으로 주저하고 있을 때 맨 처음 바다에 뛰어드는 용감한 펭귄이 나타나면 그다음부터는 주저 없이 바다에 뛰어든다. 이 힘이 펭귄을 남극에서 지켜주는 힘이라고 생각한다.

어느 사회에서나 흔히 일어나는 도전에 대한 두려움이 생길 때 이를 극복하고, 또는 두려워하면서도 먼저 시도해보는 선구자나 희생자가 있을 때 그 사회는 발전한다. 다행스럽게도 우리 주변에는 '첫 번째 펭귄' 역할을 해주시는 분들이 많다. 부족한 것은 '첫 번째 펭귄'을 믿고 뒤쫓아갈 '함께할 펭귄'이 많지 않다는 것이다.

이 글을 통해 함께 응원해줄 펭귄이 되어주실 거라 믿고, 아이들에게 진정 도움이 되는 교육이 무엇인가에 대해 이야기하고자 한다.

사실은 학교도 달라지기 위해 애쓰고 있습니다.

저마다 다른 아이들을 단지 점수나 등수만으로

평가할 수는 없다는 것을 잘 알고 있기 때문입니다.

이제 학부모님들이 도와주실 차례입니다.

더 이상 해묵은 시절의 기준으로

아이들을 평가하지는 말아주셨으면 합니다.

아이는 생각보다 잘하는 것이 참 많기 때문입니다.

PART 2

"몇 점 받았어?
몇 등이야?"
아무 의미없는
질문입니다

도널드 클리프턴과 폴라 넬슨이 쓴 『강점에 올인하라 : 특별한 성공의 레서피』(솔로몬북, 2007)에는 '동물학교 이야기'가 나온다.

숲 속에 사는 동물들이 다니는 학교가 바로 '동물학교'다. 이 학교의 목표는 숲 속 생활에 꼭 필요한 것들을 모아 모든 동물들에게 가르치는 것이다. 주요 공부 내용은 헤엄치기, 달리기, 뛰어오르기, 나무 오르기, 높이뛰기, 날기 등이다.

동물학교 개학 첫날, 토끼에게는 정말 신나는 날이었다. 왜냐하면 그날 배우는 과목이 달리기였기 때문. 토끼는 다른 동물들보다 달리기를 잘해서 선생님으로부터 칭찬을 받았다. 두 번째 날 수업은 헤엄치기였다. 토끼는 헤엄치기를 배워본 적이 없었다. 그의 부모도 헤엄치기를 해본 적이 없었다. 토끼는 눈을 꼭 감고 강물로 들어갔는데 물속에서 허우적대다 죽을 뻔했다. 그때부터 토끼는 학교에 가기 싫어졌다. 걱정이 된 토끼의 부모가 학교 선생님에게 상담을 신청했다. 그런데 헤엄치기는 모든 동물이 꼭 배워야 하는 과목이므로 배우지 않으면 학교를 졸업할 수 없다는 말을 듣고 토끼를 설득하기로 했다.

일단 토끼는 학교 상담실로 가서 상담을 받았다. 선생님은 토끼에게 "너는 달리기를 잘하니까 달리기 시간을 줄이고, 헤엄치기에 더 많은 시간을 공부하는 것이 어떻겠니?"라고 물었다. 그 말을 들은 토끼는 학교에서 나와 다시는 가지 않았다. 그러면서 숲 속에서 다짐했다. 자기가 잘하는 것만 하면 되는 세상이 되었으면 좋겠다고.

이 이야기 속의 토끼를 보면서 혹시 우리 아이들 모습이 떠오르지는 않았는지? 우리 아이가 정말 싫어하고 필요성을 느끼지 못하는 것들을 배우고 평가받으며 그것을 채우기 위해 많은 시간을 보내야 한다면 얼마나 슬플까?

또 한 가지 사례를 보자. MBC 다큐프라임 〈제때 배우는 기쁨을 누려라!〉에서 서울대학교 학생 세 명을 대상으로 고등학교 수학반 배치 고사와 대입 논술 문제를 풀게 했다. 물론 여기 등장하는 세 학생은 고등학교 때 수학 영역에서 1등급을 받은 인재들이었다. 그런데 결과는 반 배치 고사 세 문제 중 두 문제, 대입 논술 문제는 대부분 틀렸다. 이 문제가 고등학교 반 배치 고사라는 말을 듣고 크게 실망한 표정이었다.

이처럼 2, 3년만 지나면 머릿속에서 사라질 지식을 위해 밤새워 공부하는 이 답답한 현실에서 벗어나, 진정 아이를 위한 진정한 평가는 무엇일까?

부모들이 초등학교 다닐 때 보았던 시험들을 떠올려보자. 1980년대 평가는 학교에서 사설 시험지를 구입해 매달 월말고사라는 이름으로 시험을 보았다.

국어, 수학, 사회, 과학, 음악, 미술, 실과, 체육 이렇게 여덟 과목 시험을 치렀다. 책상 가운데 가방이나 파일을 세우고 옆 사람이 보지 못하도록 시험지를 반으로 접어 시험을 봤고, 모든 평가 결과는 시험 점수로 판가름하여 온 동네에 점수가 흘러다니던 시절이었다.

부모 세대에게 시험 점수는 어떤 의미였을까. 당시 모든 사람들이 학생의 능력을 가늠 하는 척도가 점수라고 생각했다 해도 과언이 아니다.

어른이 된 지금, 그 당시로 돌아간다면 과연 점수의 의미를 그때와 꼭 같은 가치로 생각할까?

이제부터는 학교에서 알려주지 않은 우리 아이들의 평가에 대해 이야기하고자 한다.

많은 범위를 한꺼번에 보던 시험을 단원 및 큰 주제별로 분산함으로써 학생들에게는 시험 범위에 대한 부담감을 덜어주고, 선생님에게는 시험 본 결과를 바탕으로 부족한 부분에 대한 재학습을 할 수 있어 학생들에게 도움이 되는 평가로의 변화다.

이번 장에서는 우리나라 초등학교 교실에서 치러지는 시험에 대한 변화를 알아보고, 미래 인재를 위한 올바른 대처 방법은 무엇일까 생각하는 장이 되었으면 한다.

평가의 대략적인 정의로부터 교육 활동 중에 이루어지는 평가에 대한 다양한 이야깃거리로 풀어보려 한다. 무엇보다 초등 교사로서 오랜 시간 느끼고 고민해왔던 평가에 대한 생각들을 학부모들과 함께 나누는 시간이 되면 좋겠다.

또한 평가에 관한 일정이 왜 바뀌었는지, 그리고 평가 날짜 이외 평가에 관해 잘 알지 못했던 부분들에 대해 공유하고자 한다. 초등 1년 교육과정 계획에는 교육 활동 가운데 중요한 평가 계획이 담겨 있다. 대개 2월 말부터 3월까지 한 학기 평가 계획을 수립하고 계획에 맞춰 실행된다. 학부모들은 학교 교육과정 속의 학사 일정을 보며 1년 동안 이뤄지는 평가 날짜를 확인한다. 흔히 중간고사, 기말고사라고 불리는 평가가

4월 초나 7월 초 한 학기에 두 번씩, 적어도 1년에 총 네 번 치러지고, 그 동안 국어·수학·사회·과학 시험 4교시를 마치고 점심 식사 후 귀가했던 자녀들을 기억할 것이다. 그러나 이제는 과거처럼 학사 일정에서 시험 날짜를 찾아보는 일이 힘들어질 수 있다.

   학교는 교육 기관이다. 교육이란 인간이 삶을 영위하는 데 필요한 모든 행위를 가르치고 배우는 과정이며 수단이라고 정의한다. 이렇게 가르치고 배우는 과정에서 제대로 가르치고 배웠는지를 판단할 수 있는 유일한 것이 바로 평가다. 그래서 평가는 교사뿐 아니라 학생, 학부모 모두에게 중요한 영역인 것은 의심할 여지가 없다. 그런데 3월에 만난 아이들과 학부모들은 평가에 대해 여전히 과거 지향적이라는 생각이 들었다. 분명 시대가 변했고 교육 시스템이 바뀌어가고 있는 시점에서 모르기도 한 데다 알아도 좀처럼 변하지 않은 것이 사람들의 인식일 것이다. 또 평가에 관한 인식들이 사람들을 기분 좋게 하지 않는 이유 때문인지 몰라도 평가에 관한 정보가 생각보다 늦는 것 같다. 아무쪼록 이번 기회에 평가에 대해 한번 생각해보는 기회가 되었으면 한다.

❶ 자, 그렇다면 우리 아이들을
어떻게 평가하는 것이 좋을까요?

모든 학생의 수학 성적이 다 좋아야 하는 걸까?

평가 문제는 교육 시스템에서 시작된다. 최근 매스컴을 통해 쉽게 접하는 소식 중 하나가 바로 PISA와 관련한 소식이다.

PISA(Programme for International Student Assessment)는 경제협력개발기구(OECD, Organization for Economic Co-operation and Development)에서 각 회원국의 교육 체제의 질을 점검하기 위해 1998년부터 실시하는 3년 주기의 국제 학업 성취도 평가를 말한다. PISA는 대부분의 OECD 국가에서 의무 교육이 종료되는 시점, 즉 만 15세에 해당하는 학생들을 평가 대상으로 한다. PISA는 읽기, 수학, 과학 영역에 대한 소양과 교육 맥락 변인을 측정·조사하고 있는데, 우리나라는 첫 주기인 PISA 2000부터 참여하여 지속적으로 높은 성취를 보여주고 있다. PISA 2012는 총

65개국(OECD 34개국, 비회원국 31개국)에서 약 51만 명을 대상으로 시행되었으며, 우리나라는 비례층화 표집 방법에 의해 표집된 총 5,201명(고등학교 140개교, 중학교 16개교)이 참여했다.

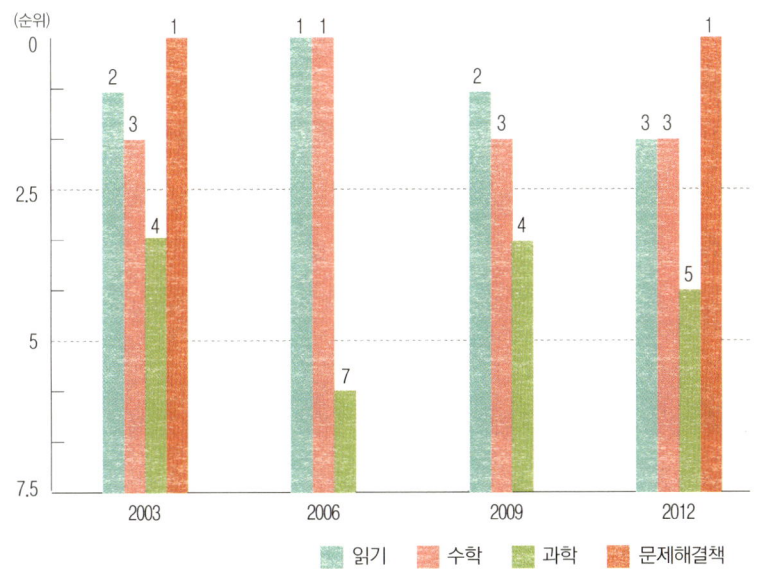

2012 OECD 'PISA 2012' 결과

출처 : 한국교육과정평가원 보도 자료(2013. 12. 3), OECD 학업 성취도 국제 비교 연구 2012 결과

위 표에서 보는 바와 같이 우리나라는 2003년부터 2012년까지 읽기, 수학, 과학, 문제 해결력 부문에서 꽤 높은 순위에 오른 것을 확인할 수 있다. 이는 분명 우리나라가 교육에 있어 많은 노력을 기울여왔다는 사실을 예상할 수 있는 결과이다. 그러나 이것이 우리나라 교육 전부를 대

변한다고는 확신하기 어렵다.

　PISA의 본래 목적은 국가별 성적 순위를 매기는 데 있는 것이 아니라 학교 교육의 결과와 그 변화 추이를 국제적인 수준에서 파악하고 비교함으로써 자국 교육의 현재 수준을 바로 알고 이를 통해 교육과정을 개선하고 적합한 교육 정책을 수립하는 데 있다. 우리나라 또한 PISA 실시 후 보도 자료를 통해 결과를 분석하고 이에 따른 대책을 수립하여 발표한다. PISA 2012 보고서에서는 '최상위 수준', '최상위 성취', '높은 성취'라는 단어가 열 번 이상 나온다. 이는 그만큼 우리나라 학생들의 점수와 순위가 자랑스럽다는 것을 내포하겠지만 그 결과가 나오기까지 우리나라 학생들이 어떤 학업 과정을 거치고 있는지 한 번쯤 돌아봐야 한다는 생각을 지울 수가 없다.

　우리나라는 그야말로 결과 중심의 내재적 가치를 가지고 살아왔다. 그래서 시험을 치른 뒤 시험지를 보면서도 과연 무엇을 틀렸고, 왜 틀렸는지에 대한 관심보다는 내 점수가 몇 점이고 내 등수가 얼마인지에 더 관심이 많았다. 아마 이러한 가치 속에 우리 자신도 모르게 최상위 수준이라는 말에만 빠져들어 과정보다는 결과에 만족해왔는지 모르겠다.

　지난 신년 특집 SBS 스페셜 〈부모 VS 학부모〉 편에 마침 PISA 관련 내용이 소개된 바 있다. 그때 소개된 이야기는 이렇다.

　"국제 학업 성취도 평가인 PISA 성적은 오랫동안 우리나라의 자랑거리였다. 한국식의 경쟁 교육이 우수성을 인정받는 증거로 여겨졌기 때문이다. 하지만 진실은 다르다. 지난 12월 3일 프랑스 파리의 OECD 본부에서는 2012 PISA 발표 기자회견이 열렸다. (……) 그런데 PISA 결과를 듣던 외신 기자들은 PISA 성적의 점수나 순위에 있지 않았다."라고 하면서 외신 기자 중 한 명이 질문을 했다.

"아시아 국가들은 극단적인 경우 창문에서 뛰어내릴 만큼 우리(프랑스)보다 강도 높은 학습을 합니다. 이런 방식은 PISA가 지향하는 진정한 교육적 태도는 아니지 않나요?"

질문을 듣고 OECD 교육 분석가는 다음과 같은 답변을 내놓았다. 그런데 공교롭게 한국이 등장한다.

"한국의 예를 들어보겠습니다. 양질의 교사들 덕분에 PISA 성적이 높은 것은 프랑스가 일부 참고할 만하지만, 시험 성적만큼 교육 제도가 훌륭하다고 보기 힘듭니다."

그리고 잠시 후 한국의 교육을 평가하는 외신의 신문 기사 머리글이 보인다.

프랑스「르몽드」, '한국인들 교육 강박증에 걸려'(2013. 9. 21)
미국「뉴욕타임스」, '한국 대입 경쟁이 나라 망친다'(2013. 11. 7)
영국「이코노미스트」, '압축 성장 한국, 지나친 교육열이 문제'
(2013년 10월호)
스웨덴「스벤스카 더그블라뎃」, '한국, 우수해도 미래 꿈꿀 틈 없어'
(2013. 12. 3)

기분 좋은 내용은 아니지만 이 결과에 수긍하지 않을 수 없는 것 또한 현실이다. 외신 기자들이 한국에 관심을 보인 것은 PISA 성적 결과나 순위가 아니었다. 오히려 학교 만족도에서의 꼴찌 결과나 수학의 흥미도나 내적 동기의 결과에 있었다. 아래의 표에서 보듯 수학 관련 활동 참여를 제외하곤 OECD 국가 평균보다 낮음을 알 수 있다. 왜 이런 결과가 나왔을까? 어쩌면 이것이 읽기, 수학, 과학, 문제 해결력의 우수한 순위보다 한 번쯤 고민해봐야 할 문제가 아닐까 생각된다. 그러나 깊이 생각하지 않아도 금세 그 이유를 찾을 수 있다. 예전이나 지금도 간혹 이런 말을 하는 이들을 주변에서 볼 수 있다. "대학에 가려면 문과보다는 이과가 낫고, 그래서 다른 과목은 몰라도 수학만큼은 포기하면 안 된다." 그 결과 '수포(수학 포기자)=대포(대학 포기자)'라는 말까지 나왔다.

		대한민국	OECD 평균
수학 학습 동기	내적 동기(흥미, 즐거움)	-0.20	0.00
	도구적 동기(가치)	-0.39	0.00
자아 신념	자아 효능감	-0.36	0.00
	자아 개념	-0.38	0.00
	수학 불안감	-0.31	0.00
	수학 관련 활동 참여	-0.17	0.00
	수학 학습 계획	-0.21	0.00
	중요한 사람들의 수학적 견해 인식	-0.21	0.00

PISA 2012 수학 학습에 대한 정의적 특성 지수
출처 : 한국교육과정평가원 보도 자료(2013. 12. 3), OECD 학업 성취도 국제 비교 연구 2012 결과

이 말에 기대면 우리 학생들은 다른 과목은 몰라도 수학만큼은 절대 포기할 수 없는 과목이었다. 그러다 보니 수학이 개념의 이해보다는 암기 과목으로 전락하고 말았다. 외우고 풀고 또 풀고, 틀리면 계속 풀고 이를 반복하다 보니 점수는 오를지 몰라도 수학에 대한 흥미도는 떨어질 수밖에 없었다.

　엄밀히 말해 모든 학생이 수학을 다 잘할 필요는 없다. 의과대학이나 공과대학처럼 수학을 기초로 하여 학문을 이어가는 곳이 아니라면 굳이 모든 학생들이 수학을 다 잘할 필요는 없는 것이다. 그런데 모든 대학에서 수학을 입학 전형에서 비중 있게 다루기 때문에 수학 과목이 강조되었다 해도 과언이 아니다. 수학이 중요한 것은 단순히 대입 비중이 커서가 아니다. 개념과 원리를 이해하고 해법을 찾아나가는 과정에서 문제 해결 능력을 기를 수 있기 때문이다.

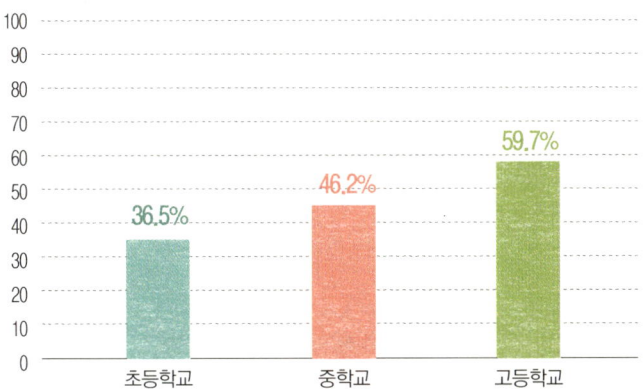

수학을 포기한 학생(수포자)의 비율
자료 : 사교육걱정없는세상(2015)

초등학교에서도 좋아하는 과목 중에 수학은 뒷전으로 밀린 지 오래다. 어느덧 초등학교도 중고등학교 못지않게 수학을 포기한 학생이 36.5%나 된다. 그 이유는 여러 가지가 있겠지만 내용이 어렵고 배워야 할 내용이 많다는 의견이 지배적이었다. 이 때문에 수학에 대한 흥미는 떨어질 수밖에 없다.

PISA 이야기는 이쯤에서 마무리하자. 왜냐하면 우리나라 교육 시스템의 문제는 멀리서 찾지 않아도 충분하기 때문이다. 우리나라 신문에서도 좋은 소식이 아닌데 서로 경쟁하듯 우리나라 교육의 문제를 신랄하게 비판하는 기사를 내놓았다. 이러한 비판의 목소리에 사회 각층에서 다양한 대안을 내놓기도 했다.

'수능 입시 제도를 손봐야 한다', '서열화에서 탈피해야 한다', '사교육 제도를 손봐야 한다', '무한경쟁으로부터 우리 아이들을 보호해야 한다' 등 대안들의 목소리에서 희망이 엿보이기도 한다. 그러나 이러한 제도 변화의 움직임과 더불어 반드시 바뀌어야 할 것이 있는데, 바로 학부모들의 교육을 바라보는 관점 및 평가에 대한 철학의 변화다. 이것이 이 책을 엮게 된 동기다.

등수가 아닌 배움의 즐거움, 평가의 진정한 목적

시험 전날 엄청난 긴장 속에 밤늦도록 벼락치기 시험공부를 해본 경험이 있는지? 왜 그렇게 공부했을까? 시험을 본 뒤에는 머릿속에서 깨끗하게 지워질 이 의미 없는 낱말들을 날밤 새워가며 또는 코피 흘려가며 외웠던 이유가 무엇일까?

그건 시험이 그런 형태의 문제를 만들었고, 누가 더 단기간에 많은 양을 외우는지를 물어보고 있어서가 아니었을까? 요즘 우리 아이가 이런 시험을 보고 있다면 부모로서 어떤 생각이 들까? 과연 우리 아이들은 어떤 시험을 봐야 할까?

공부의 끝은 대학 수학 능력 시험일까, 아니면 공부의 결승점을 삶 전체로 봐야 할까? 엄밀하게 고민한다면 부모 입장에서는 적어도 후자에 손을 들 것이다. 이 부분이 바로 평가에 대해 고민하고 아이에게 맞는 평가 방법을 조언하고 지도해야 할 이유이다.

우리나라 학생들의 고등학교까지의 학습량과 학습 능력이 세계 최고라는 사실은 이미 많은 통계 자료를 통해 증명되고 있다. 이렇게 훌륭한 아이들이 대학만 가면 왜 세계에서 꼴찌로 뒤바뀌는 것일까?

현재 우리나라가 처한 환경을 들여다보면 당연한 결과다. 아이들에게는 12년 동안의 삶 속에서 대학 입학 이후에 대한 목표가 없었다. 대학 입학이 학생들의 유일한 목표였고, 목표가 끝나면 부모도 사회의 시스템도 더 이상 공부를 강요하거나 또 다른 목표를 찾도록 돕는 데 인색했다.

좀 더 솔직히 말하면, 학교에서는 교육의 본질에 충실하기보다 입시라는 이름으로 서열화를 위한 평가 속에 무한경쟁을 허락한 꼴이 되었다. 고등학교에서는 입시 경쟁률에 치중하며 눈치작전이 판을 치고, 한 문제라도 더 맞히기 위해 기출문제 분석을 통한 문제은행식의 반복 풀이 방식을 선택할 수밖에 없었다. 중학교의 평가 상황 또한 고등학교 못지않다. 과학고, 외고, 특목고, 자사고 등 명문 고등학교 선점을 위한 입시반이 개설되어 새벽부터 늦은 밤까지 좋은 성적을 얻으려고 뒤도 돌아볼 겨를 없이 무작정 앞만 보고 달려가는 게 현실이다.

중고등학교 사정은 이미 매스컴을 통해 널리 알려진 터라 더 이상 새로울 것도 없을 듯싶다. 그렇다면 초등학교 상황은 어떨까?

초등학교 사정은 중고등학교에 비하면 아직까지는 낫다고 할 수 있지만 내부 실체를 들여다보면 결코 자유롭지 못하다. 초등학교도 이미 부지불식간에 국제중이 등장하면서 강남 대치동을 중심으로, 이른바 8학군을 중심으로 국제중 입시반이 성행하고 있다. 이로 인해 초등학교에서도 평가 상황이 도를 뛰어넘어 평가의 과정보다는 결과에 초점을 맞춘 나머지 "우리 아이가 국제중을 준비하고 있는데 수행 평가 점수를 이렇게 주시면 어떡하나요? 걔 인생, 선생님이 책임지실 거예요?" 하는 식의 불만도 그대로 나타나는 것이 아직은 순수하다고 생각하는 초등학교 현실의 단면이다.

이쯤에서 누군가는 이렇게 얘기할 수 있을 것 같다.

"좋은 학교 진학을 위해 열심히 공부하려는 게 잘못된 일인가? 혹은 나름의 가치와 철학 위에 수월성 교육이 필요한 것 아닌가?"

물론 그렇다. 다만 이러한 입시 경쟁 교육을 통해 우리가 얻는 것이 무엇인지 생각해봐야 한다. 과연 교육의 본질에 맞는 교육이 각급 학교에서 이뤄지고 있는가. 더 나아가 가르치고 배운 것을 제대로 숙지했는가를 묻는 평가는 제 기능을 다하고 있는가에 대한 냉철한 성찰을 통해 문제의식을 가지고 이제라도 바로잡아야 할 때가 아닌가 하는 생각이 강하게 든다. 적어도 우선 초등학교에서만큼이라도 말이다.

이제 인생의 마라톤에서 중간 체크포인트를 무난히 소화했다고 해서 후반부까지 긍정적인 결과가 나온다고 장담할 수 없다. 초반에 자기 능력을 한껏 쏟아부으면 후반부에는 지쳐서 점점 떨어져나가는 게 당연하다. 우리 아이가 현명한 삶의 개척자로 살아가기 위해 부모 또는 인생의 선배로서 좋은 조언을 해줘야 하는 이유가 여기에 있다.

세상은 바뀌고 있는데 아직도 과거의 생각으로 미래의 아이들에게 충고하기보다는 미래를 내다보고 함께 이야기할 수 있는 부모의 자세가 필요하다. 변화하는 세상에서 분명 우리 아이들의 학습 능력에 대한 평가 방법도 변하고 있다. 이런 변화에 슬기롭게 적응하는 방법들을 알아보자.

달라지는 평가 패러다임을 이해하면 해답이 보인다

패러다임의 사전적 정의는 "어떤 한 시대 사람들의 견해나 사고를 근본적으로 규정하고 있는 테두리로서의 인식 체계 또는 사물에 대한 이론적인 틀이나 체계"를 말한다.

대부분의 사람들은 자신만의 패러다임으로 사물을 바라보거나 특정한 사건에 대해 인식 체계를 달리한다. 이는 과거의 경험 속에서 자연스럽게 형성된 지식 체계 및 사고의 틀을 가지기 때문일 것이다. 그렇다면 학부모들의 평가에 관한 패러다임은 어떨까?

학문적으로는 1990년도 초부터 평가에 대한 새로운 시각이 등장했다. 우리나라의 사전적 정의인 사정(assessment)이 평가(evaluation)란 용어로 대체되었고, 새로운 평가 패러다임에서 평가는 보다 큰 개념으로 확대되어 '어떻게 하면 더 잘할 수 있을까(How can we do better)?'라는 개선 지향적 질문에 초점을 맞추게 되었다.

그러나 학문적인 패러다임의 변화와 달리 자녀를 둔 학부모 입장에서 여전히 평가는 '현재를 진단하여 다음을 위한 과정'으로 생각하기보다 '결과로써 현재의 위치를 확인하는 정도'에 머무르고 있다. 이를 확인시켜주는 예는 쉽게 찾아볼 수 있다.

초등학교의 경우 평가 혁신의 방향으로 시험 성적을 점수화하지 않고 서열화하지 않음에도 불구하고 여전히 자기 자녀가 몇 점인지, 반에서는 몇 등을 했는지 궁금해하는 것을 봐도 그렇다.

교육대학 재학 당시 교육 평가 수업 시간에 배운 내용을 잠시 언급해 보려고 한다. 평가를 바라보는 데는 세 가지 관점이 있다. 첫째는 선발적 교육관이다. 말 그대로 상위권을 선발한다는 기본 원칙 아래 학습에 성공하는 집단과 실패하는 집단을 구분 지은 뒤 성공하는 집단에 모든 열정을 쏟아내기 위한 교육관이다. 쉽게 말해 공부 잘하는 학생들을 뽑기 위해 평가를 실시하는 것이다.

둘째는 발달적 교육관이다. 누구나 속도의 차이가 있지만 개인적으로는 발달하게 되어 있으므로 적절한 교수 학습을 통해 지원한다면 모두 학습 성공의 경험을 하게 된다고 예상하는 관점이다. 주로 상위권보다는 하위권에 관심을 가질 수 있다. 왜냐하면 상대적으로 상위권은 스스로 잘할 수 있는 여지가 많다고 생각하기 때문이다.

셋째는 인본주의 교육관이다. 이는 자아실현과 잠재 능력 계발에 집중한다. 그래서 전인적 평가를 주장하기도 하고 총체적 평가를 말하기도 한다.

이처럼 평가 방법에는 몇 가지 관점이 있다. 평가 제도는 위 세 가지 관점 중에서 다수의 사람이 어떤 관점을 가지고 있느냐에 따라 달라진다. 앞으로 다루게 될 평가 얘기 속에서 평가를 바라보는 관점의 변화로 인해 평가 제도가 바뀌고 있다는 것을 확인할 수 있다.

그렇다면 현재 학부모들의 평가에 관한 교육관은 어떤 것인지 스스로 한번 물어보는 것은 어떨까? 그리고 앞으로 달라진 평가 제도가 자신의 생각과 일치하는지 점검해보는 시간이 되면 좋겠다.

❷ 요즘 학교의 교육 과정은 이렇습니다 평가 기준도 달라졌습니다

학부모가 알아야 할 평가 한눈에 살펴보기

　초등학생들에게 학교에서 가장 없어졌으면 하는 게 뭐냐고 물으면 '시험'이라고 대답한다. 어느 정도 예상한 반응이다. 그런데 초중고를 다니는 동안 가장 중요한 것이 또 시험이어서 결코 없앨 수 없다는 것 또한 누구나 알고 있다.

　초등학교 1학년부터 6학년까지 국가에서 정해진 최소 수업 일수 및 교과별로 최소 수업 시간 동안 배워야 할 교과 내용이 있다. 교사들은 정해진 법정 시간 수 동안 교과서를 기본으로 도달해야 할 성취 기준을 가지고 교과 내용을 재구성하여 가르치는데, 이때 다양한 방법으로 수업을 한다. 이런 교육 활동 계획 속에 그동안 배운 내용을 확인하는 평가 계획은 1학년부터 6학년까지 모든 학년에서 수립하게 되어 있다.

적어도 교사들은 평가 계획을 기준으로 평가하지만 학부모 입장에서는 다 같은 평가라고 생각될 수 있으므로 평가에 대해 정리해보려고 한다.

우선 이 장에서는 평가 용어부터 정리해보자.

구분	내용		
평가 목적	진단 평가	형성 평가	총괄 평가
평가 시기	정시 평가	상시 평가	
평가 주체	교사별 평가	일제 평가	
평가 영역	인지적	정의적	심동적
평가 유형	지필 평가	수행 평가	

초등학교 평가 용어 및 분류

첫째는 평가 목적에 따라 진단 평가, 형성 평가, 총괄 평가로 분류할 수 있다. 진단 평가는 수업을 들어가기에 앞서 학생들이 전에 배웠던 내용을 확인하고 수업에 참고하기 위해 보는 평가다. 형성 평가는 수업 중에 수업 목표에 도달하기 위해 보는 평가로 진단 평가와 더불어 성적에 반영하지 않는다. 총괄 평가는 단원이나 영역이 끝났을 때 성취 기준의 도달도를 확인하는 평가로 성적에 반영된다.

둘째는 평가 시기에 관한 것. 만일 특정 날짜를 정하여 시험을 실시한다면 정시 평가(정기고사)로 분류할 수 있다. 일반적으로 중간 성취도 평가(중간고사), 학기 말 성취도 평가(기말고사)라고 하는 시험을 말한다. 그런데 정해진 날짜가 아니라, 교사들마다 가르치는 단원의 순서나 속도가 차이가 날 수 있으므로(교육과정 재구성을 통해) 한 단원이 끝날 때마다 바로 시험을 통해 학생들이 모르는 것을 다시 알려주려는 취지의 상시 평가가 최근 도입되었다. 정시 평가, 상시 평가는 평가의 종류가 아닌 시기의 분류라고 할 수 있다.

셋째는 평가 주체에 따라 분류할 수 있다. 과거에는 같은 학년에서 모든 선생님들이 함께 문항을 만들어 평가한 것을 일제 평가라 불렀다. 그런데 지금은 시도마다 차이는 있지만, 교육부에서도 같은 학년일지라도 교사들마다 가르친 내용과 방법이 다르기 때문에 각 교사마다 평가 문항을 만들어 평가를 실시하라고 권장하고 있는데 이를 교사별 평가라고 부른다.

넷째는 평가 영역에 관한 것이다. 우리나라처럼 국가에서 전국적으로 가르치는 내용과 시간 수를 정하고 있는데, 이러한 내용을 담은 문서를 '총론'이라 부른다. 이 총론에서 제시하는 학습 내용을 크게 지식, 사실, 개념 등을 포함한 인지적 영역이라 하고, 인지적 내용을 포함하거나 이를 활용하여 기능으로 발현될 수 있도록 하는 심동적 영역으로 분류한다.

이외에도 교과서를 통해 수업을 받은 학생들이 지식, 기능뿐 아니라 가치 및 태도를 기를 수 있도록 하는 정의적 영역의 세 가지 영역으로 크게 나눈다. 최근에 정의적 능력 평가가 강조되면서 시험 보는 학교도 늘고 있으며, 이와 더불어 인지적 능력과 정의적 능력을 포함하는 협력적 문제 해결 능력을 알아보는 평가가 도입되고 있다. 이 부분의 자세한 이야기는 뒷장에서 다룰 것이다.

다섯째는 평가 유형에 관한 것이다. 평가 영역에 관한 것을 묻는 방법으로, 인지적 영역을 잘 배웠는지 확인한다면 지필 평가 형태로 시험을 보고, 기능을 묻고 확인하려 하면 수행 평가 형태로 시험을 보게 된다. 간단히 평가 용어를 살펴보았고, 구체적이고 자세한 얘기는 다음 장에서 이어갈 것이다.

초등 교육과정에서 살펴본 평가

보통 학년 초가 되면 진단 평가를 시작으로 수업을 마칠 때마다 수업 내용에 대한 이해도를 측정하는 형성 평가, 그리고 한 단원이 끝날 때마다 총괄 평가를 본다. 담임교사들마다 시기와 방법이 조금 다르지만 세 가지 평가는 모든 교사가 실시한다고 보면 된다. 그러면 진단 평가, 형성 평가, 총괄 평가의 의미에 대해 살펴보자.

진단 평가 진단 평가는 새 학년이 시작되었을 때 전년도의 학습 내용을 얼마나 잘 배웠는지를 진단하는 평가다. 일반적으로 출발점 행동에서 보이는 특성을 진단하는 평가를 말하는데 교사에게는 학생들의 학습 실체를 판단하는 기준이 되고, 학습 초기의 학생의 인지적, 정의적 특성을 파악하여 앞으로 학생들을 가르칠 때 교수·학습 과정에 반영한다. 학교마다 다소 차이는 있지만 보통 국어·수학 두 과목을 학기 초에 실시하고, 국어·수학·사회·과학·영어 모든 과목의 진단을 위해 실시하는 경우도 있다.

또 하나, 진단 평가 결과가 기준 미달의 점수를 보이는 학생들은 부족한 부분을 채우기 위해 특별 보충반 대상자로 선정, 방과 후에 별도의 반을 운영하기도 한다. 이는 우열반/열등반과는 차이가 있는데 우열반과 열등반이 우수한 학생과 그렇지 못한 학생들을 단순히 구분 짓는 데 그쳤다면 진단 평가 결과로 인해 만들어진 보충반은 학생들의 부족한 부분을 채워주는 데 목적이 있다. 과거에는 특별 보충반에 선정된 아이들은 거의 대부분 학부모나 학생의 의사와 상관없이 학교에서 주로 이뤄졌다면 이제는 우선적으로 학부모에게 학교에서 수업을 받을지, 가정에서 수업을 받을지 의사를 묻는다.

형성 평가 형성 평가는 수업이 끝날 때마다 수업의 학습 목표 달성도

학부모 동의서

특별 보충 수업 참여 여부에 대한 학부모의 의사를 반영하고자 하오니 해당 사항 O표 하여 주시기 바랍니다.

1 특별 보충 과정에 참여하겠음 (   )
2 특별 보충 과정에 참여하지 않음(가정에서 직접 지도함) (   )
　사유 (   )

　　　(   )학년 (   )반 (   )번 이름 (   ) 학부모 :   (인)

　　　　　　○ ○ 초등학교장 귀하

를 파악하기 위해 수업 중에 실시된다. 초등학교의 경우 수업 시간이 40분임을 감안하면 진단 평가나 총괄 평가에 비해 평가 시간이 적다. 따라서 간단한 방식과 적은 수의 문항으로 평가하는데, 교사에게는 학생의 학습 증진을 위해 교수 학습 방법 및 교육과정을 개선하는 데 목적이 있다.

형성 평가는 다른 평가에 비해 즉각적이다. 수업 중에 이뤄지기 때문에 학생들과 주고받는 질문과 답변 속에서 바로 피드백이 가능하다. 혹시 대다수의 학생들이 어려워하거나 이해를 못했다고 판단되면 이번 수업에서 별도의 시간을 만들어 보충 수업을 하기도 한다. 시험지 형태로 평가가 이뤄지기도 하지만 그렇지 않은 경우도 있기 때문에 학부모들은 형성 평가를 확인할 수 없는데 '교실 현장에 서는 수업마다 형성 평가가 이뤄지고 있구나'라고 이해하면 된다.

총괄 평가 일련의 학습이 종료된 후 교육 목표 달성 여부(성취 기준 도달)를 총체적으로 평가하는 것을 말한다. 과거 일제고사 시절 보통 4월에 보는 중간고사, 학기 말에 보는 기말고사라고 보면 된다. 학교별 교육과정 평가 계획에 따라 한 학기당 두 번(중간·기말), 1년 동안 총 네 번의 시험을 본다.

만일 4월 초에 중간고사를 보았고 국어의 경우 1·2·3단원까지 마친 상태라면 총 3단원의 내용에서 문항을 만들어 평가했던 것이 총괄 평가다. 그러나 지금 상시 평가가 시행되는 학교의 경우에는 매 단원을 마칠 때마다 실시되기 때문에 과거의 일제고사 때에 비해 문항 수는 줄어들고, 선택형 평가(객관식 문항)보다는 논술형 문항으로 평가가 이뤄지고 있다. 이 같은 평가의 변화로 학생들은 예전보다 즉각적인 피드백이 가능해졌다. 아무래도 3단원 내용을 몰아서 한 번에 시험을 보는 것보다 한 단원을 마친 뒤 총괄 평가를 보기 때문에 학습량도 많지 않고 배운 것을 바로 평가하기 때문에 즉시성의 효과를 볼 수 있다.

수학의 경우는 1단원에 배운 내용을 잘 이해해야만 2단원 혹은 3단원을 배우기에 수월하다. 그래서 상시 평가 속 총괄 평가가 더 의미 있는 것이다.

그런데 간혹 학부모들 중에 이런 질문을 던지는 분들이 있다.

"선생님, 예전의 기말고사처럼 전체 단원을 시험 봐야 복습의 기회도 되고, 그래야 아이들이 공부도 좀 더 하게 되지 않을까요?"

이런 제안도 일리는 있다. 가끔 상시 평가 취지는 동의하는데, 과거의 일제고사 때만큼 시험의 중요성이 사라진 듯하여 학생들이 공부를 안 하는 것 같다는 말을 듣는다. 표면적으로는 그렇게 보일 수도 있지만 효과 면에서는 어떨까? 과거 중간고사는 1단원에서 3단원을 보고 기말고사 때는 전체 단원을 볼 때와, 지금 한 단원을 마치고 난 뒤 곧바로 단원 평가를 볼 때 말이다.

우선 학생들의 심적인 부담 면에서 큰 효과를 보여준다. 학생들 입장에서는 몰아서 공부하는 것이 아니라 그때그때 공부한 것을 평가하기 때문에 내가 틀린 것을 다시 확인할 때 학습량이 많지 않아 부담이 적다는 얘기를 한다.

또 하나는 실제 배움의 효과다. 사실 과거에는 시험을 준비할 때 공부하는 것처럼 보였지 막상 시험을 치르고 나면 틀린 것도 많은 데다, 더 중요한 것이 자신이 무엇을 틀렸는지에 대한 관심보다는 공부한 양에 비해 점수가 낮아 자존감도 낮아지고 실망으로 가득한 학생들을 종종 볼 수 있었다. 왜 그럴까? 분명 같은 시험인데 상시 평가 때 치러진 총괄 평가에 비해 중간고사나 기말고사 때 틀린 것을 가지고 더 실망감이 컸을까? 말 그대로 중간고사나 기말고사가 갖는 시험에 대한 무게감, 즉 '선생님이나 학부모님들이 일제고사는 똑같은 문제로 똑같은 날 보는 시험이기 때문에 더 잘 봐야 한다'는 식의 오해가 불러온 결과가 아닐까? 과거에나 지금이나 시험이 갖는 의미는 크게 다르지 않을 텐데 말이다.

설령 상시 평가 체제가 아니라 중간고사나 기말고사 같은 일제고사 때로 돌아간다 하더라도 어디까지나 시험은 심적 부담감이 크기 때문에 좋은 평가 시스템이 아니다. 시험을 보는 목적이 뚜렷한 시험이 좋은 평가이고, 학생들이 무엇을 모르는지 알고, 다시 공부하게 만드는 시험이 초등학교에서만큼이라도 의미 있는 평가 시스템이라고 생각된다.

평가의 가장 큰 변화, 서술·논술형 평가

학교가 끝나면 아이들 대부분은 학원으로 향한다. 수학, 영어, 논술, 태권도, 미술, 음악 등 셀 수 없이 많은 사교육 시장에, 조금 과장해서 말하면 아이들이 내던져지고 있다.

맞벌이 부부로 아이들을 보호하기 위해 학원 순례를 떠나고, 방과 후에 학교에서 놀아줄 친구가 없어 학원에 가고, 특목고를 가기 위해 지금부터 준비하지 않으면 늦는다고 생각해서 학원에 간다.

이 아이들은 학원에서 무엇을 배울까? 물론 자기 주도적 학습 능력이 뛰어난 아이라면 그나마 다행이지만 대부분의 아이들은 학원이 있어서 의례적으로 가는 경우가 허다하다. 이 아이들은 선행 학습으로 단순히 문제를 푸는 방법을 배우기 때문에 학교 공부에서는 흥미와 호기심을 잃어 수업에 집중할 수 없다.

그렇다면 이 아이들의 평가 결과는 어떨까? 문제의 답은 훌륭한데, 왜 그렇게 되는지 풀이 과정을 쓰게 하는 현재의 평가 방법에는 적합하지 않다는 결과에 이른다. 즉 답을 써놓고도 그 이유를 잘 모른다.

엄청난 시간을 투자해 공부했는데 왜 이런 결과가 나타날까? 그것은 과거의 공부하는 방법에 머물러 있기 때문이다. 현재의 평가는 오지선다형이나 암기식 서답형 문항에서 벗어나 문제 해결 과정을 들여다볼 수 있고, 고등 사고 능력을 측정할 수 있는 논술형 문항이 도입되고 있다.

2011년도부터 학교에서 새로운 평가가 시작되었는데, 바로 논술형 평가다. 때론 서술형 평가라고도 부른다. 엄밀히 구분하면 서술형 평가는 학습한 내용을 요약, 이해, 설명, 풀이 과정 등 사실을 바탕으로 기술하는 평가를 의미하고, 논술형 평가는 자신의 의견, 주장을 논리적으로 기술하는 평가 방법이다.

서술형	요약, 개념, 이해, 설명, 풀이 과정 등 사실을 바탕으로 기술하는 평가
논술형	자신의 의견, 주장을 논리적으로 기술하는 평가

참고로 현재 경기도 교육청에서는 논술형 평가와 서술형 평가를 하나로 묶어 논술형 평가로 지칭하고, 다른 교육청에서는 혼용하고 있다.

그동안의 평가는 다섯 개의 답지 중에서 하나를 선택, 결정하는 오지선다형 문항 또는 간단한 답을 글로 쓰는 서답형 문제였다. 이는 채점을 정확하게 할 수 있는 객관도를 유지하는 장점과 학생들의 정답·오답 유무를 빠르게 확인할 수 있는 장점이 있다. 그러나 학생들이 표기한 정답이 과연 정말 알고 있었는지 판단하기엔 부족함이 많았다.

예를 들어 오지선다의 경우 정답이 3, 4번 중 헷갈렸지만 고민 끝에 3번을 찍어 다행히 답을 맞혔을 때 왜 4번은 아니었는지에 대한 관심은 교사나 학생 모두에게 중요한 문제가 아니었다. 왜냐하면 우선 정답 처리가 되어 높은 점수를 받았기 때문에 그냥 지나쳤다.

선택형 문항 위주의 시험 문제를 빠르고 정확히 풀기 위해서는 문제 푸는 방법에 대해 알아야 했고, 아이들은 문제의 원리보다는 문항의 답안 찾기를 중심으로 공부하게 되었다.

그런데 이런 평가 방법이 현재의 학생들에게는 적당하지 않다는 비판이 제기되었다. 이런 문제는 산업화 시대에 표준화된 인재를 양성하는 방법에 더 적합하다는 의견이다.

현재의 아이들에게 어떤 평가 방법이 가장 좋을지 고민한 끝에 아이들의 생각을 직접 쓰게 함으로써 문제 해결 능력과 고등 사고력을 높일 수 있는 논술형 평가라는 것이 도입되었다. 그 결과, 선택형 문항에 비해 상대적으로 학생들이 기술하는 답안 내용을 살펴보면서 학생들의 사고나 지식 체계를 좀 더 자세히 확인할 수 있게 되었다.

이 같은 변화로 교실에서의 수업 또한 기존의 문제 풀이와 정답 찾기에서 스스로 생각한 내용을 발표하고, 친구들과의 토론을 거쳐 다양한 정보를 얻은 후 자기만의 생각을 글로 표현하도록 지도하게 되었다.

일부 학부모들은 여전히 과거 본인들이 공부했던 평가 방법을 중시하는 경우가 많지만 이제 더 이상 아이들이 문제 푸는 기계가 아니라 생각하는 아이로 변화해야 한다는 데에는 모두 동의할 것이다.

교사별 평가와 상시 평가는 새로운 평가인가?

교사별 평가라는 용어를 처음 들어보고 시험 방식이 많이 바뀌었다고 생각하는 학부모들을 주변에서 만난다. 올해부터 갑자기 시작한 교사별 평가라는 말이 학부모들을 혼란에 빠뜨렸다고 생각한다.

과거 학교에서의 시험은 학년 공통으로 출제하여 똑같은 시간에 시험을 치렀다. 1반 선생님이 국어, 2반 선생님이 수학, 3반 선생님이 사회, 4반 선생님이 과학, 영어 전담 선생님은 영어 과목을 출제해 학년 전체 학생이 시험을 보았다. 이런 시험 방식은 학생들을 가르친 선생님이 직접 문제를 출제하지 않아 가끔 가르치지 않은 부분에서 출제되거나 비중을 두고 가르치지 않은 부분에서 출제되는 바람에 학생들이 불만을 제기하여 문제가 되던 때도 있었다.

PLUS TIP

평가 문항의 종류

학교에서 이루어지는 평가 문항은 크게 선택형 평가와 서답형 평가로 구분된다. 선택형은 진위형, 연결형, 선택형으로 구분되고, 서답형은 완성형, 단답형, 서술형, 논술형으로 나뉜다.

문항 구분	문항 유형	세부 내용
선택형	진위형	주어진 문제의 진위를 ○, ×로 답하는 방식
	연결형	문제군과 답군을 서로 관계있는 것끼리 연결하는 방식
	선다형	여러 답지 중에서 문제에 가장 적절한 답을 선택하는 방식
서답형	완성형	제시된 문제의 빈칸에 가장 적합한 내용을 채우는 것
	단답형	문제에 대해 간단하게 답하는 것
	서술형	요약, 개념, 이해, 설명, 풀이 과정 등 사실을 바탕으로 기술하는 평가
	논술형	자신의 의견, 주장을 논리적으로 기술하는 평가 (논술형 평가 안에서 서술형 평가 문항 배치도 가능)

왜 학교에서는 학생들을 직접 가르친 선생님이 문제를 출제하지 않고 공동 출제를 했을까? 그것은 똑같은 난이도의 문제를 전체 학생들이 시험 보게 함으로써 전체 학생들의 수준에 대한 아이들 각각의 수준을 알아보기 위한 방법이었다. 그것은 아이들이 얼마나 공부를 잘하고 있는지보다 우리 아이의 성적이 전체에서 어느 수준에 있는지를 확인하는 방법이었다.

하지만 진정한 시험은 어떤 걸까? 우리 아이가 배워야 할 내용을 얼마나 잘 알고 있는지를 확인하는 게 중요한 것 아닐까? 이런 변화에 따라 학교에서는 아이들을 직접 가르친 선생님이 수업 시간에 가르친 내용을 시험 문제로 출제하여 평가하게 되었다. 이렇게 진행된 평가를 '교사별 평가'라고 한다.

학부모들 사이에서는 다른 반 친구들과의 수준에 대한 문제와 자기 아이와 옆 반 아이의 비교, 즉 누가 더 잘하는지 확인할 수 없다며 불만을 드러내는 분들이 간혹 있다.

그러나 평가의 본래 목적은 이런 것이다. 평가는 우리 아이의 배움 정도를 확인하여 부족한 부분을 채워주는 게 참된 의미라는 것을 알려주고 싶다.

2013년부터 학교에서는 상시 평가가 실시되고, 학기 말이 아니라 시험 결과가 나올 때마다 시험 통지표와 시험 문제지를 가정으로 배부했다. 새로 시험이 생긴 걸까? 결론부터 말하면 새로운 시험이 아니다.

과거에 학년 전체 아이들이 똑같은 시험지를 보던 때에는 당연히 학년 전체가 동일한 시간에 시험을 보았다. 이런 시험 방법을 정기고사 또는 일제고사라고 불렀다. 그런데 학급마다 다른 시험 문제로 평가하기 때문에 똑같은 시험을 볼 필요가 없어졌다. 앞에서 이야기한 대로 교사별로 평가를 실시하게 되어 상시로 시험을 보게 된다는 이야기다. 그렇다면 그전에 보았던 중간 성취도 평가나 학기 말 성취도 평가와는 어떤 차이가 있을까?

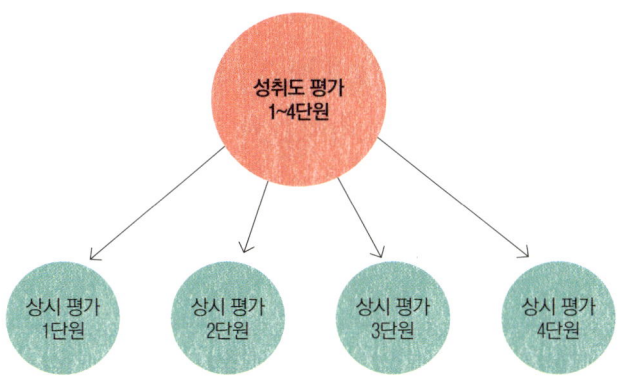

위 도표와 같이 많은 범위를 한꺼번에 보았던 시험을 단원 및 큰 주제별로 분산하여 보게 되어 학생들에게는 시험 범위에 대한 부담감을 덜어주고, 교사에게는 시험 결과를 바탕으로 부족한 부분에 대한 재학습을 할 수 있어서 학생들에게 도움이 되는 평가로의 변화이다.

❸ 등수 없는 성적표 때문에 답답하시죠? 그 마음부터 버려야 길이 보입니다

학생들이 시험을 보고 평가받는 진짜 이유

부모들이 국민학교에 다닐 때에는 월말고사라는 이름으로 매달 시험을 봤다. 국어, 수학, 사회, 과학, 음악, 미술, 체육, 실과 이렇게 여덟 과목을 사지선다형(네 개의 답에서 하나 고르기)과 간단한 주관식 문제로 보았다. 운동 실력이 뛰어나도 시험을 못 보면 점수는 바닥이었고, 그림을 못 그려도 시험만 잘 보면 최고의 점수를 받았던 웃지 못할 일들이 벌어지는 곳이 바로 학교였다. 이런 문제는 수행 평가가 도입되면서 어느 정도 해결되었다.

그런데 아직도 인지적 능력(지식)에 대한 평가는 해결하지 못하고 있다. 그동안의 작은 변화라면 시험 문제가 사지선다형에서 오지선다형으로 바뀌었고, 주관식 문제가 조금 많아졌다는 것. 그 외에는 크게 변한 것이 없다. 학교에서 수업 시간에 알려주고자 하는 내용은 바뀌었고, 국가에서 학생들이 이것은 꼭 알아야 한다고 제시한 내용(성취 기준)들이 바뀌었는데도 평가는 변하지 않은 셈이다.

평가는 왜 해야 하는지를 알면 쉽게 답이 나온다. 학교에서는 선생님이 수업을 하고, 수업한 내용 중에서 학생들이 꼭 알아야 하는 부분을 평가한다. 그런 다음 학생들의 평가 결과를 살펴보고 부족한 부분을 다시 공부하거나 부족한 친구들에게 보충 학습을 시키기도 한다. 그 때문에 평가는 학교에서 매우 중요한 역할을 한다.

그런데 가정에서는 학교에서보다 평가를 훨씬 더 중요하게 생각하는 것 같다. 아이들의 학교생활(수업 태도나 학습 준비 자세, 공부할 마음자세)이 어떠한가보다는 아이가 받아오는 시험 점수로 아이들의 학교생활을 평가하고 있다. 이 때문에 가정에서는 평가의 의미를 옆집 아이와 서로 비교하고, 그게 아이의 미래 모습이라고 착각하는 경우도 생긴다. 우리 아이들을 사교육 시장으로 열심히 내몰고 있는 이유도 점수에 대한 관심과 무관하지 않다.

이런 학부모의 요구에 편승하여, 학교에서마저도 선생님들이 시험 문제를 낼 때 아이들의 점수를 차이 나게 하는 변별도에 중점을 두어, 교과서 구석구석에서 시험 문제를 냈고, 열심히 외운 아이들이 점수를 잘 맞게 되었다. 아이들은 선생님이 낸 문제의 의미보다는 점수를 더 많이 올리고 싶다는 생각에 의미 없는 내용들을 무작정 외우느라 공부에 대한 흥미를 점점 더 잃게 된 것이다.

이런 잘못된 환경을 개선하기 위해 나선 곳이 교육청이다. 2012년 경기도 교육청에서는 '서술형·논술형 평가'라는 것을 도입, 학교에서 선택하여 보게 하는 큰 변화를 시도했다. 그 후 전체 시험 중에서 35% 이상 서술형·논술형 평가를 하도록 규정했다. 현재는 거의 대부분의 시험이 논술형 시험으로 바뀌었고, 전국의 대부분 지역에 빠른 속도로 논술형 평가가 보급되고 있다.

경기도권 내 초등학교 교사들은 논술형 평가의 도입 취지에 대해 공감하고 있지만 여러 곳에서 어려움을 호소하고 있는 것도 사실이다.

그 이유 가운데 '교사 스스로의 어려움'을 살펴보면, 우선 그동안 선택형 문항 출제에 익숙한 나머지 논술형 문항 출제에 어려움이 있는 것이 사실이다. 그래서 현재 교육청 혹은 학교 단위에서 논술형 문항 출제에 관한 연수를 시행하고 있다. 논술형 평가의 흐름 속에 많은 선생님들이 연수에 참여하여 전문성을 키워가고 있다.

여기에 더해 교실 밖에서의 어려움도 한몫한다. 바로 학부모의 평가에 대한 태도나 인식에 관한 것이다. 학교 선생님들의 평가에 관한 전문성 신장을 위한 연수에 강사로, 혹은 출제된 문항의 컨설팅을 위한 컨설턴트로 참여하다 보면 의외의 어려움을 호소하는 선생님들을 볼 수 있다. 학부모들은 평가의 본래 목적인 '잘 배웠는가'보다 '우리 아이가 현재 반에서 몇 번째인가'를 더 알고 싶어 한다는 것이다. 그 때문에 아이들에게 도움이 되는 논술형 평가를 거부하는 사례를 종종 듣는다. 이것이 '교실 밖에서의 어려움'이다.

논술형 평가의 장점 중 하나는 학생들의 사고 과정을 들여다볼 수 있다는 것이다. 평가 문항이므로 당연히 평가 배점표와 답안을 위한 근거도 가지고 있다. 그러나 논술형 답안을 채점하다 보면 의외의 답안을 보게 된다. 채점자 입장에서는 난감할 때가 많다. 그래서 많은 선생님들이 문항 출제보다 채점이 더 어렵다고 말한다. 그런데 문제는 채점 이후다. 채점을 하다 보니 여전히 점수에 연연해서 왜 우리 아이가 이 점수를 받았는지 인정 못하고 담임 선생님에게 따지듯 전화를 걸어오거나 학교에 찾아와 항의하는 경우가 있다는 것이다. 이러한 어려움을 호소할 때는 같은 교사 입장에서 안타까운 마음이 우선 든다.

평가의 패러다임 변화가 점수화, 서열화에서 벗어나 학생의 성장을 돕는 것이라면 학부모들 또한 평가에 대한 생각의 전환이 필요하다.

논술형 평가의 채점 과정을 살펴보자. 교사들은 답안지에 서술된 답안들을 읽어 내려가며 우리 반 학생이 이러한 생각을 하고 있구나! 그러면 이 부분을 좀 더 지도해야겠다! 라고 생각하며 채점 후 평가지를 가지고 학생들을 만나 피드백을 나눈다. 그 과정에서 학생들은 자신이 알고 있는 내용들의 오개념을 찾기도 하고, 미처 몰랐던 부분들을 다시 알아가는 등 그야말로 평가 본연의 목적대로 과정이 이어지며 평가를 마무리한다.

만약 학부모들이 점수에 불만을 품고 "이게 무조건 틀렸다고 말할 수 있냐"면서 교사들이 실력 없고 채점을 잘못한 것처럼 막무가내로 몰아세우면 교사들은 사고의 과정을 들여다볼 수 있는 논술형 문항 대신 점차 답이 명확한 단답 형식의 문항으로 출제하게 되는 것이 현실이다.

평가의 출제권과 채점권의 전문성이 교사에게는 필요하다. 채점할 때에는 성취 기준의 도달도를 측정하는 출제 근거와 채점 근거가 반드시 있다. 이러한 기준에 입각해 채점을 하고, 채점 범위는 이성에 근거한 것이 아니라 성취 기준에 도달할 수 있는 여부에 따른 채점 기준이 되는 것이다.

정말 납득이 안 간다면 담임교사와 상의하는 데 전혀 문제가 없다. 그러나 단순히 점수에 목매어 접근하는 것이 아니라 자기 자녀의 답안에 어떤 부분이 문제가 있었는지를 알고 싶어 하는 마음가짐으로 다가가보는 것은 어떨까 하는 생각이 든다.

변별도 시험이 아닌 자기 생각을 표현하는 연습

매년 대학 입시가 끝나면 대학 논술 시험을 담당했던 교수들의 한결같은 이야기가 "학생들이 쓴 내용이 모두 똑같다"는 것이다.

대학 입시에 논술이 도입되었던 초기, 서울대 논술 평가가 논란이 된 적이 있다. 서울대학교 논술 평가 시험을 보았던 학생들 중 1000여 명의 학생이 똑같은 정답을 적어 낮은 점수로 처리되는, 입시에서 보기 드문 사태가 발생했었다. 논술이라는 말이 아직 익숙하지 않던 시절, 자기 생각이 아닌 남이 써놓은 생각을 마치 자기 생각인 것처럼 외워서 썼던 것이다. 시험에 응시했던 학생들은 자신이 외웠던 문제가 나왔다며 엄청 좋아했는데 점수를 보고는 아연실색하고, 12년을 공부했던 보람이 한순간에 사라지는 안타까운 현실을 맞이하게 된 것이다.

우리나라의 교육이 정답을 찾아 자기 생각 대신 좋은 의견을 외우는 데 집중되어 있고, 얼마나 많은 내용을 머릿속에 외우고 있느냐를 평가의 척도로 생각했기 때문에 자신의 생각을 만들 필요가 없었던 것이다. 그래서 학생들은 학원으로 가서 남이 써놓은 생각들을 무한반복해서 외우다 보니 이런 현상이 발생하게 된 것.

그렇다면 학교에서는 무엇을 했을까? 우선 일방적으로 지식을 전달하고자 했던 수업 방식에서 벗어나 학생들이 '자기 생각 만들기' 시간을 통해 배운 학습 내용을 기반으로 사고를 확장할 수 있도록 수업의 변화를 가져왔다. 그러나 여전히 단순 지식만을 확인하기 위해 선다형 문항으로 시험지를 채우다 보니 평가의 변화 필요성이 대두되었다.

이런 문제를 해결하기 위해 '논술형 평가'라는 이름으로 평가의 변화 바람이 경기도 소재 학교에서 시작되어 지금은 전국적으로 널리 퍼져 많은 학교에서 이 평가 방법을 따르려고 노력하고 있다.

논술형 평가가 무엇이기에 이처럼 널리 확대될 수 있을까? 이유는 간단하다. 아이들이 배우고 시험 본 내용을 한두 달 지난 뒤 물어보면 다들 자신 없어 한다. 특히 학년이 바뀐 후에 아이들에게 물어보면 한참을 생각해도 국어, 수학을 제외한 사회, 과학은 기억에 남는 게 없다고 답한다. 즉 아이들이 선생님으로부터 듣고 공부한 후 잠시 머리에 기억하고 있다가 시험을 본 후에는 까맣게 잊어버리는 교육은 문제가 있다. 이런 현상의 반복을 막기 위해서는 아이들 스스로 생각한 내용을 자기 방식으로 표현하는 것을 연습하게 해야 하는데 그게 바로 '논술형 평가'이고, 교육의 본질에 가장 가까운 방법이어서 널리 퍼지게 된 것이다.

미국의 유명한 교육학자 벤저민 블룸(Benjamin S. Bloom)은 인지적 영역에서 지적인 수준의 낮고 높은 정도를 지식, 이해, 적용, 분석, 종합, 평가의 6단계로 나눈 뒤 지식이 가장 낮은 수준의 지식이고, 평가로 갈수록 고차원적인 지식이라고 이야기한다. 초등학교 저학년은 단순한 내용을 기억할 수 있는 지식 수준에서 좀 더 발전하면 이해 수준에 이를 수 있다. 고학년에 가면 지식과 이해를 바탕으로 적용, 분석, 종합, 평가까지 할 수 있다는 것이다. 물론 초등학교 고학년은 적용이나 분석 수준에 머무는 것이 대부분이다. 블룸의 주장에 따르면, 단순한 사실과 지식의 암기는 가장 낮은 수준의 지식이라는 것을 알 수 있다. 그동안 학교에서 치렀던 시험은 주로 이렇게 낮은 수준의 평가에 머물러 있었던 셈이다.

그런데 PISA가 도입되면서 전 세계의 평가 제도와 평가 방법에 대한 다양한 변화를 가져왔고, 미래의 인재에게 단순 암기는 더 이상 의미 없다는 것을 널리 인식하게 되었다. 이를 계기로 시험 문제가 단순한 기억력 확인에서 고차원적인 문제 해결 능력과 비판적 사고력을 기를 수 있도록 변화하게 되었다. 학교에서 시험을 치르던 오지선다형 평가 문항은 이런 능력을 확인할 수 없기 때문에 논술형 평가로의 변화를 자연스럽게 받아들이고 있는 것이다.

아직은 도입 초기 단계여서 그런지 논술형 평가가 정책적으로 도입된다는 보도가 나간 이후 기이한 현상이 벌어지기도 했다. 논술형 문항을 마치 대학 입학 시험 전형의 논술 고사로 착각하여 논술 학원에 보내는 학부모들이 생겨나기 시작했고, 갑자기 글쓰기와 관련된 책들이 팔려나갔다고 한다. 물론 논술 학원에서 가르치는 내용을 습득하거나 글쓰기 책 속에서 말하는 요소들을 배운다면 여러모로 좋겠지만 논술형 평가 도입 배경과는 다소 거리가 먼 얘기다.

서론-본론-결론의 글쓰기 형식을 제대로 갖추지 않아도 묻고자 하는 문항에 가까운 답변들을 자신이 알고 있는 지식, 개념, 사실 등에 입각하여 답안을 작성한다면 형식에는 다소 못 미쳐도 괜찮다.

적어도 초등학교에 도입된 논술형 평가 방식은 그동안 선택형 평가로 인해 간과했던 아이들의 사고 과정을 좀 더 면밀히 확인할 수 있다는 장점 때문에 도입되었다는 사실을 기억하면 좋겠다.

"선무당이 사람 잡는다"는 속담처럼 교육이 본래의 목적을 잊고 엉뚱한 방향으로 흘러간다면 그 피해는 고스란히 우리 아이들에게 돌아갈 것이다. 논술형 평가의 도입 등을 포함한 평가의 본질과 배경을 좀 더 알고 이에 맞는 준비를 갖출 수 있기를 기대한다.

부모 시험지 VS 아이 시험지 그리고 논술형 평가 이해하기

논술형 평가의 핵심은 '자기 생각 쓰기'다. 자신이 알고 있는 지식을 기초로 생각을 펼쳐나가는 것이다. 그런데 아직 글자도 다 알지 못하는 초등학교 1학년은 어떻게 자기 생각을 문장으로 나타낼 수 있느냐고 물어오는 학부모들이 많다. 그러나 1학년 학생들도 자기 생각을 말로 표현할 수 있다. 또 그림으로도 나타낼 수 있다. 이 때문에 학교에서는 아이들의 발달 단계에 맞춰 다양한 형태의 문제를 준비하고 있다.

초등학교 저학년은 자기 생각을 완성된 문장 형태가 아닌 간단한 단어의 조합에서 출발하여 점점 더 완성된 형태로 이끌어가고 있다. 또한 논술형 평가를 어른들의 논리 정연한 '논술 시험'과 비교할 수 있도록 논술의 형태를 띤다고 해서 논술형 평가라 부르고 있다.

그럼 과거 부모 세대의 시험 문제와 요즘 학생들의 시험 문제를 살펴보면서 그 차이를 알아보자.

부모 시험지(선다형 평가)	아이 시험지(논술형 평가)
1. 임진왜란과 병자호란이 일어난 해를 바르게 연결한 것은? ( ) 　　　임진왜란　　병자호란 ① 　1382　　　1632 ② 　1388　　　1634 ③ 　1592　　　1636 ④ 　1596　　　1638 ⑤ 　1599　　　1639	2. 임진왜란과 병자호란 이후 사회의 변화를 백성들의 신분 제도와 관련하여 쓰시오. _____ _____ _____ _____

위 문제를 해결하기 위해 아이들이 어떻게 공부해야 하는지 알 수 있다. 부모 세대의 시험 문제는 답지 중에서 선택해야 하므로 내용을 외우는 데 집중되고, 의미를 파악하는 데에는 한계가 있었다. 즉 선택형 문항에서는 시험을 보기 위해 단순히 연도를 암기하는 것은 아이들의 학습에 대한 흥미도를 떨어뜨리는 계기가 된다.

요즘 아이들의 시험 방식인 논술형 문항을 풀기 위해서는 당시의 다양한 변화를 생각하고 신분 제도의 변화가 일어나게 된 원인과 결과를 알아야 한다. 자신이 배운 내용을 유추해 자기의 생각을 논리적으로 펼치면 된다.

여기서 부모 세대의 시험지는 ③을 쓰지 않으면 0점 처리가 되는데, 아이들의 시험지에서는 정답은 아니지만 성취 기준에 도달하는 내용이 포함되어 기술되었다면 정도에 따라 부분 점수를 부여한다.

논술형 평가에 대한 몇 가지 오해와 이해

논술형 평가가 실시되면서 아이들이 공부하는 방법에도 변화가 찾아왔다. 과거에는 시험을 앞둔 아이들이 교과서 내용을 외우고 문제집을 풀면서 시험 기간만큼은 밤늦게까지 공부하는 모습을 보였는데 시험이 논술 평가로 바뀌면서 집에서 공부하는 모습을 본 적이 없다고 학부모들은 걱정한다. 심지어 논술형 평가 때문에 아이들의 성적이 떨어졌다고 걱정하는 학부모들도 있다.

그런데 과연 성적은 무엇을 의미하는 걸까?

시험을 보기 위해 열심히 외우고 시험 본 후에 잊어버리는 지식을 습득하기 위해 무턱대고 외우는 것이 과연 진정한 실력을 쌓는 것일까? 주변에 일어나는 여러 가지 문제에 대해 자기 생각을 표현하고, 다른 사람을 설득하면서 다양한 해결 방법을 찾아가는 것이야말로 최고의 공부 방법이 아닐까?

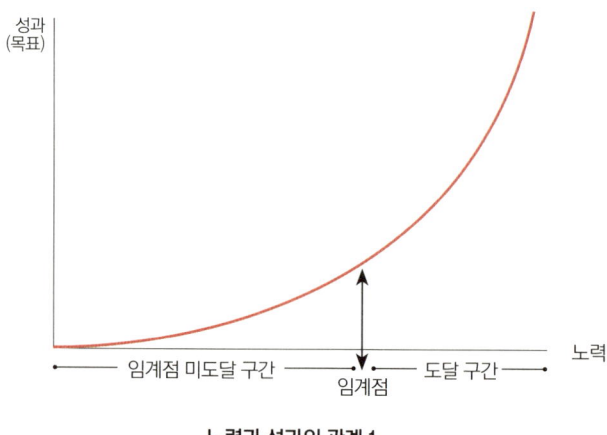

노력과 성과의 관계 1

위의 그래프처럼 사람들은 누구나 지속적으로 노력한다. 그러나 아무리 노력해도 발달 정도는 비례하지 않고 엄청 더디게 진행된다. 그리고 어느 정도 이상의 노력이 쌓였을 때 결정적인 순간이 되면서 급격한 실력의 증가가 나타난다. 이 순간을 임계점이라고 한다. 그런데 이 순간을 기다리지 못하고 조급증에 포기하게 된다면 늘 '제자리걸음'인 셈이다.

임계점 미도달 구간에서는 노력 시간에 비해 성과가 바로 나타나지 않거나 더디게 나타나 슬럼프를 겪게 된다. 이는 모든 사람에게 적용되는 현상이다. 특히 아직 어린 아이들은 쉽게 포기하는데, 이때는 다른 아이들도 다 한다고 무조건 다그치기보다 잠시 휴식을 권하는 것이 좋다. 그런 다음 다시 시작한다면 결국 임계점에 도달하여 자신이 원하는 목표에 이를 수 있다. 임계점 도달 이후에는 노력 시간에 비해 성과 면에서 엄청난 비약을 가져온다.

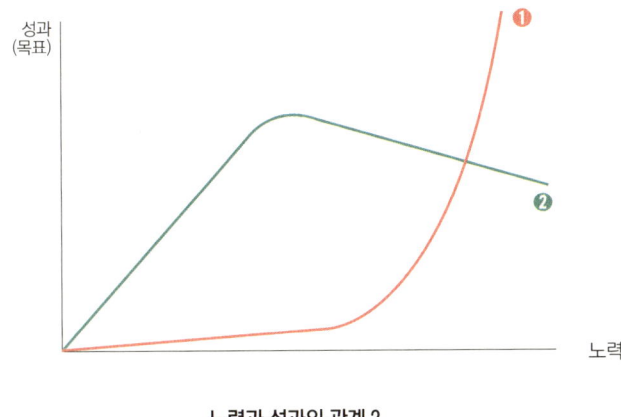

노력과 성과의 관계 2

위의 그래프처럼 지금 우리 아이가 책을 읽고, 생각을 만들고, 다양한 방향으로 문제를 해석하는 것(①)이 많은 유형의 문제를 풀어서 외우는 것(②)보다 더디고 부족해 보일지 모르지만 이것이야말로 가장 좋은 공부법이다. 생각하는 힘은 엄청난 확장성을 불러오지만, 암기에서 오는 힘은 망각이라는 강력한 장애물 때문에 더 이상 발전하는 데에는 분명 한계가 있다.

그렇다면 논술형 평가는 어떤 학생들에게 좋은 결과를 보일까? 논술형 평가 도입 초기에는 과거의 객관식 문항과 논술형 문항 등이 혼재되어 시험을 치렀다. 필자가 예전에 근무하던 학교에선 중간고사는 객관식 평가 위주로, 기말고사는 논술형 문항 100%로 시험을 보는 체계였다. 문득 아이들 점수를 서열화하여 객관식 문항에 시험 성적이 좋은 아이들과 논술형 문항에 시험 성적이 좋은 아이들은 누구일지 궁금해졌다. 그래서 필자가 속한 4학년 6개 반 모두를 비교한 결과, 유의미한 결과를 찾을 수 있었다.

우선 객관식 문항으로 이뤄진 시험 성적이 좋은 상위 5% 아이들은 논술형 문항 시험에도 상위권이었고, 객관식 문항으로 이뤄진 시험 성적의 하위 5% 아이들은 논술형 문항 시험에도 하위 5%에 분포되어 있었다. 필자가 속한 반뿐 아니라 다른 5개 반 역시 비슷한 양상을 보였다.

그렇다면 중간에 위치한 아이들의 성적 변화는 어땠을까?

객관식 문항에서 중간 정도 성적 순위에 있는 아이들이 논술형 문항으로 시험을 봤던 7월, 12월 시험에는 최소 3등에서 5등 정도 올라가 있었다. 어떻게 이런 결과가 나왔는지는 해당 학생들의 특징을 그 반 선생님으로부터 묻고 나서 확인할 수 있었다. 그 학생들의 특징 중 하나가 첫째 독서를 많이 한다는 사실, 둘째 평소 수업 시간에 질문하기를 좋아한다는 것, 셋째 모둠별 토의를 비롯하여 협력 수업을 좋아한다는 세 가지 공통적인 특징을 발견할 수 있었다.

그래서 같은 학년 선생님들과 함께 논술형 문항으로 이뤄진 시험에 대해 다시 한 번 생각해보게 되는 계기가 되었다. 아무래도 논술형 문항으로 이뤄진 시험은 단순 암기에서 벗어나 이해, 적용, 종합을 해야 하는 문제가 있다 보니 평소 책 읽기를 통해 생각하는 힘을 기른 아이들이 유리할 수 있겠다는 생각을 했다. 그 후 지금까지 책을 읽고 독서 감상문을 쓴 뒤 함께 논의하는 시간은 필자에게 꼭 필요한 학급 활동이 되고 있다.

우리 아이가 잘 하고 있는지 궁금한 학부모들의 심정

논술형 평가의 도입으로 가장 먼저 어색하게 다가오는 것이 점수다. 100점 만점에 익숙했던 시험 점수가 30점 만점 또는 문제별 만점 점수대로 다양하게 나오기 때문이다. 여기에 덧붙여 심지어 점수가 적혀 있지 않은 시험지를 보고 학부모들은 많이 놀라기도 한다. 점수가 있어야 다른 아이들에 비해 우리 아이가 잘하고 있는지 비교할 수 있는데 그런 정보가 없으니 나름 답답할 것이다. 선생님에게 "우리 아이가 잘하고 있냐"고 물어보지만 "잘하고 있다"라는 말만으로는 안심되지 않는 부모의 마음은 어쩔 수 없는 듯싶다.

다른 학교는 점수가 있다고 하는데 왜 우리 학교는 점수를 안 써주는지에 대해 불만을 가질 수 있다. 그렇다면 그동안 점수가 갖는 위상은 무엇이었을까?

100점 만점에 90점을 맞았다면 잘하는 것이었을까? 그것은 상대 평가(규준 지향 평가) / 절대 평가(준거 지향 평가)에 따라 해석이 달라질 수 있다. 만일 상대 평가일 경우 100명 중 95점 이상 맞은 사람이 80여 명 된다면 90점을 맞았어도 그다지 잘했다고 말할 수 없다. 그러나 절대 평가일 경우 90점이라면 95점 이상이 몇 명이든 상관없이 잘했다고 볼 수 있다.

그동안 초등학교는 절대 평가의 성격이었음에도 불구하고 상대 평가인 것처럼 점수가 상대적인 등위를 결정하는 역할을 해왔다. 그래서 시험 문제를 '맞고 틀리고'에 관심을 갖기보다는 내 점수가 반에서 몇 등 정도 했는지에 관심이 생길 수밖에 없었다. 즉 본래의 평가 취지에 맞지 않게 흘러가고 있었던 것이다. 최근에는 중등 평가 또한 상대 평가에서 절대 평가로 바뀌고 있다.

따라서 점수를 표기하기보다 오히려 내 수준이 어느 정도인가를 표시하는 것이 절대 평가에 맞는 방법일 수 있다. 그럼에도 불구하고 어떤 것이 정확한 것인지를 묻는다면 정답은 없다. 하지만 부모들이 판단하는 데 도움이 될 만한 힌트는 있다.

국가에서는 교사의 개인적인 성향과, 학교가 일방적인 생각으로 교육을 실시하지 못하도록 기준을 제시하고 있다. 평가에도 이런 기준이 있다. 바로 '학교생활기록부 작성 및 관리 지침'(교육부 훈령 제127호, 2015. 1. 9)이다. 여기에는 초등학교에서의 평가에 대해 다음과 같이 이야기하고 있다.

> 제15조(교과 학습 발달 상황) ② 초등학교의 교과 학습 발달 상황은 각 과목별 성취 기준에 따른 성취 수준의 특성 등을 '세부 능력 및 특기 사항'란에 과목별로 간략하게 문장으로 입력하고, 방과후학교 수강 내용(강좌명, 이수 시간 등)을 입력할 수 있다.

학교 평가 계획에 따라 평가 실시 후 그 결과를 성취 수준에 맞춰 3단계, 4단계, 5단계로 결과를 알려주고 최종 결과는 서술로 기술하게 되어 있어 학교마다 평가 결과를 꼭 점수로 알려주지 않아도 문제가 되는 것은 아니다.

A라는 학교에서 5단계로 성취 수준을 나타내기로 결정했다면 '매우 좋음', '좋음', '보통', '기초', '기초 미달'의 범주를 정하고, 학생의 평가 결과 후 성취 수준에 따라 시험지에 표시하거나 성적표를 따로 만들어 가정으로 통지한다. 시험 결과는 알아야 할 성취 기준을 얼마나 달성했는지를 알아보는 선생님과 학생의 1 : 1 관계로 접근하는 것이 더 적합한 방법이다.

최근 중학교에서도 석차 대신 성취 평가제라고 하여 과거의 '수, 우, 미, 양, 가'를 'A, B, C, D, E'로 바꾸었다. 학부모들이 아직도 자기 아이의 등수를 전화로 문의하는 경우가 많다는 얘기를 들으면서 이러한 변화가 더 널리 퍼져야겠다는 생각을 한다.

❹ 과목별, 단원별 수행 평가는
이렇게 준비 시키는 것이 좋습니다

이번 활동은 수행 평가다!

요즘 수업 중에 아이들이 자주 듣는 말 가운데 하나가 "이번 활동은 수행 평가다"이다. 부모가 초등학교 다닐 때에는 없던 수행 평가라는 말이 갑자기 등장하게 된 것은 1999년. 과거에는 음악, 미술, 실과, 체육 등을 시험지에 연필로 적어 그 능력을 수, 우, 미, 양, 가로 평가했다.

그 때문에 노래를 잘 부르고, 악기를 잘 다루어도 좋은 결과를 가져오지 못하는 경우가 있었다. 평가는 학생들이 가지고 있는 실제 능력을 측정해야 하는 것인데 그렇지 못하다는 비판이 제기되었다. 그래서 지식을 활용, 실제 수행하는 능력으로서 기능 부분을 강조한 실제 능력을 측정하기 위해 도입된 것이 수행 평가다.

수행 평가는 수업 중에 학생들의 활동을 관찰하는 관찰 평가와 직접 그린 그림이나 활동 결과를 모은 포트폴리오 평가 등을 통해 이루어진다. 이렇게 좋은 취지에서 시작된 평가가 학부모의 과욕과 사교육 시장이 맞물려 수행 평가의 본래 취지를 무색하게 만드는 온갖 일들이 벌어지고 있다. 저학년의 경우 가족 신문 만들기 과제가 주어졌을 때 아이들 스스로 가족사진을 붙이고, 아빠 엄마와의 면담을 실시한 후 기억에 남는 것들을 적기도 한다. 필요에 따라 그 밖의 자료를 준비하여 다양하게 가족을 소개하는 신문을 만들어 발표까지 한다. 비록 삐뚤삐뚤하지만 정성스럽게 적어 내려간 글씨이기에 그만큼 평가 취지에 적당하다. 초등학교에 들어오기 전까지의 성장 과정도 사진을 통해 살펴볼 수 있으므로 의미 있는 과제가 아닐까 생각한다.

그러나 아이들 스스로 수행 과제를 해봤다면 다양한 의미를 발견할 수 있을 텐데 아쉽게도 부모의 정성이 고스란히 담겨 아이들 과제가 아니라 부모들의 과제가 될 때가 많다. 더욱이 특별히 상을 주는 것도 아닌데 마치 경쟁하듯 아이들이 직접 할 수 있는 기회를 빼앗고 심지어 업체에 맡겨 아이들은 그저 작품을 들고 와 발표하는 데 그치는 경우까지 있다. 뿐만 아니라 관찰 보고서를 대행하는 학원, 논술을 대신 써주는 학원 등 부작용이 나타나고 있다.

그나마 다행스러운 점은 최근 들어 학부모 총회 시간 등을 통해 수행 평가 취지에 대해 설명하고 학생들 스스로 과제를 수행하는 방향으로 나아가고 있고, 가정 프로젝트 대신 학교에서 학생들의 활동을 중심으로 평가하고 있으므로 크게 걱정하지 않아도 된다는 것이다. 또 학교에서 배운 내용과 활동 중에 이뤄지는 평가이므로 학부모가 미리 사교육 시장을 찾아다니면서 준비할 필요가 없다.

> PLUS TIP
>
> **교육 행정 정보 시스템**
>
> 교육부는 교육 행정 전반의 효율성을 높이고, 교원의 업무 환경 개선을 위해 전국 단위의 '교육 행정 정보 시스템', 즉 NEIS를 구축했다. NEIS(National Education Information System)는 전국 1만여 개의 초·중등 학교, 17개 시·도 교육청 및 산하 기관, 교육부를 인터넷으로 연결하여, 교육 관련 정보를 공동으로 이용할 전산 환경을 구축하는 전국 단위의 교육 행정 정보 시스템을 말하며, 영문 약자인 'NEIS'는 '나이스'로 읽는다. 과거에 학교생활기록부에 작성했던 학생들의 인적 사항과 학교생활에 대한 전반적인 기록과 성적 등을 웹상에서 관리하는 전자 학교생활기록부라고 이해하면 된다. 나이스 대국민 학부모 서비스(www.neis.go.kr)에 가입하면 자녀에 대한 학교생활기록부를 열람할 수 있다.
>
>
>
> 나이스 대국민 학부모 서비스
>
>
>
> 나이스 교육 행정 정보 시스템

초등학교 담임교사는 학기 초 학급 교육과정 작성 시 교육과정 재구성과 함께 평가 계획을 수립한다. 이렇게 수립된 평가 계획서 중 수행 평가 계획서는 NEIS(학교 조직에서 사용되는 업무 관리 시스템)에 각 학년별로 학기 초에 등록하게 되어 있다. 학부모들이 학부모 서비스를 신청했다면 정보 공시를 통해 수행 평가 계획서 및 결과를 볼 수 있다. 단위 학교마다 계획서 형태가 다소 다를 수 있지만 그 안에 과목, 단원명, 과목에 따른 영역, 성취 기준, 평가 내용, 평가 방법, 평가 시기를 확인할 수 있다.

수행 평가는 모든 과목에서 실시하는데, 경기도의 경우 음악, 미술, 체육, 실과, 영어는 지필 평가 없이 수행 평가만 실시하기도 한다. 평가는 사전에 평가 계획서를 통해 학생들에게 인지시킨 뒤 실시하는 것이 보통이다. 학교마다 차이는 있지만 평가 계획서를 학생들에게 나눠주거나 혹은 주간 학습 안내를 통해 평가 시기를 통보한다.

요즘 학생 평가의 방향은 결과 중심에서 과정 중심의 평가로, 성장 중심의 평가로의 전환의 필요성을 얘기하고 있어 앞으로 평가의 방향은 수행 평가의 질적 변화 및 강화가 될 것이다. 수행 평가는 지식적인, 즉 아는 것으로만 그치는 데에서 벗어나 실제 할 수 있는 능력을 평가하기 때문에 시험 전날 벼락치기식의 공부 방법이 아닌 새로운 접근의 변화가 필요하다.

올바른 평가를 위한 수행 평가 계획서 살펴보기

　최근 언론에서 초등학교 학생들의 수행 평가에 대한 문제점을 자주 지적하고 있다. 그 중심 내용에는 아이들이 수행 평가를 잘 받으려고 사교육을 통해 뜀틀, 줄넘기, 농구, 축구 등을 배운다는 것이었다.

　왜 사교육을 통해 학교 교육 활동을 미리 배우려 하는 걸까? 그것은 아마도 자기 아이가 모든 학교 활동에서 뒤처질 것을 걱정하는 부모들의 생각 때문이다.

　최근 영어 사교육업체인 '윤선생'에서 학부모를 대상으로 실시한 설문조사 결과를 살펴보면 자녀의 수행 평가를 도와주는 부모가 54.7%이고, 그 이유가 '성적에 영향을 미치기 때문에'와 '아이 혼자 하기 버거워서'였다.

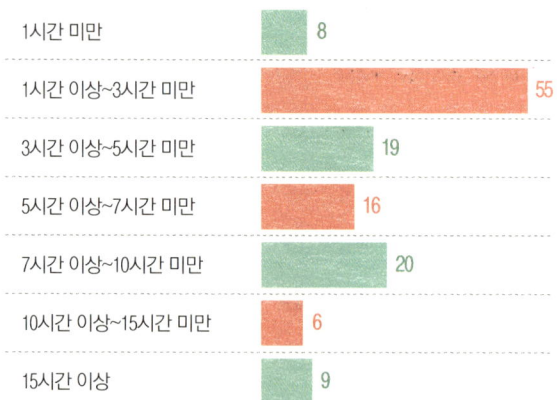

자녀 수행 평가를 도와줄 때 한 번에 돕는 시간은 단위:명, 전 과목 기준
자료 : 영어 교육업체 윤선생(2015. 6. 22~25)

이런 설문조사와 뉴스 등을 보면서 수행 평가에 대한 학부모들의 부정적인 생각을 읽을 수 있다. 이야기를 정리하면 학교에서 학부모에게 부담스러운 수행 과제를 주고, 학생들의 수준을 넘어서는 기능을 요구하는 것은 아닌지 반성하게 된다. 한편으로 학교 현장에서 가르치지 않는 기능들을 평가하고, 수행 과제로 학부모님들을 힘들게 하고 있는 건 아닌지 알아보고 싶었다.

수행 평가는 왜 하는가? 또 학교에선 어떻게 평가하고 있는지에 대해 알아보고 학교에서 이루어지는 수행 평가의 사례를 통해 어떻게 하는 것이 올바른 수행 평가인지 부모들과 함께 이야기하고자 한다.

단원명 (대주제)	1. 아름다운 사람이 되는 길	2. 감정, 내 안의 소중한 친구	3. 정보 사회에서의 올바른 생활
영역	자연 초월적 존재와의 관계	도덕적 주체로서의 나	우리 타인과의 관계
성취 기준	참된 아름다움의 의미와 중요성을 명확하게 이해하고, 생활 속에서 아름다운 마음을 기르고 바람직한 생활을 위해 노력하는 일관된 태도를 지닐 수 있다.	다양한 감정이 발생하는 원인을 알고 자신의 감정 표현의 결과를 합리적으로 예측하여 때와 장소 및 상대에 따라 바람직하게 감정을 표현할 수 있다.	정보 사회의 의미와 특징을 명확하게 알고 정보 기기를 올바르게 이용하는 방법을 익히며, 정보 사회에서 네티즌이 지녀야 할 기본 예절에 대해 토의할 수 있다.
평가 내용	도덕적 삶의 아름다움 측면에서 실천계획 수립하고 실천하기	상황과 상대를 배려하여 감정을 표현하기	정보사회에서 네티즌이 지녀야 할 기본예절에 대해 토의하기
평가 방법	수행 관찰 평가	수행 관찰 평가	수행 체크리스트 관찰 평가
평가 시기	9월 4주	10월 3주	11월 3주

도덕과 수행 평가 계획서

학교에서 일어나는 수업에는 늘 평가가 뒤따른다. 그중에서 학생들의 성적에 반영되는 평가는 크게 수행 평가와 지필 평가(중간고사와 기말고사를 말함)가 있다. 수행 평가는 학기 초의 계획에 의거하여 실시하고 있고, 이 계획은 학교 알리미 사이트(http://www.schoolinfo.go.kr)에서도 확인할 수 있다. 1학기는 4월 초, 2학기는 9월 초에 학교 공시에 맞추어 공개하고 있다.

평가 계획에는 평가 내용, 평가 시기, 평가 방법이 안내되어 있다. 그중에서 가장 궁금한 것은 평가 방법에 대한 내용이다. 한 번도 수행 평가 방법에 대해 설명을 들어본 적이 없고 단지 학부모의 과거 학교생활을 떠올리면서 추측할 뿐이었다. 그렇다면 수행 평가 방법은 어떤 것이 있을까? 학생들이 미리 방법을 알고 있다면 마음 편히 평가에 대비할 수 있다. 수행 평가 방법에 대하여 알아보자.

논술형 평가 수행 평가 계획서에서 가장 많이 등장하는 평가 방법이 논술형 평가다. 논술형 평가 문항은 앞에서 언급한 것처럼 학생들의 생각을 글로 표현하는 것을 의미한다. 그런데 지필 평가에서도 논술형 평가, 수행 평가에서도 논술형 평가, 왜 똑같은 방법인데 서로 다른 평가 유형을 사용할까? 두 평가 유형 사이에는 약간의 차이가 있다. 중간고사나 기말고사 같은 지필 평가에서 결과를 중심으로 평가 문항을 구성한다면, 수행 평가에서는 수행 과정과 함께 자기 생각을 쓰게 한다는 데 차이가 있다.

이 방법은 주로 주지 교과라고 부르는 국어, 수학, 사회, 과학에서 가장 많이 쓰이고, 주로 지식을 평가하는 방법으로 활용된다. 예를 들어 국어과에서는 다양한 형태의 글쓰기 중심으로 평가 문항을 구성하고, 수학과는 문장제 문제의 해결 과정이 드러나도록 문제 풀이를 요구한다. 사회과에서는 자료를 보여주고 해석하도록 하고, 문제의 원인을 찾고 해결 방법을 물어보는 문항이 많다. 과학과에서는 실험 결과를 주고 이를 해석하거나 실험 절차에서 문제점 찾기나 실험 설계를 하는 문항이 주를 이루고 있다.

관찰 평가 관찰 평가는 간단히 말해 학생의 활동을 관찰하여 평가하는 방법이다. 교사 입장에서는 가장 쉬우면서, 또 가장 어려운 평가다. 평가를 위해 관찰해야 할 요소들을 미리 선정하여 기준에 따라 평가하기 때문에 평가하는 동안 집중이 필요하다.

관찰 평가는 한 가지 방법으로 평가하기보다는 실기 평가와 구술 평가 등을 할 때도 관찰 평가 방법을 활용하고 있다.

최근의 평가는 실제 활동 중에서의 평가를 강조하고 있다. 과거 발야구에 대한 평가를 할 때 서로 공을 주고받는 것과 발로 얼마나 멀리 차는가 등의 기준에 따라 평가했다면 이제는 실제 발야구를 하는 과정에서 아이들이 발야구에 대한 기본 규칙과 참여하는 태도, 그리고 게임에 필요한 적절한 기능을 종합하여 평가하기 때문에 과거와는 다른 평가 형식을 띠고 있다.

포트폴리오 평가 디자인이나 건축 등 기능을 가진 사람들이 취업을 하기 위해 자신의 작품 등을 모아놓은 것을 포트폴리오라고 한다. 학교에서의 포트폴리오는 학생이 일정 기간 동안의 자료를 모아 평가하는 방법을 말한다.

미술과에서 표현 영역에 대한 평가를 할 때 한 시간의 작품을 보고 평가하기보다 한 학기나 1년 단위의 작품을 보고 평가한다면 훨씬 더 정확하게 학생의 능력을 평가할 수 있다. 또한 여러 작품을 통해 학생이 수업에 임하는 태도와 기능을 함께 평가할 수 있는 좋은 방법이다.

프로젝트 평가 최근에 학교에서 많이 실시하는 프로젝트 수업에서 주로 하는 평가 방법이다. 학생들이 팀별로 협력하여 주제에 대하여 조사하거나 문제를 해결해나가는 과정에서 학생들의 활동 결과물과 다양한 캠페인 활동들을 종합하여 평가하는 방법을 말한다.

평가 결과물에 따라서는 연구 보고서나 각종 홍보물, 캠페인을 위한 자료 등을 포함하여 종합적으로 평가하고 있다. 특히 팀원들 간의 역할에 대한 부분도 평가에 넣어 무임승차를 최소화하고 공정한 평가를 하려 한다. 단순히 결과물만의 평가가 아니라 프로젝트 팀원 간의 협력과 참여, 태도에 대한 평가가 함께 이루어지고 있다.

각 초등학교에서 이루어지는 수행 평가의 다양한 예

학교에서 수행 평가는 어떻게 하고 있는지 실제 과목별 수행 평가 계획서를 보면서 살펴보자. 특히 최근 수행 평가를 위한 사교육 열풍이 꼭 필요한 일인지, 사교육과 관련 깊은 미술과 체육 과목에 대해 알아보려 한다.

미술 수행 평가 아래 표는 5학년 1학기 미술 수행 평가 계획서 일부다. 단원은 4단원 '먹의 첫걸음'이며, 교육 내용은 붓글씨의 올바른 방법을 알고 있는지, 붓글씨를 쓰는 동안 바른 태도를 가지고 수업에 참여하는지를 평가하기 위한 것으로, 교사에 의한 관찰 평가다.

단원명	영역	평가 내용	평가 방법	평가 시기
4-3. 먹의 첫 걸음	미적 체험	붓글씨의 올바른 방법과 바른 태도를 익힐 수 있다.	관찰 평가	7월 2주

같은 교육 내용이라도 교사들마다 학생들에게 어떤 평가 요소를 통해 평가하는지는 서로 다르다. 어떤 교사는 화선지 위에 써내려간 붓글씨를 보면서 평가할 수도 있고, 위 표에서처럼 어떤 교사는 교실 안을 돌아다니며 올바른 방법과 바른 붓글씨에 참여하고 있는지를 평가 요소로 삼을 수 있다.

학부모들도 다 알 테지만 음악, 미술, 체육과 같은 전문 교과(기능 교과)의 경우에는 기본기가 중요하다. 기본기가 잘되어 있어야 다음 단계의 학습이 원활하기 때문이다.

교사는 이번 수행 평가를 위해 최소 한두 시간에 걸쳐 붓글씨의 올바른 방법과 바른 태도는 무엇인지 설명하면서 동시에 시범을 보인다. 예를 들면 몸은 책상으로부터 30센티미터 간격을 띄우고, 두 다리는 어깨 넓이만큼 벌린 뒤 왼팔은 책상 위에 올리고 붓을 잡고 있는 오른팔은 책상과 평행이 되도록 해야 한다고 설명한 뒤 실제 아이들로 하여금 붓을 잡는 방법부터 먹을 묻혀 직접 써보게 한다.

수업을 진행하다 보면 잘 쓰고 싶은 마음에 평소 펜글씨 쓰듯 오른팔 팔꿈치가 책상 위에 닿거나 붓을 잡는 손잡이가 바뀐 채 무조건 써내려가기 바쁜 아이들을 종종 볼 수 있다.

글씨를 쓴 화선지를 제출받아 결과로서의 붓글씨를 평가했다면 그 과정은 어찌 되었든 간에 높은 점수를 받을 수 있지만 교사가 아이들이 붓글씨를 쓸 때 관찰로서 과정 평가를 함에 따라 중간중간 피드백도 가능하며, 점점 좋아지는 결과를 불러온다.

만일 결과로서의 붓글씨를 쓴 화선지를 가지고 평가할 계획을 세웠다면 한 번의 평가로 끝나는 것이 아니라 무엇이 부족했는지를 학생들에게 설명해주고 추후 다시 쓴 화선지를 제출받아 재평가할 수도 있다.

체육 수행 평가 최근 뉴스에서 체육 수행 평가에 대비해 학원을 다닌다는 아이의 모습이 이슈가 된 적이 있다. 우리 아이가 잘했으면 하는 바람으로 시작된 체육 학원, 요즘 우리 아이들과 부모의 마음을 그대로 보여주는 것 같아 안타깝다.

학교에서는 체육 수행 평가가 어떻게 이루어지고 있는지, 행여 운동

신경이 부족한 아이를 둔 학부모의 걱정을 덜어주는 마음으로 그 사례를 알아본다. 실제 초등학교 5학년의 평가 계획이다.

단원명	영역	평가 내용	평가 방법	평가 시기
3. 경쟁 활동	경쟁 활동	'간이 발야구' 게임의 규칙과 방법을 이해하고 기본 기능을 익히며, 게임에 참여하면서 자기 책임감을 실천하기	관찰 평가	5월 3주

위의 체육 수행 평가를 하기 위해서는 체육 시간에 '간이 발야구'를 배우기에 앞서 발야구의 규칙을 설명하고, 발로 공 차기, 공을 던져서 주고받기 등을 배운다. 그런 다음 실제 경기를 통해 경기 규칙을 추가로 배운다.

수행 평가는 어떻게 진행될까요?
공을 세워놓고 멀리 차는 친구에게 좋은 점수를 줄까요?
공을 멀리 던지는 친구에게 좋은 점수를 줄까요?

실제 평가 결과는 거기서 결정되지는 않는다. 경기에 참여하는 태도와 실제 게임에서 친구를 배려하고 협력하는 마음, 자기 차례가 되었을 때 수업 시간에 배운 대로 정확히 차고 1루까지 전력을 다해 달리는가를 평가 요소로 반영한다.

이처럼 수행 평가는 자신이 아는 것을 바탕으로 실제 수행 과제를 잘

실행할 수 있는지를 묻는 것으로 이루어진다. 그런데 과정을 중요하게 여기는 목적이 분명한데도 붓글씨 평가를 실시한다면 서예 학원에 보내 몇 날 며칠 가정에서 붓글씨 쓰는 것을 반복 숙달되게 함으로써 붓글씨에 대한 교과 선호도를 떨어뜨리고, 무조건 잘 쓰고 봐야 한다는 식의 오해를 심어주는 등 부작용을 보이기도 한다.

 물론 부모의 관심 속에 학원을 다니는 것 자체가 잘못된 일은 아니지만 적어도 학교에서의 평가는 수업에서 배운 내용을 바탕으로 실시된다는 점에서 무리하게 높은 평가 결과를 위한 목적으로 접근할 필요는 없다. 결국 모든 평가가 마찬가지이지만 평가 내용은 철저하게 배운 것을 바탕으로 이뤄진다는 사실을 기억하고, 학교의 정규 활동 외 다른 활동에 눈을 돌리기보다는 수업 시간에 열심히 참여하라고 유도하거나 그날그날 배운 내용을 복습하도록 하는 등 학교 교육의 내실화를 위한 조언이 실질적인 도움이 될 수 있다.

❺ 정의적 능력 평가라는 게 있습니다 그 얘기를 좀 할까요?

그 이름도 생소한 정의적 능력 평가

앞서 평가의 종류를 말할 때 평가 영역에 따른 평가에 대해 간략히 언급한 바 있다. 교사들은 학생들을 가르칠 때 앞서 언급한 총론에 따라 인지적 능력, 정의적 능력, 심동적 능력을 향상시키기 위해 노력한다. 그러나 학부모들은 자녀들의 정의적, 심동적 능력에 대한 관심보다는 인지적 능력에 더 많은 관심을 보여왔던 것이 사실이다. 그도 그럴 것이 가장 중요한 시험이라 여기는 대학 수학 능력 시험 자체가 인지적 능력을 측정하는 것이고, 학교에서조차 정의적 능력, 심동적 능력 향상에 대한 생각이 적은 것이 사실이었다.

그러나 최근 PISA의 발표 자료의 영향을 받아, 우리나라가 인지적 능력에는 탁월한 결과를 보이지만 상대적으로 정의적 능력에는 매우 취약

하다는 점이 지적되면서 정의적 능력에 대한 관심이 높아졌다.

하지만 정의적 능력의 중요성이 최근 들어 언급된 것은 결코 아니다. 이미 오래전부터 정의적 능력에 관한 연구를 비롯하여 그 중요성이 강조되었다. 그럼에도 불구하고 자신에게 필요하고 중요한 것에 눈길이 가듯, 교육적 관점에서조차 당장 시험 점수로 평가되는 인지적 능력에 관심이 있었을 뿐이다.

우리 자녀들의 정의적 능력이 왜 중요한가를 단적으로 살펴보자.

예를 들어 별, 해, 달 등 천문학에 관심을 가진 학생이 있다고 하자. 그 학생은 어렸을 때부터 천문학에 관련된 쉬운 책부터 어려운 책까지 접했고, 부모님 덕분에 주말이면 천문대 견학 및 별자리를 탐구하고 부모님이 사주신 망원경을 가지고 오랜 시간 밤하늘을 바라본 경험 등 다른 친구들에 비해 천문학에 관련된 다양한 경험을 했다.

이 학생이 초등학교에 입학하고도 천문학에 관련된 서적이나 경험을 계속 쌓아오고 있던 차에 5학년 과학 수업을 들으면서 때마침 천문학과 관련된 단원을 공부하게 되었다. 선생님이 모둠 과제로 자신의 생일에 맞는 별자리를 알아오라는 과제를 내주었다.

반면 어느 학생은 천문학의 '천'자에도 관심이 없다. 천문학에 관련된 책을 읽어본 경험이 단 한 번도 없고, 천문대에 올라가본 경험은 더더욱 없다. 12년을 살아오며 자신의 인생에서 처음으로 학교 수업 때 천체에 대한 공부를 하게 된 친구다.

별자리 과제에 대한 두 학생의 마음가짐은 어떨까? 천체에 관한 경험이 있는 학생은 단순히 과제를 해가는 것 이상으로 신나서 이런저런 자료를 찾아보고 열심히 해나갈 것이다. 바로 이러한 행동을 유발하는 것이 정의적 능력이다.

일찍이 지능 검사를 개발한 알프레드 비네(Binet & Simon, 1916, p. 256, 257)는 지능에서 다루지 않은 특성, 즉 비인지적 특성의 중요성을 간과해서는 안 되는 이유를 다음과 같이 들었다.

첫째, 주의력, 의지, 규칙성, 연속성, 유순성, 용기 등과 같은 비인지적 특성은 학교에서 학습을 성공적으로 하기 위해 꼭 필요하다.

둘째, 생활의 장은 지능의 투쟁장이라기보다는 품성의 전장이기 때문에 이들 비인지적인 학교 교육의 성과로서도 중요하다.

사실 정의적 능력은 학교 교육에서 다루기보다는 가정에서 길러져야 한다는 생각이 지배적이었다. 왜냐하면 정의적 능력은 대부분 학교 입학 전에 길러진다는 이유에서였다. 그러나 시대가 흐르면서 교회나 가정에서 담당해야 하는 정의적 능력 교육의 부재로 인해 학교 교육 속에 정의적 능력이 강조되어 지금은 정의적 능력 향상을 위한 교육을 하고 있다. 그렇다 해도 애초에 교회나 가정에서 정의적 능력이 길러진다는 사실에는 변함이 없을 것이다. 단순히 착해야 한다는 인성 교육을 정의적 능력 함양이라고 보기는 어렵다. 정의적 능력은 교과에 따른 능력을 의미한다. 교과에 대한 흥미도, 선호도, 참여도 등을 포함하여 각 교과마다 길러질 수 있는 정의적 능력 요소의 함양을 말한다.

국어, 수학, 사회, 과학을 배운다면 어떤 정의적 요소를 기를 수 있을까?

과목	국어과	수학과	사회과	과학과
정의적 요소	비판적 사고력	가치관	가치관	흥미
	의사소통 능력	관심	관심	가치 인식
	창의성	흥미	인권 존중	참여 적극성
	문화적 소양능력	과제 집착력	관용과 타협의 정신	협동성

자료 : 정의적 능력 요소, 경기도 교육청 정의적 능력 평가 문항 길라잡이

주로 지필 평가를 통해 인지적 능력(지식)을 알아보고자 했다면, 위의 표에서 보는 것처럼 한 과목을 배웠을 때 각 과목마다 여러 정의적 능력 요소 또한 길러졌는지를 확인하는 시간이 필요하다. 인지적 능력뿐만 아니라 정의적 능력 또한 얼마나 중요한지를 이번 기회에 알아두면 좋겠다. 무조건 수학 점수 100점을 위해 많은 문항을 풀게 하는 것도 하나의 방법이 될 수 있지만 자칫 수학에 대한 관심과 흥미도가 떨어질 수 있다는 사실 또한 기억해두자.

학교에서 실시하는 정의적 능력 평가 사례

경기도권 내의 학부모가 아니라면 정의적 능력 평가의 개념이 잘 다가오지 않을 수 있다. 사실 정의적 능력 평가라는 말이 교육 현장에 등장한 지는 그리 오래되지 않은 데다, 그리 중요하게 다뤄지지 않고 있는 것도 사실이다.

그러나 정의적 능력이 얼마나 중요한지는 앞서 이야기한 것처럼 이를 확인하는 정의적 능력 평가 또한 중요하다.

정의적 능력은 다양한 방법을 통해 확인이 가능하지만 경기도 교육청에서 개발한 다음 페이지의 문항처럼 지금껏 보았던 도덕 시험과는 달리 평가 상황에서 점수화를 하지 않기 때문에 이전보다 솔직하게 답변할 수 있다. 이를 가지고 학생들과의 후속 면담을 통해 도덕과의 정의적 요소인 '협동'에 대해 좀 더 심도 있게 얘기를 이어나갈 수 있다.

1. 길거리에 쓰레기가 떨어져 있다면 어떻게 하는 게 옳을까요?
   ① 쓰레기를 줍는다.
   ② 친구한테 얘기한다.
   ③ 모른 척하고 지나간다.
   ④ 누가 떨어뜨렸는지 범인을 반드시 찾아낸다.

과거의 도덕 시험에서 만일 위와 같은 시험 문제가 나왔다면 대다수의 학생들이 ①번을 고를 것이다. 그러나 실제는 어떨까?

예전에 위 문항과 관련하여 필자의 반 아이들과 사전 의논 끝에 몰래카메라를 찍어본 적이 있다. 한 친구가 등교 시간에 맞춰 우유갑이 담긴 상자 몇 개를 쌓아놓은 길을 걸어가다가 일부러 쓰러뜨렸다. 길가에 많은 우유갑들이 흩어졌는데 과연 이 상황에서 누가 도와줄지에 대한 몰래카메라였다. 결과는 어땠을까?

어느 정도 예상했겠지만 그 많은 학생들 중에 단 한 명도 먼저 다가가 도와주는 친구들이 없었다. 왜 그랬을까? 아는 것과 행동하는 것은 별개의 문제이기 때문이다. 흔히 많이 안다고 해서 행동으로 이어지는 것은 아니다. 시험지를 통해 평가되는 이면에는 또 다른 모습이 숨어 있을 수 있다. 그래서 아는 것을 기초로 해서 수행하는 것이 중요하기 때문에 수행 평가가 강조되어야 하고, 아는 것으로만 그칠 수도 있기 때문에 정의적 능력이 중요한 것이다.

학교에서 실시한 정의적 능력 평가는 교과 내용과 직접 관련있는 부분의 경우 수행 평가로 본 후 학부모에게 결과를 안내하고 있다. 교과와 직접 관련 없는 부분(자아 개념과 가치관, 교과에 대한 태도 및 흥미)에 대해서는 평가 결과를 학부모에게 전달하지 않는데, 이는 학교에서 담임교사가 학생의 교육 상담 자료로 활용하거나 학생에게 필요한 것을 조언하고자 할 때 주로 사용하고 있다.

이런 정의적 능력을 키우기 위한 손쉬운 방법이 자녀와의 대화가 아닐까 싶다. 대화를 나누는 가운데 자녀들의 진심을 엿볼 수 있다. 또 대화하는 과정에 자녀들이 생각하고 있는 지점에서 또 다른 이야깃거리를 찾을 수 있다. 이렇게 대화를 이어가다 보면 자녀들의 속얘기를 들여다보면서 아는 것과 실천하는 것의 차이를 찾아볼 수 있다. 앞으로 인지적 능력과 함께 정의적 능력 향상에도 관심을 가지고 지도한다면 더욱 멋지게 성장할 수 있을 것이라고 생각된다.

1. 다음 그림의 ❶, ❷, ❸ 중 나의 모습과 가장 가깝다고 생각되는 것은? (   )

2. 위 상황을 생각하면서 다음 질문에 답하시오.

질문	그렇다	보통이다	그렇지 않다
1) 나는 협동이 필요할 때 열심히 참여한다.			
2) 나는 협동에 참여하면 보람을 느낀다.			
3) 나는 협동하지 않는 친구들을 보면 얄미운 생각이 든다.			
4) 나는 협동하는 일이 주어지면 망설이게 된다.			

인지적 능력, 정의적 능력, 심동적 능력

벤저민 블룸이 제시한 교육 목표 분류 체계에서는 인간의 능력을 인지적 영역, 정의적 영역, 심동적 영역으로 나누었다.

인지적 영역은 지식을 획득하고 사용하는 방식과 관련된 정신 능력을 말한다. 지식, 이해력, 적용력, 분석력, 종합력, 문제 해결력, 논리적 사고력, 비판적 사고력, 창의력, 평가 능력 등과 같이 하위 정신 기능부터 고등 정신 기능까지 정신 능력에 해당하는 모든 지적 행동 특성을 포함한다.

심동적 영역은 근육의 발달과 사용 그리고 신체의 운동을 조절하는 신체 능력에 관한 인간 행동을 말하며 인간의 조작적 기능, 운동 기능, 신경 근육의 발달 정도나 숙련 정도, 신체의 운동 기능을 사용하고 조절하는 능력과 관련된 행동 능력을 의미한다. 신체와 관련된 대부분의 운동 기능, 신경 근육과 관련된 기능 및 지각 활동 등이 모두 여기에 포함된다.

정의적 영역은 인간의 정서와 감정을 밑바탕으로 형성되는 모든 행동을 포함하는 영역이다. 학교 교육과 관련된 정의적 성과로 자아 개념, 귀인, 자아 존중 및 정신 건강 등이 열거되기도 한다.

자료 : 네이버 지식백과(『교육평가용어사전』, 학지사, 2004)

6 혼자만 잘하는 것으로는 부족합니다
모둠 평가라는 것이 있기 때문입니다

왜 협력적 문제 해결력 평가가 필요할까?

　지금까지 학교에서의 평가는 시험지 하나에 한 명이 시험 보는 1인 평가 체제였다. 줄 세우기를 위한 평가이므로 둘 이상이 함께 시험 본다는 것은 상상도 하지 못했다.

　정보 통신 기술의 발달로 시공간을 초월하여 타인들과 협업해 일을 진행하지 않을 수 없게 되었고, 미래의 인재에게 가장 중요한 능력으로 협업 능력이 대두되었다. 이를 반영해 1인 평가와 더불어 2인 이상이 서로 협력하는 능력의 평가가 필요하다는 데 공감하면서 2015년부터 국제 학업 성취도 평가(PISA)에 '협업 문제 해결 능력(CPS, Collaborative Problem Solving)'을 평가 영역에 포함시켰다.

　PISA 2015에서는 "협력적 문제 해결력은 둘 또는 그 이상의 동료가 서로 정보를 공유하고 함께 상호작용하는 과정을 통해 효과적인 문제 해결을 이뤄내는 능력이다"라고 정의하고 있다.

우리나라에서는 이를 대비해 한국교육과정평가원에서 초등 과학과와 중학교 사회과 문항을 개발하여 보급했으며 경기도 교육청에서는 전 과목에 협력적 문제 해결 능력 예시 문항을 제작하여 보급했다.

> 미국의 공립학교에 인디언 다섯 명이 전학을 왔습니다. 선생님은 시험을 보기 위해 아이들의 책상 줄을 맞추고 시험지를 나누어주었습니다. 그런데 이때 새로 전학 온 인디언 친구들이 책상을 옮겨서 모여 앉는 것입니다. 선생님이 당황해하면서 물었습니다.
> "너희들 왜 그러니?"
> 그러자 아이들은 이렇게 답했습니다.
> "선생님, 저희들은 어려운 문제가 있을 때마다 함께 도와가며 해결하라고 배웠어요."
>
> -『강수돌 교수의 '나부터' 교육 혁명』(강수돌, 그린비, 2003) 중에서

이 이야기를 읽으면서 어떤 생각이 들까? 황당하고 말도 안 된다는 생각이 들까? 아니면 그럴 수도 있겠다는 생각이 들까? 아마 전자의 생각이 더 많을 거라 생각된다. 왜냐면 우리는 그렇게 배웠으니까.

시험을 보면 늘 줄 맞추고, 가림판으로 가리고 시험 치르던 시절을 보낸 사람으로 시험은 늘 그런 거라는 고정관념을 가지고 있게 마련이다.

또 하나, 시험은 다른 사람과 나의 경쟁이고 나의 등수를 알아보기 위해 치른다고 생각하는 것이 지배적이기 때문이다.

이는 2009년 국제교육협의회(IEA)의 연구 결과에 그대로 반영되어 나타났다. OECD 36개국의 중학교 2학년 14만 600여 명을 대상으로 실시한 '국제 시민 의식 교육 연구' 분석 결과에 따르면 한국의 학생들은 사회성에서 36개국 중 35위, 협력성은 36위라는 연구 결과가 나왔다.

이런 결과의 원인은 누구나 다 알고 있는 입시 경쟁 교육과 출세 지향의 사회 분위기 속에 가정에서 부모가 아이에게 친구를 동료가 아닌 경쟁자로 인식시키고, 협력보다는 내가 남보다 더 나아야 한다는 생각을 심어주기 때문이다.

그런데 우리나라 교육부는 미래를 살아갈 핵심적인 역량으로 초등학교 학생들의 의사소통 능력과 대인 관계 능력, 문제 해결 능력이라고 이야기하고 있다. 이런 역량을 키워가기엔 현재의 부모들 생각으로는 쉽게 키울 수 있는 능력이 아니라고 본다.

그런데 이런 시험에 대한 편견을 깬 시험이 등장했는데 바로 협력적 문제 해결 능력 평가다. 이 평가를 한마디로 정의하면 "둘 이상이 서로 도와가며 하나의 문제를 해결해나가는 것이다. 앞에서 언급한 인디언 아이들처럼 문제를 의논하고 다양한 해결 방안을 제시하고 가장 최적의 해결 방안을 만들어가는 것"이다.

그런데 우리나라와 전혀 관련이 없을 것 같은 협력적 문제 해결 능력 평가가 현재 교단에서 준비되고 있다. 왜냐하면 2015년부터 우리나라가 늘 자랑스러워하는 국제 학업 성취도 평가, 즉 PISA의 평가 과목에 정식 평가 문항으로 채택되었기 때문이다.

PISA의 평가 영역을 발표하면서 협력적 문제 해결 능력 평가는 컴퓨터를 기반으로 하여 상호작용하는 능력을 심사하겠다고 발표하였고 이에 따라 평가 문항을 개발하여 실시하였다.

전 세계인이 가장 가고 싶어 하는 직장은 구글이라는 통계가 최근에 발표되면서 『구글은 SKY를 모른다』가 널리 알려지게 되었다. 구글에서 원하는 직원은 우리가 말하는 일류 대학을 나온 사람이 아니라 자기 능력을 다른 팀원들과 협력하여 발전시킬 수 있는 사람이라는 것이었다.

이제 우리도 조금 달라져야 하지 않을까? 대학 입학만을 위한 공부에서 벗어나 우리 아이의 삶을 위한 공부를 위해 부모들이 나서야 할 때다. 가정에서 "경쟁과 나를 위한 공부에서 협력과 우리를 위한 공부"로 전환할 때 그것이 우리 아이를 위한 가장 좋은 교육이라는 것을 명심할 필요가 있다.

우리가 함께 있기에 내가 있다!

남아공의 넬슨 만델라 대통령이 즐겨 쓰는 말 중에 '우분투(ubuntu)'라는 말이 있다. '우분투'는 아프리카 반투족의 말로 '당신이 있기에 내가 있다'라는 뜻이라고 한다.

다음은 우분트와 관련하여 인류학자와 부족 아이들의 이야기다.

아프리카 부족에 대해 연구 중이던 어느 인류학자가 부족 아이들을 모아놓고 게임 제안했다. 나무 옆에 맛있는 과일 한 바구니를 놓고 "가장 먼저 바구니에 도착한 아이에게 과일을 모두 다 주겠다."고 했다.

그런데 예상과 달리 아이들은 미리 약속이라도 한 듯이 서로의 손을 잡은 채 함께 달리기 시작했다. 바구니에 도착한 아이들은 함께 둘러앉아 과일을 나누어 먹었다.

인류학자는 아이들에게 물었다.

"1등으로 간 사람에게 과일을 다 주려고 했는데 왜 손을 잡고 같이 달렸죠?"

이 때 아이들은 '우분투'라는 단어를 합창하듯이 말했다.

그러면서 덧붙이는 말이 "다른 아이들이 다 슬픈데, 어떻게 나만 기분 좋을 수가 있겠어요?"

이 이야기를 읽으면서 우리나라에선 왜 이런 교육을 하지 못할까? 도대체 어디에서부터 문제가 생긴 걸까? 라는 생각이 들었다.

과거의 출세 지향주의적 교육이 우리의 살길이라고 생각했던 산업 사회의 패러다임에서 아직 못 벗어난 건 아닐까. 아니면 우리나라의 유일한 자원인 인적 자원을 발전시키기 위한 당연한 결과라고 이야기할 수 있지만 미래 사회에서는 이런 '우분투'적인 삶이 우리가 나아갈 방향이라는 생각을 지울 수 없다.

학교에서 적용되는 평가 문항 사례

학교에서는 최근 모둠을 기본 단위로 하는 협력 학습이 수업의 주를 이루고 있다. 이 협력 학습은 학생들 스스로에게 서로 도움이 되는 공부법이라고 앞서 이야기한 바 있다. 지금의 교실에선 학생들이 수업 중에 선생님이 제시한 과제를 해결하기 위해 서로 의견을 나누고, 때론 논쟁하면서 새로운 과제 해결을 시도하는 모습들이 일상화되어 있다. 이런 수업 상황에서 학생들 스스로 해결해나갈 수 있는 다양한 평가 문항들이 개발되어 있다.

다음은 경기도 교육청에서 2014년 개발한 협력적 문제 해결 능력 평가 문항 예시자료다. 본 문항은 수행 평가에서 적용하도록 제작되었다. 수행평가를 위해 모둠별로 수행 과제를 제시한다. 제시된 문항에 따라서 먼저 학생 개개인의 생각을 만들도록 한다. 두 번째는 만들어진 생각들을 서로 공유하면서 최적의 해결방안을 찾아보도록 한다. 이 과정을 통해 학생들은 자신의 생각을 좀 더 견고히 하고 나아가 새로운 지식들을 습득하게 된다. 이것이야 말로 진정한 참 평가인 것이다.

〈사회 3학년 1학기〉　　　　　　　　　　　　　　　　　　2. 이동과 의사소통

이야기 속 주인공을 도와주세요!

(　　　) 초등학교 3학년 (　　)반 (　　　)

※ 다음 이야기를 읽고 문제를 해결하시오.

> 우르르 쾅쾅! 배를 타고 여행을 하던 걸리버가 거센 비바람을 만났어요.
> 배는 산산조각이 났고, 걸리버는 바다에 풍덩 빠지고 말았어요.
> 부서진 배에서 나온 기름이 파도를 타고 퍼져나가기 시작했어요.

> 도마뱀 붕붕 씨가 자동차로 여행을 하고 있었어요.
> 붕붕 씨는 주차할 곳을 찾고 있어요. 그런데 주차장에는 차들이 이미 가득했어요.
> 붕붕 씨는 어쩔 수 없이 길가에 차를 주차했어요.
> 붕붕 씨가 잠깐 차에서 내린 사이에 지나가던 코끼리 뿌뿌 씨가 자동차를 툭 쳤어요.
> 와장창! 붕붕 씨의 자동차가 찌그러지고 말았어요.

> 케빈의 가족들은 크리스마스 연휴를 이용해 프랑스의 친척 집으로 떠날 계획이었어요.
> 그런데 크리스마스이브 날 아침 모두들 늦잠을 자게 되어 허둥대다가 그만
> 다락방에서 잠이 든 케빈을 두고 떠난답니다. 비행기를 타고 가던 케빈의 어머니는
> 케빈을 두고 온 것을 알고 놀라 다시 돌아가려고 하지만 갑자기 날씨가 나빠져서
> 비행기가 이륙하지 못한다고 합니다. 어떻게 하지요?

✏️ 내가 도와주고 싶은 인물을 선택하여 봅시다. (　　　　　)

✏️ 같은 인물을 선택한 친구와 모둠을 만들어봅시다.

1. 선택한 이야기에 등장하는 이동 수단의 문제점과 해결 방법을 찾아봅시다. (모둠 활동)
   (1) 이야기에 등장하는 이동 수단이 가지고 있는 문제점을 친구들과 함께 최대한 많이 찾아 봅시다. ('생각 모으기 활동지 1' 하기)
   (2) 이야기에 등장하는 이동 수단이 가진 문제점을 해결할 수 있는 방법을 친구들과 찾아봅 시다. ('생각 모으기 활동지 2' 하기)

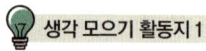 생각 모으기 활동지 1

이야기에 등장하는 (　　)가 현재 가지고 있는 문제점을 함께 찾아봅시다.

〈활동 방법〉
1 이야기에 등장하는 이동 수단이 현재 가지고 있는 문제점은 무엇인지 생각하여 붙임쪽지에 쓰시오.
2 한 장의 붙임쪽지에는 한 가지 생각만 적습니다.
3 순서를 정하여 자신의 생각을 적은 붙임쪽지를 붙여봅시다. (자신의 생각을 말하며 붙여보세요.)
4 앞에 발표한 친구의 내용 중 자신의 것과 같은 것이 있으면 친구의 붙임쪽지 바로 아래 나의 붙임쪽지를 붙입니다.
5 친구들과 의견을 나누며 현재 이동 수단이 갖는 문제점이나 불편한 점 중 가장 심각하다고 생각되는 것을 한 가지만 선택합니다.

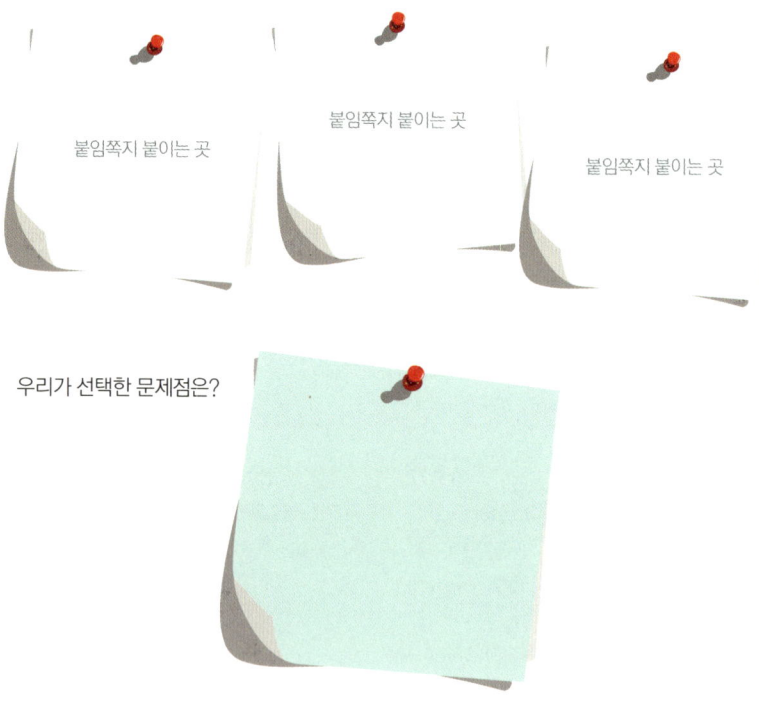

우리가 선택한 문제점은?

생각 모으기 활동지 2

이야기에 등장하는 (　　)의 문제를 해결하기 위한 방법을 함께 찾아봅시다.

〈활동 방법〉
1 함께 찾은 문제점을 해결할 수 있는 방법을 각자 생각해보고 한 가지씩 붙임쪽지에 적어봅시다.
2 자신이 찾은 해결 방법을 붙이며 친구들에게 설명합니다.
3 함께 생각을 나누며 각자의 해결 방법을 더 좋은 방법으로 고쳐보고 가장 좋은 해결 방법을 선택합니다.

자료 : 경기도 교육청, 2014 초등 교과별 협력적 문제 해결 능력 평가 예시 자료

앞의 예시 문항처럼 이젠 혼자 문제를 해결하는 능력에 팀원들과 함께 문제를 해결하는 문항으로 변해가고 있다. 이제 혼자만의 탁월한 능력은 모둠 구성원의 전체 능력보다 떨어지고, 함께하는 방법을 배우지 않으면 능력을 발휘하지 못한다는 것을 알게 해준다.

미래 사회에 필요한 인재는 경쟁을 통해 1등을 만들어내는 게 아니라 함께하는 다수의 사람들이 더 필요한 사회다. 초등학생 때부터 서로 협력하고, 소외된 친구를 다독이며, 함께 나아갈 수 있는 '우분투' 교육은 바로 우리가 가야 할 방향이다.

❼ 교사마다 평가 기준이 다릅니다 그래서 시험 문제는 이렇게 냅니다

문제 출제의 기준이 되는 성취 기준

2007 개정 교육과정이 시작되면서 교육부가 성취 기준을 제시했다. 그것은 교사들에게 무엇을 가르쳐야 하는지 알려주는 지침이자 학생들이 배워야 할 학습 목표다. 따라서 교사들은 학년이 배정된 다음 제일 먼저 시작하는 일이 학급 교육과정을 마련하는 것인데, 이를 위해 우선 각 학년에 맞는 교과에 따른 성취 기준을 살펴보고, 학생들이 성취 기준에 잘 도달하도록 교육 내용을 재구성한다. 이렇게 재구성한 내용을 바탕으로 수업 시간에 교사 개개인의 노하우를 발휘하여 다양한 교수 방법으로 학생들을 가르친다. 교사들이 가르친 수업 내용이 학생들에게 잘 전달되었는지 확인하는 것이 평가. 그러므로 평가 문항을 만들 때 중요한 것이 바로 '성취 기준'이다. 성취 기준에 대한 자료는 국가교육

과정정보센터(www.nice.go.kr)의 자료실에서 찾을 수 있다.

과거 선생님들의 시험 출제 흐름은 교과서 내용을 확인하는 수준일 때도 있었지만 지금은 각 교과의 교육과정을 분석하고 교육과정 범주에서 성취 기준 도달도를 묻는 문항을 출제하면 되기 때문에 성취 기준을 보는 순간 시험 문항이 떠오르기도 한다.

이번 이야기에서는 선생님들이 무엇을 가르치는지, 그리고 어떻게 시험 문제를 출제하고 평가 후 그 결과를 어떻게 반영하는지에 대해 알아보자.

교과서는 학습 자료일까? 바이블일까?

학교에 다녀오는 아이에게 맨 처음 물어보는 질문이 무엇인지 생각나는가?

"오늘 선생님 말씀 잘 들었어?"

"오늘 뭘 배웠니?"

라는 말들이 대부분을 차지한다. 선생님 말씀과 배운 내용은 거의 비슷하니 학교에서 어떤 공부를 하고 왔는지가 가장 중요한 질문거리다.

학교에서는 학생들에게 무엇을 가르칠까? 부모 세대에서는 대부분 교과서 하나만 가지고 첫 장부터 끝 장까지 배웠으므로 당연히 교과서라고 생각할 수 있다. 그런데 그 교과서를 배우는 것만으로 모든 것을 배웠다고 할 수 있을지는 한 번쯤 생각해볼 여지가 있다.

그렇다면 교사는 교과서에 대해 어떤 생각을 하고 있을까? 학교 현장에 있는 교사들에게 물어보면 많은 학습 자료 중 국가에서 만든 자료 중 하나라고 이야기한다. 갑자기 교과서의 격이 떨어진다고 느껴지지는 않는지, 과거 부모 세대의 교과서가 학습과 평가를 위한 '바이블' 개념이었던 것에 비해 꽤 많은 변화가 있었던 것이 사실이다. 과연 어떤 변화가 있었을까?

이를 알아보기 위해서는 우리나라 교육 시스템을 살펴보면 된다. 우리나라는 국가 교육과정을 운영하고 있다. 모든 교육의 목표와 내용을 국가에서 정하고 일선 학교에서 시행하도록 한다. 국가 교육과정은 과거에는 6~10년 주기로 변화했는데, 요즘은 수시로 바뀌고 있다. 국가 교육과정에서는 학생들이 배울 교육과정의 내용과 배울 시간까지 명확히 정한 뒤 이 지침에 따르게 한다.

교과서는 이 지침에 의거하여 학생들이 배우고, 교사들이 가르치기에 도움이 되는 자료로 만들어진다. 또한 과거에 모든 교과서를 국가가 만드는 국정 교과서 체제에서 일정 기준을 충족한 교과서는 모두 국가에서 인정하는 검인정 체제를 유지하고 있다.

중등에서는 모든 교과서가 검인정 체계여서 전학을 하면 모든 교과서가 바뀐다. 초등의 경우 국어, 수학, 사회, 과학은 국정 교과서, 나머지 교과는 검인정 교과서를 사용하고 있다.

교과서가 학교마다 다르다면 문제는 없을까? 이런 고민이 들게 마련이다. 교과서는 국가에서 정한 교육 목표를 달성하기 위해 만들어져서 교과서별로 들어가 있는 장면과 활동 내용이 다를 뿐, 결국 달성해야 하

국정 교과서

검인정 교과서

는 목표는 동일하므로 별문제 없다.

그렇다면 학교에서는 무엇을 가르칠까? 교과서를 가르친다는 말도 틀린 말은 아니지만, 교사들은 아이들의 특성에 맞춰 가장 쉽게 교육 목표를 달성할 수 있도록 다양한 방법과 자료를 활용하는데 그중 하나가 교과서라고 생각하는 게 합당한 답이다.

또한 교과서 내용들은 요즘처럼 빨리 변화하는 시대에 과거의 사실에 불과한 경우도 있다. 벌써부터 변화하여 쓸모없는 지식이 전부인 양 하는 경우도 있다. 최근 문제가 되었던 대학 수학 능력 시험 지리 문제도 교과서를 너무 신봉했던 출제자의 오류에서 비롯된 예다.『교과서를 믿지 마라』(초등교육과정연구모임, 바다출판사, 2011)라는 책도 나와 있을 만큼 교과서의 위치는 과거에 비해 많이 달라졌다.

지금 학교에서는 교과서를 중심으로 가르치는 것이 아니라 국가에서 제시한 성취 기준을 가르친다고 하는 게 가장 바른 표현이다.

시험 문제 출제의 기준과 성취 수준의 이해

부모들이 학교에 대해 가장 알고 싶어 하는 것이 자기 아이의 시험 성적이다. 학부모 입장에서는 우리 아이가 학교에서 잘 배우고 있는지를 나타내는 척도이기 때문이다. 한데 그 속을 좀 들여다보면 성적 중에서도 전체 학생들 가운데 몇 등인지가 궁금한 것이 더 솔직한 표현이다. 시험을 보고 나서 누구는 몇 점, 누구는 몇 점을 확인하며 자기 아이의 위치를 가장 먼저 확인하는 것도 그 이유라고 생각한다.

그런데 최근에는 아이들의 시험지에 점수가 나오지 않고 성취 수준으로 3단계(상, 중, 하) 또는 5단계(매우 잘함, 잘함, 보통, 노력 요함, 부진)으로 적혀 오거나 선생님의 서술로 '어느 부분에서 잘하고 있습니다'는 식으로 성적 통지표가 나오면서 부모들 궁금증을 해결하기 어려워지자 학교의 평가 시스템에 대한 성토를 벌이기도 했다.

학교는 이런 학부모를 설득한다. 설득의 근거는 간단하다. 앞에서 언급했듯이, "우리나라 교육 시스템은 학교에서 결정하는 것이 아니라 국가에서 정해진 지침에 따라 학교에서 운영하고 있다. 국가가 정한 지침에 따르면 초등학교에서는 성적을 점수화하지 않고, 학생들이 꼭 알아야 할 성취 기준을 측정하여 성취한 수준을 서술로만 기술하게 되어 있다"라고 답변하면 학부모 입장에서도 더 이상 항의할 이유가 없어진다.

다음으로 부모들의 관심사는 "선생님은 시험 문제를 어떻게 낼까?"다. 예전에 부모들은 시험을 보기 위해 여러 가지 문제집들을 사서 풀었고, "어떤 문제집에 똑같은 문제가 있더라. 어떤 선생님은 어느 문제집에서 문제를 내더라"가 학생과 부모 사이에 관심의 대상이 되었던 적이 있다.

그렇다면 현재의 선생님은 어떻게 문제를 낼까? 가장 간단한 답은 "가르친 부분에서 낸다". 또 하나는 "국가에서 정한 성취 기준을 잘 배웠는가를 확인하기 위한 문제를 낸다"라고 말할 수 있다.

가끔 학생이나 부모님들이 교과서에 나오지 않은 지문이나 자료를 문제로 내면 잘못된 것 아니냐고 항의하는 경우가 있다. 교과서는 학생들을 가르치는 학습 자료이므로 교사가 교과서를 가르치지 않는다고 해서 문제가 되지 않듯이, 교사가 교과서 밖에서 시험 문제를 내도 문제가 되는 건 아니다. 물론 학생의 발달 단계와 학년의 위계를 무시하고 선행 학습을 해야만 풀 수 있는 문제를 내는 것은 잘못된 일이다.

초등학교에서 문제를 내는 방법에 대해 구체적으로 알아보자.

단계	내용	세부 내용
1	성취 기준 확인하기	사회과 5학년 1학기 3단원 성취 기준 경제 성장 가정에서 나타나는 여러 문제(빈부 격차, 노사 갈등, 자원 고갈 등)를 확인하고, 이에 대한 해결 방법을 모색할 수 있다.
2	자료 수집	신문에서 제시한 통계 자료, 통계청에서 제시한 통계 자료, 교과서의 통계 자료를 확인한 후 가장 최근의 자료와 신문 자료를 수집
3	문항 출제	아이들 수준에 맞는 자료를 제시하여 자신의 생각을 만들 수 있는 문항 출제

위 단계에 따라 문항이 출제된다. 학생들이 배우는 것은 단지 교과서에 기술된 부분에 한정되어 있지 않다. 시시각각 바뀌는 정보화 시대에 걸맞게 변화하는 내용들을 교사들이 때에 맞게 선택하여 가르치고 이를 평가 문항으로 출제하는 것이다.

학부모 또한 그 성취 기준만 안다면 문제를 유추할 수 있지 않을까? 성취 기준은 국가에서 지정하여 고시했으므로 인터넷에 검색하면 쉽게 찾을 수 있고, 자녀가 속해 있는 반의 평가 계획만 들여다봐도 알 수 있다. 이에 대한 정보는 학교 알리미 서비스(www.schoolinfo.go.kr)에서 쉽게 확인할 수 있다.

PLUS TIP

'학교 알리미' 서비스 www.schoolinfo.go.kr

초·중등 학교 정보 공시제를 통한 학교 전반의 주요 정보를 객관적이고 투명하게 공개하는 제도로, 국민의 알 권리를 보장하는 한편 학교의 교육 실태를 정확히 파악하여 학교 교육의 경쟁력을 높이기 위해 2008년도에 도입되었다.

이곳은 별도의 로그인이나 정보의 입력 없이 전국의 모든 학교에 대한 정보를 확인할 수 있다. 특히 해당 학교의 교육과정과 평가 계획 등이 실려 학부모들의 알 권리를 충족하고 있다.

단계	내용
1	학교 현황
2	학교 교육과정 편성·운영 및 평가에 관한 사항
3	교육 운영 특색 사업 계획
4	교과별(학년별) 교과 진도 운영 계획
5	방과후학교 운영 및 지원 현황
6	교과별(학년별) 평가 계획
7	학교 규칙 및 학교 운영에 관한 규정
8	성별 학생 수
9	직위별 교원 현황
10	표시 과목별 교원 현황
11	전·출입 및 학업 중단 학생 수
12	동아리 활동 현황
13	장학금 수혜 현황
14	급식 실시 현황
15	수업 공개 계획
16	교과별 학업 성취 사항
17	국가 수준 학업 성취도 평가 응시 현황
18	학교 폭력 실태 조사 결과
19	학교 폭력 대책 자치위원회 운영 결과
20	졸업생의 진로 현황
21	산업 수요 맞춤형 고등학교 및 특성화 고등학교 졸업생의 취업 등 진로 현황
22	학교 운영위원회 심의 결과

평가 결과는 어떻게 반영될까

학교에서 실시하는 모든 평가는 반드시 채점한 후 아이와 학부모에게 그 결과를 알린다. 안내 방법은 학교마다 조금씩 차이가 있다. 어떤 학교는 시험지를 채점한 결과를 매번 보내주는 경우도 있고, 분기마다 파일철에 끼워 교사의 평가 결과에 대한 해석을 덧붙여 보내기도 하며, 학기에 한 번 보내기도 한다.

학부모에게 보냈다고 해서 학교는 그 기록을 폐기하지 않는다. 부모가 알고 있는 것과 같이 생활기록부에 기록하여 졸업 후 50년까지 보관하고 있다. 달라진 것이 있다면 과거엔 종이에 보관하던 것을 최근에는 파일로 저장하고 있다. 가끔 텔레비전에서 연예인들의 과거 생활기록부가 이슈가 된 것처럼 우리 아이들의 기록도 학교에서 보관하고 있다.

그러면 학교에서는 어떤 기록들을 정리해서 남길까? 이를 알기 위해서는 먼저 학교의 평가 시스템을 알아야 한다. 초등학교에서의 평가는 앞서 말했듯이 크게 수행 평가와 지필 평가로 나뉜다. 수행 평가는 수업 과정의 활동에 대한 평가다. 지필 평가는 과거의 중간 및 기말 성취도 평가처럼 배운 내용을 총괄 평가 형태로 보는 것을 말한다.

그리고 과목별로 실시한 수행 평가 결과와 지필 평가 결과를 종합하여 학생들의 성장과 발달에 도움이 될 수 있도록 점수제가 아닌 서술로 나타내게 되어 있다.

그런데 이런 서술 형태가 학부모들의 불만을 사고 있는 것도 사실이다. 도대체 우리 아이가 잘하고 있는지, 못하고 있는지 확인하기가 힘들다는 이유에서다. 교사 입장에서 변명을 하자면 학생의 생활기록부 기록은 거의 평생 남기 때문에 부정적인 내용보다는 조금이라도 잘한 부분이 있다면 그 영역을 중심으로 쓰다 보니 그런 현상이 발생했다고 전하고 싶다. 한 가지 더 이야기하면 1학기 말 생활통지표에는 있는 그대로, 사실대로 적는 경우가 있다. 왜냐하면 보관될 기록은 2학기 최종 기록이어서 2학기 때 종합하여 작성하면 되기 때문이다

부모로서 우리 아이의 공부 수준을 알아보기 위해서는 학교에서 나누어주는 지필 평가 결과지와 NEIS 학부모 서비스에서 수행 평가를 확인하면 아이에 대해 더 쉽게 이해할 수 있다.

수행 평가 과목별 영역에서의 수행 단계는 3단계, 4단계, 5단계로 학교마다 다양하게 등급을 구분하여 시행하고 있다. 그런데 여기서 학부모들이 학교에 항의하는 사례가 종종 있다. 수행 평가 영역표에서 점수로 나오는 부분이다. 예를 들면 상은 100점, 중은 67점, 하는 33점으로 구분하여 나타내고 있는데 그것은 시스템의 잘못된 문제다.

초등학교에서 수행 평가 영역의 성취 수준은 국가에서 정한 수준의 도달 정도를 나타낸 것이므로 점수에 대한 부분은 보지 않아도 된다. 잘못된 정보로 학부모에게 혼란을 주기 때문에, 교육부에서 조만간 수정하지 않을까 생각한다.

100점 만점의 신화에서 벗어나기

어릴 적부터 늘 시험지에는 100점이라는 점수가 빨간 색연필로 크게

쓰여 있기를 간절히 원했다. 엄마의 가장 큰 기쁨이고 우리 가족의 행복이 여기에 있다고 생각하던 때도 있었다. 필자의 기억 속에 있는 〈한 지붕 세 가족〉이라는 드라마에서도 세탁소 아들 만수의 100점에 기 죽어 있는 순돌이의 이야기가 떠오른다.

그런데 언제부턴 시험지에서 점수가 사라지기 시작했다. 그리고 대신 성취 수준을 나타내는 상, 중, 하(매우 잘함, 잘함, 보통 등)가 자리 잡게 되었다.

"학교에서 시험은 왜 보는 걸까?"라고 묻는 것은 너무 어리석은 질문일 수 있다. 왜냐하면 모든 사람들이 학교에서 배운 내용을 확인하기 위해서, 또는 부족한 부분을 다시 알려주기 위해서라고 알고 있기 때문이

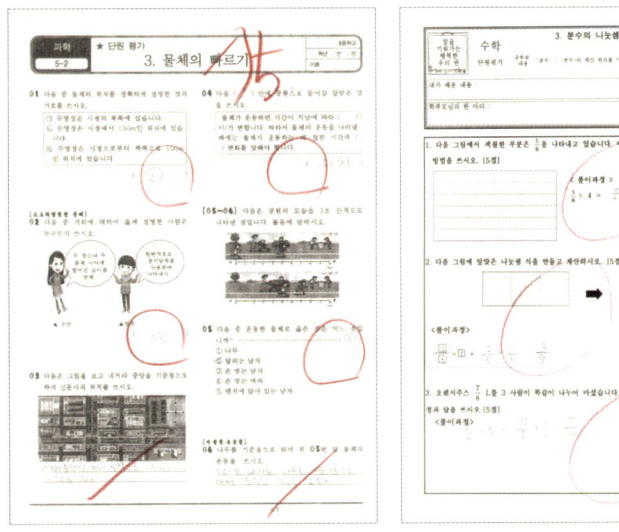 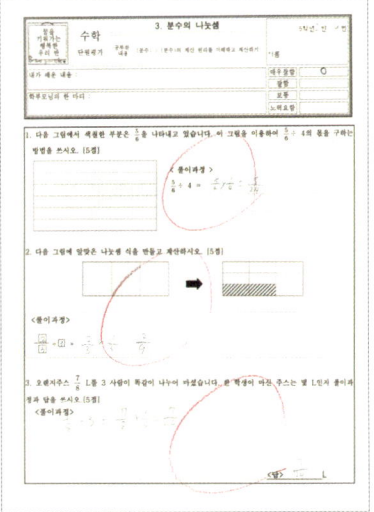

점수 표시 시험지 ⇨ 성취 수준이 표시된 시험지

다. 그런데 실제 부모들이 시험지를 받아보면 어떤 생각이 들까? 우리 아이가 이 부분은 참 잘하는구나, 이 영역은 좀 더 신경 써서 복습해야겠다고 생각한다면 정말 훌륭한 부모들이다.

하지만 대부분의 부모들은 점수만 눈에 들어올 뿐 어떤 문제를 왜 틀렸고, 어떤 부분은 잘하고 있는지를 인식하지 못하고 그저 90점짜리 시험지, 즉 점수에만 집중한다. 이런 생각은 아이들에게 바로 전이되어 아이들 또한 시험 보는 이유를 새까맣게 잊고 점수에만 몰입한다. 그래서 시험의 본래 목적인 배운 내용을 확인하고, 부족한 부분은 다시 공부하기 위한 준비가 아니라 점수로 인한 기분 좋음과 나쁨으로만 단정 짓는 심각한 부작용을 낳게 된다.

이제 학교에서는 시험지와 시험지를 대하는 태도의 변화에 대해 학생들에게 안내하면서 시험의 본래 목적에 맞추려 하고 있다. 하지만 아직도 '넘사벽'이 있다. 바로 학부모들의 생각의 변화다. 중학교에서도 점수는 있지만 석차가 사라지고 있다. 아직도 옆집 아이와 같은 반 아이의 성적을 비교하는 태도에서 벗어나야 하지 않을까.

평가를 보는 관점 벗어던지기 '선발형 VS 성취형'

예로부터 우리 사회는 경쟁을 강조하며 살았다. 남보다 한발 앞서가는 것만이 인생 성공의 '지름길'이라고 여겼다. 그래서 너도나도 사교육 시장으로 달려갔다. 그곳이 어떤 아이에겐 공부하기 좋은 곳일 수도 있다. 하지만 대부분의 아이들에겐 시간을 낭비하는 곳일 수도 있다.

사교육 시장이 크게 팽창할 수 있었던 가장 큰 이유는 우리나라 학부모들의 전통적인 유교 사상에서 비롯된다. 남보다 앞서가기 위한 통로였던 것이다. 정상적인 학교 교육보다 앞서갈 수 있다는 것은 부모 입장에서 엄청난 유혹이 아닐 수 없다. 과거엔 '4당 5락'이라는 말이 있었다. 네 시간 자면 합격하고, 다섯 시간 자면 떨어진다는 의미였다. 워낙 많이 회자되어 당시 학생들은 누구나 다 아는 말이다. 요즘은 '4당 3락'으로 바뀌었다고 한다. 4개 학년 선행 학습을 하면 합격하고, 3개 학년 선행 학습을 하면 떨어진다는 의미다. 이 말들은 누가 만들었을까? 아마도 사교육 시장에서 만들어낸 선행 학습 홍보 문구가 아닐까 싶다.

이런 사교육 시장이 활개 칠 수 있는 이유는 시험을 바라보는 생각에서 읽을 수 있다. 그동안 아이들에게 치러졌던 시험은 성장을 위한 시험이 아니라, 소수를 선발하기 위한 시험이었다. 선다형으로 부르는 객관식 시험은 군대에서 짧은 시간 안에 표준화된 매뉴얼을 가르치고 이를 확인하기 위해 시행했던 시험이다. 즉 짧은 시간에 주입된 내용을 기억하고 있는지를 확인하는 시험이 지금까지 이르고 있는 것이다. 20세기 초의 평가 방법이 변화하는 21세기에도 변화 없이 시행되고 있다는 것이 안타까울 뿐이다.

진정한 공부 그리고 참된 평가는 어떻게 해야 옳은 걸까를 고민하던 중 새로 5학년이 된 우리 반 친구들에게 물어보았다.

"작년에 배운 내용 중에서 기억나는 것 있니?"

"배운 것 중에는 기억에 남는 게 별로 없어요. 선생님과 활동했던 것과 실험했던 것 그리고 친구들과 놀았던 것 정도예요."

아이들의 기억 속에 잠시 머물다 사라질 시험을 보기 위한 지식들은 더 이상 가치 없다는 것을 보여주는 단면이다.

필자의 조카 중에 제법 영특한 아이가 있다. 그 애는 네 살 때 구구단을 외웠다. 아이에게 구구단이 무슨 뜻인지 아니? 하고 물어보니 질문 자체를 이해하지 못했다. 부모에게 물어보니 그냥 주위 형들이 하는 것을 보면서 동요를 부르고 외우듯 했다는 것이다. 그 후 여섯 살이 된 조카에게 구구단을 물어보니 더 이상 기억하고 있지 않았다. 즉 그 아이는 소리만 기억했다가 주변에 들리지 않자 기억나지 않은 동요처럼 잊어버린 것이다. 그래서 아이의 성장에 맞는 공부가 필요하다. 이제는 더 이상 잠시 스쳐 지나갈 단기 기억에서 벗어나 자신의 발달 단계에 맞는 '생각 만들기'를 해야 하는 이유가 여기에 있다.

아이의 생각이 깊어지고 넓어지면서 성장하는 것이 진정한 공부다. 최근에 논술과 구술 면접시험이 확대되고 있는 것도 이러한 방증이다. 하지만 안타깝게도 대학에 들어가기 위한 수학 능력 시험은 아직 그대로인 게 아쉽다. 그러나 프랑스의 대입 논술 시험인 바칼로레아, 독일의 구술시험 등 세계적인 추세를 보면 우리나라도 조만간 변화가 오리라고 기대한다.

이제는 부모로서의 변화를 해야 할 시기다. 인생의 선배로서 진정한 공부가 무엇이고, 무엇을 알고 있는가를 확인하는 것이 가장 중요하다는 점을 누구보다 부모들이 더 잘 알 것이라 판단된다.

학기 말 통지표 이해하기

　방학하는 날의 즐거움도 잠시, 집에 갈 때 마음 무겁게 하던 통지표가 생각난다. 내 통지표에 수는 몇 개, 우는 몇 개, 미는 몇 개……. 그것이 그날 우리 집 분위기를 좌우하기도 했다. 그런데 요즘의 평가 통지표는 부모 세대와 많이 다르다. 과목마다 5단계 척도인 '수, 우, 미, 양, 가'로 표시하던 것이 사라진 지 오래고 아이의 성적이 글로 서술되어 있다. 또 평가가 다양화되면서 학교마다, 때론 반마다 조금씩 다른 통지표가 가정으로 배부되고 있다.

　달라진 통지표에 대해, 교사의 설명이 적힌 평가 통지표에 대해 알아보자. 좋은 취지, 변화를 시도하는 평가의 결과물이 통지표에 기록되어 있기 때문이다.

　학교에서 배부하는 통지표는 NEIS(교육 행정 정보 시스템)에서 출력한 통지표 양식이다. 물론 이것 또한 학교마다 통지표를 이루는 요소들을 선택 유무에 따라 약간의 차이는 보일 수 있지만 대체적으로 앞의 양식이 표준안이 될 수 있다.

　①번은 교과 평가 영역으로 한 학기 동안 배운 교과의 성취 수준을 보여주는 칸이다. 수행 평가 결과를 종합적으로 평가하여 입력한다.

　②번은 수행 평가 및 지필 평가 결과를 가지고 종합적인 평가를 서술하여 기록하는 곳이다. 이미 설명한 대로 지필 평가는 주로 인지적 능력을 측정하고, 수행 평가는 지식을 활용한 기능적인 능력을 평가하는데 이를 종합적으로 평가한 것으로 이해하면 된다.

③번은 창의적 체험 활동 상황을 입력하는 곳인데 2009 개정 교육과정부터 도입되었다. 크게 자율 활동, 동아리 활동, 봉사 활동, 진로 활동 네 영역으로 이뤄져 있는데, 1~2학년군의 경우 총 272시간, 3~4학년군은 204시간, 5~6학년군은 204시간이다. 2009 개정 교육과정의 특징 중 하나가 학년군의 도입인데, 사실 학교 현장에서는 시간 수에 관해서는 아직은 학년군 시스템이라기보다는 과거처럼 학년제 운영으로 3, 4, 5, 6학년이 각 102시간의 창의적 체험 활동 시간을 운영하고 있다.

④번은 한 학기를 보내며 학습, 인성, 행동, 교우 관계 등에 대한 포괄적인 내용을 기록하는 칸이다. 많은 학부모들이 관심을 보이는 부분이기도 하다.

나머지 부분은 쉽게 이해될 부분이라 언급하지 않겠다. 이처럼 학생 한 명 한 명의 학교생활 기록이 종합적으로 담겨 가정으로 통지되고 있다.

현행 초등학교 생활통지표 양식

생활통지표

2015년도 1학기

⇨ 기본 학적 사항

| 학년 | 3 | 반 | * | 번호 | ** | 성명 | 이** | 담임명 | 김** |

⇨ 교과 평가 (①)

교과	영역	평가 내용	평가
국어	듣기·말하기	알맞은 절차와 방법으로 토의를 할 수 있고, 매체를 통해 의견을 말할 수 있다.	매우 잘함
	읽기	낱말의 의미를 짐작할 수 있고, 내용을 추론하며 글을 읽을 수 있다.	매우 잘함

국어	쓰기	토의의 결과를 글로 나타낼 수 있고, 쓰기의 과정을 거쳐 자신의 생각이 잘 드러나게 글을 쓸 수 있다.	잘함
	문법	상황에 알맞은 낱말을 쓸 수 있고, 문장 성분 사이의 호응 관계를 고려할 수 있다.	보통
수학		(생략)	

⇨ 학기 말 종합 의견 (②)

교과	학기 말 종합 의견
국어	토의를 하거나 글을 읽을 때에 생각이 아주 논리적입니다. 그러나 문법과 같은 개념을 이해하거나 지식을 암기하는 영역은 소극적인 경향이 있습니다.
수학	(생략)

⇨ 출결 상황

수업 일수	결석일수			지각			조퇴			결과			특기 사항
	질병	무단	기타	질병	무단	기타	질병	무단	기타	질병	무단	기타	
97	·			·	·	·	·	·	·	·	·	·	

⇨ 창의적 체험 활동 상황 (③)

창의적 체험 활동 상황		
영역	시간	특기 사항
자율 활동	72	STEAM 교육 활동에서 물로켓 만들기 등 과학 창의성 대회에 관심을 가지고 참여함
동아리 활동	37	

⇨ 봉사 활동 상황

봉사활동 실적				
일자 또는 기간	장소 또는 주관 기관 명	활동 내용	시간	시간 누계
2015. 3. 3	서울○○초등학교	봉사의 의의를 이해하고 실천 계획	1	1

⇨ 행동 특성 및 종합 의견 (④)

행동 특성 및 종합 의견
(책임감) 1학기 학급 회장으로 리더쉽이 강해 모든 일을 창의적으로 계획하고~.

○○초등학교

반   번호   이름

아이의 성장을 한눈에! 성장 참조형 통지표

학기 말, 학교에서 가정으로 전달되는 통지표(네이스 출력)와 달리 분기마다 학생의 성장을 보여주기 위해 한 학기에 두 번 정도 가정으로 '성장 참조형 통지표'를 통지한다. 이 성장 참조형 통지표는 학교마다 나름의 성적을 기록하는 틀을 가지고 학기 초에 세운 학급 평가 계획에 따라서 과목별로(국어, 수학, 사회, 과학, 음악, 미술, 체육, 실과) 실시한 결과를 한눈에 볼 수 있도록 표시하고 있다. 옆에서 보는 통지표는 경기도의 모 초등학교 통지표다. 이 학교는 학생의 평가 결과를 4단계(매우 잘함, 잘함, 보통, 노력 요함)로 성취 수준을 나타내고 있다.

이 통지 방법처럼 단순한 결과만을 표시해 놓은 통지표 뿐 아니라 담임교사들이 각 교과의 성취 수준에 대해 문장으로 써서 제시하는 경우도 있다. 어느 학교 경우에는 학생들을 이해시키는 것이 더욱 중요하다 판단하여 통지표 양식보다는 학생들의 평가지 위에 직접 첨삭을 표시해 그것으로 통지표로 대신해 배부하는 경우도 있다. 이런 경우 별도의 통지표를 배부하지 않는다.

학생의 평가 결과와 함께 학생의 생활 전반을 함께 제시하는 예도 있다. 학생의 성취 수준과 학기 말 종합 의견을 교사가 작성하고, 통지표 뒷장에는 '학습태도 및 학교생활 되돌아보기' 파트를 통하여 학생들이 학교에서의 생활에 대하여 자기 평가를 할 수 있도록 공간을 마련한 학교도 있다. 분기별로 통지표를 배부하는 학교에서는 1차 자기 평가와 2차 자기 평가를 함께 표시하여 학생 스스로 학교 생활의 변화를 돌아볼 수 있는 교육적 의도를 포함하고 있다. 고학년의 경우에는 항목을 정해 체크하지 않고 자유기술식으로 제시하기도 한다.

보통의 평가 결과에 대한 진술은 교사의 몫이었으나 최근엔 자기 평가로서 학생들 스스로 자신의 부족함 점을 발견하고 이를 보완하려는 교육의 움직임이 보이고 있다.

이처럼 가정에 배부되는 평가통지표는 학교나 학년마다 약간의 차이가 있을 수 있지만 학생에 꼭 필요한 기본 정보인 각 과목에 대한 성취기준, 평가 유형, 평가 방법, 평가 시기, 평가 결과(성취 수준) 등을 기본적으로 제공하여 학부모 및 학생에게 도움을 주고자 한다.

학교에서 제시하는 통지양식은 학교에 따라 다양한 형태로 제시되고 있다. 그러나 형식보다는 그 속에 담고 있는 의미를 찾는 것이 역시 더 중요하다.

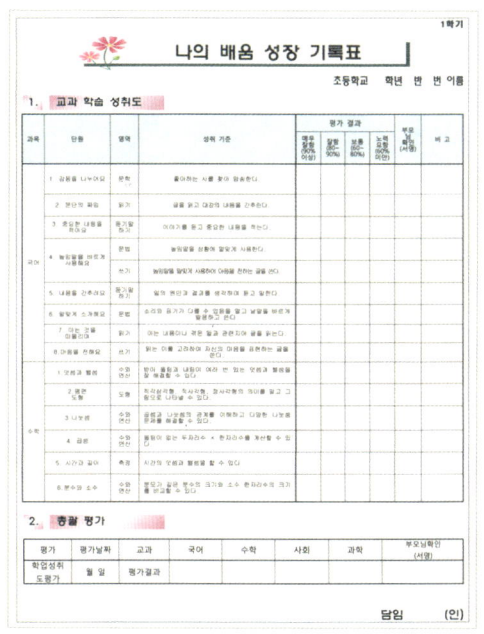

성장 참조형 통지표(예시)

가정통지표 (1차)

○○초등학교 5학년 ( )반 ( )번 이름 ( )

1 나의 배움 모습 알아보기

성취 수준 : 매우 잘함 / 잘함 / 보통 / 노력 요함 / 부진

교과	단원	영역	성취 기준	유형	성취 수준
국어	3. 상황에 알맞은 낱말	문법	– 다의어와 동음이의어의 의미가 상황에 따라 달라짐을 이해하고 효과적으로 표현할 수 있다.	지필	
	5. 대상의 특성을 살려	쓰기	– 대상의 특징에 알맞은 설명 방법을 찾을 수 있다.	수행	
수학	1. 약수와 배수	수와 연산	– 약수의 의미를 알고 구할 수 있다. – 공약수, 최대공약수의 의미를 알고 구할 수 있다. – 배수의 의미를 알고 구할 수 있다. – 공배수, 최소공배수의 의미를 알고 구할 수 있다.	지필	
	2. 직육면체	도형	– 직육면체의 여러 성질을 이해하고 전개도를 그릴 수 있다.	수행	
	3. 약분과 통분	수와 연산	– 분수를 약분할 수 있다. – 분수를 통분할 수 있다. – 분모가 다른 분수의 크기를 비교할 수 있다.	지필	
사회	3. 우리 경제의 성장과 발전	일반 사회	– 다양한 경제 활동의 사례를 통해 우리 경제의 주요 특징이 자유에 있음을 이해할 수 있다. – 우리나라가 국제 거래를 통해 다른 나라와 경제적으로 상호 의존하면서 서로 경쟁하는 관계에 있음을 이해할 수 있다.	지필	
	3. 우리 경제의 성장과 발전	일반 사회	– 여러 가지 경제 정보 자료(예: 통계, 사진, 각종 지표 등)를 통해 우리 경제의 성장 과정과 그 특징을 파악할 수 있다.	수행	
과학	1. 온도와 열	운동과 에너지	– 온도가 다른 두 물질이 접촉하였을 때 열은 높은 곳에서 낮은 곳으로 이동하여 시간이 지나면 두 물체의 온도가 같아짐을 설명할 수 있다.	수행	
	1. 온도와 열	운동과 에너지	– 주위에서 온도가 변하는 물체를 관찰하여 열이 이동하는 예를 설명할 수 있다.	지필	
영어	1. I'm from Canada	듣기	– 출신지를 묻고 답하는 말을 듣고 이해할 수 있다.	수행	
	2. What Are Those?	읽기	– 여러 개의 사물이 무엇인지 묻고 답하는 문장과 파티 장면을 설명하는 글을 읽고 이해할 수 있다.	지필	

2 학습 태도 및 학교생활

영역	내용	자기 평가				
		매우 잘함	잘함	보통	노력 요함	부진
학습 태도	교과서와 준비물을 잘 갖춥니다.					
	과제 처리를 제때 잘합니다.					
	공책 정리를 바르고 보기 쉽게 잘합니다.					
	선생님과 친구들의 말을 주의 깊게 듣습니다.					
	친구들과 협력하여 학습 활동을 합니다.					
	주어진 시간 내에 학습 활동을 합니다.					
생활 태도	자기 주변을 깨끗하게 정리정돈합니다.					
	학급에서 맡은 일을 책임 있게 잘합니다.					
	식사 습관과 예절이 바릅니다.					
	교통질서와 학교생활 규칙을 잘 지킵니다.					
	인사를 잘하고 예의 바르게 행동합니다.					
	욕을 하지 않고 고운 말씨를 씁니다.					
	어려움에 처한 친구를 잘 도와줍니다.					
자기 반성 및 계획						

• 가정에서 학교로   5학년 (   )반 (   )번 이름

※ 평가 결과 통지를 통해 생각하신 점이나 평소 학교에서 학급 운영에 의견이 있으시면 적어주세요.

학부모명 :   (인)

⑧ 거·지·발(거수, 지명, 발표)
자기 생각 만들기는 매우 중요합니다

다양한 형태의 수업 변화

교사 : 오늘은 임진왜란에 대해 알아보겠습니다. 임진왜란 하면 떠오르는 인물은 누구인가요?

학생 : (손을 든다.)

교사 : ○○이가 발표해볼까요?

○○ : 이순신입니다. 왜냐하면 왜군로부터 조선을 지킨 훌륭한 장군이기 때문입니다.

교사 : 참 잘했어요.

교사 : 이순신이 임진왜란 때 세운 업적은 무엇일까요?

학생 : 저요. 저요.(손을 든다.)

교사 : △△이.

△△ : 거북선을 만들어 왜군을 물리쳤습니다.

교사 : 네 △△이 참 잘했어요.

부모 세대는 위 장면을 읽으면서 어릴 적 수업을 듣던 장면이 떠오를 것이다. 선생님이 질문하면 아이들이 발표하기 위해 손을 들고, 선생님이 지목한 아이가 일어나 발표하는 형태로 대부분의 수업이 진행되었다. 선생님의 지명을 받지 못했을 때 아쉬워하면서 '다음엔 꼭 발표해야지!' 하고 다짐하는 아이라면 공부를 잘하는 편에 속하는 아이다. 그러나 손도 들지 않고 질문도 하지 않으면서, 하루 종일 책상에 앉아 시간이 가기를 기다리는 아이들의 모습도 떠오른다. 이런 수업을 '거·지·발(거수, 지명, 발표) 수업'이라고 한다.

이런 수업 형태가 학교가 생긴 이후 2010년까지 교실에서 가장 흔하게 볼 수 있던 장면이다.

교사 : 오늘은 임진왜란에 대해 알아보겠습니다. 임진왜란 하면 떠오르는 인물과 업적에 대해 모둠별로 논의해보도록 해요.

학생 : (모둠별로 서로 이야기 나눈다.)

교사 : 모둠별로 이야기해보았나요? 그럼 배움 노트에 친구들끼리 나눈 이야기들을 정리해보고 정리한 내용을 돌아가며 함께 나눠보도록 할게요.

학생 : (모둠별로 정리를 하고 돌아가며 정리한 내용을 이야기하고

생각을 공유한다.)

교사 : 자, 그럼 모둠에서 발표할 친구 한 명을 선정하여 발표해보고 전체적으로 듣는 시간을 가져보겠습니다.

똑같은 질문에 대해 서로 자기가 하겠다고 손을 들기 전에 아이들이 충분히 자기 생각을 만들도록 유도한다. 또한 주위의 친구가 경쟁자가 아니라 서로의 생각을 확인하고 서로 도와주는 협력자로 변해 있다. 교사의 질문에 탁구 게임을 하듯 주고받는 것이 아니라 자기 생각을 만들고, 그렇게 만든 생각을 모둠원들과 공유하면서 보다 풍성하게 수업이 진행되고 있다.

이렇게 수업이 변하게 된 이유는 무엇일까?

그토록 오랫동안 고수해왔던 '거·지·발 수업'이 한순간에 사라지게 된 가장 결정적인 이유는 바로 평가의 변화 때문이다. 그만큼 평가의 영향력이 크다는 것이다. 과거의 수업이 오지선다형에 맞는 수업 형태라면, 현재의 수업은 요즘의 대세인 논술형 평가에 어울리는 수업이라고 할 수 있다.

어릴 적부터 자기 생각을 가진다는 것은 그 아이의 삶을 스스로 만들어갈 수 있는 작은 힘을 가지게 되는 것이다. 한 번도 그런 경험 없이 어른이 된 아이와는 엄청난 삶의 에너지 차이가 있음을 알 수 있다. 이런 변화 속에 아직도 과거 교육 방법을 고수하면서 아이들에게 강요하는 것이 과연 옳은 방법인지 고민해보기 바란다.

1980년도 학부모가 다녔던 교실을 떠올려보자. 선생님이 칠판에 판서하면 학생들은 그 판서를 열심히 받아쓴다. 선생님이 설명을 하고 학생들은 열심히 듣고 있다. 교실에서 선생님의 설명을 듣지 않는 아이들은 없다. 이렇게 열심히 공부했는데 그 결과는 어땠을까?

현재 우리 아이들이 다니는 교실이다. 칠판에 선생님이 쓴 글씨는 학습 목표와 활동 내용뿐이다. 그런데 학생들은 친구들과 열심히 이야기를 나누고 있다. 선생님이 가끔 학생들의 질문에 답변하고, 친구들끼리 서로의 의견을 나누고 있다. 어떤 차이를 느낄 수 있을까.

옛날 우리 선생님은 열심히 가르쳐주었는데, 우리 아이의 선생님은 편안해 보일까? 현재 우리 아이들에게 필요한 것은 머릿속에 넣어야 할 지식이 아니라 생활 속의 다양한 문제들을 해결하기 위해 친구들과 토의를 거쳐 자기 생각을 확장하는 것이다.

과거의 칠판에 나열된 지식들, 많고 많은 단순 지식들은 이제 인터넷에서 쉽게 찾을 수 있다. 그런 지식을 머릿속에 넣을 게 아니라 이런 자료를 가지고 남들이 하지 않는 새로운 생각, 즉 창의적인 생각을 가진 학생을 키우는 교실로 변하고 있다.

학생, 교사, 학부모가 모두 원하는 배움 중심 수업

학부모 총회 때 가면 가장 먼저 듣는 것이 수업의 변화에 대한 설명이다. 아이들을 위한 수업, 아이들이 먼저인 수업을 하겠다고 설명하는 것이 배움 중심 수업이다.

한데 배움 중심 수업을 학교에서 새롭게 진행되는 수업이라고 오해하는 경우가 많다. 그 이유는 일본의 사토 마나부 교수가 이야기한 '배움의 공동체'에서 주장하는 수업 방법과 동일한 시기에 도입되면서 배움의 공동체 수업 방법을 말한다는 오해를 불러일으켰기 때문이다.

현재 학교에서 말하는 배움 중심 수업은 수업 방법이 아니라 수업을 하는 이유와 목적이 학생들의 배움을 일으키는 것을 목적으로 하는 일종의 수업 철학을 의미한다.

배움 중심 수업과 기존 수업은 어떤 차이가 있을까?

기존의 수업 방법이 선생님이 교과서를 중심으로 교육 내용을 중심으로 잘 가르치는 것만 강조했다면, 배움 중심 수업은 잘 가르치는 것도 좋지만 그것을 받아들이는 '학생들이 잘 배워야 한다는 데 더 중점을 두는 수업'이다.

과거의 선생님이 엄청난 지적 능력과 수업을 이끌어가는 방법에 중점을 두었다면, 배움 중심 수업에서의 선생님은 아이들이 스스로 생각을 만들게 하고 서로 나누면서, 자기 생각을 확고하게 하도록 도와주는 것이다.

기존 수업	배움 중심 수업
교사가 교과서의 내용 중에서 지식과 기능을 중심으로 암기 위주로 가르치며, 교사 주도로 이끌어가는 수업 방법	교사가 아이들의 환경을 고려하여 아이들에게 맞게끔 계획을 수립하여 학생과 학생 간, 선생님과 학생 간의 생각을 만들고 나누는 수업 방법

과거의 수업에서는 아이들이 선생님의 생각을 열심히 받아 적고, 외워서 시험을 잘 보는 것을 목표로 한다면, 배움 중심 수업에선 아이들이

선생님과 서로 의견을 공유하고, 친구들과의 생각 나눔을 통해 보다 좋은 자기 생각을 만드는 것을 목표로 한다.

서로 다른 두 교육 방법을 추구하는 교실을 선택할 수 있다면 부모들은 아이가 어떤 교실에서 배우길 바랄까? 필자는 당연히 자기 생각을 만드는 교실로 우리 아이가 들어가길 바라고 있다.

바른 배움을 위한 교육과정 재구성

학기 초가 되면 학교에서 여러 가지 안내장이 가정으로 배부된다. 그 중에는 과거에 볼 수 없었던 학년 교육 활동이 있다. 그 내용을 살펴보면 우리 학년의 핵심 가치와 이를 실현하기 위해 교육과정 재구성을 실시하여 과목과 과목을 통합하고, 여러 가지 체험 학습과 연계하여 통합적인 교육을 실시한다는 것이다. 일명 주제 통합 교육과정을 실현한다는 내용이다.

앞에서 언급했듯이 교과서를 가르치는 것은 당연한 것이 아니다. 그런데 각 교과 간의 통합을 한다는 말이 약간 생소할 수 있다.

학교에서는 교과 10과목(국어, 도덕, 사회, 수학, 과학, 실과, 체육, 음악, 미술, 영어)과 창의적 체험 활동으로 나누어 과목이 편성되었다. 그리고 이 과목 간에 가르쳐야 할 내용이 중복되거나 함께 가르쳤을 때 이해하기 쉬울 것 같은 내용을 선택하여 과목을 통합하여 가르치는 것을 주제 통합이라고 한다.

또한 교육과정 재구성이라는 말 속에는 주제 통합 외에 교과 내에서 학생들의 학습 상황과 환경을 고려하고 수업 시간을 확대하거나 축소하는 것도 포함되어 있다.

교육과정 재구성은 단순히 내용만을 통합하여 가르치는 데 그치지 않고, 평가와 연결하여 하나의 평가로 여러 과목의 평가를 대체할 수 있다. 같은 주제이기 때문에 평가가 가능하다는 이야기다.

예를 들면 "우리나라의 환경 문제에 대해 친구들과 토의하고, 효과적인 방법에 대해 글로 나타내시오"라는 문제 하나로 국어과의 토의와 쓰기 평가가 이루어지고, 사회과의 환경 문제에 대한 인식에 대한 평가, 그리고 도덕에서 환경 보호와 관련된 평가를 동시에 할 수 있다.

외국의 경우에는 교과서 자체가 없고 교육 목표만 제시하는 경우가 있어서 교사가 직접 주제를 선정하여 학생들과 활동을 통해 배울 수 있도록 교육과정을 설계하여 학생 교육에 도움을 주고 있지만, 우리나라에는 '교과서'라는 벽이 있어서 교사가 다시 한 번 교과서 외에 재구성해야 하는 번거로움이 있다. 또한 교과 간의 교사가 다른 중학교에서는 시행하기 어렵다.

그럼에도 불구하고 현재 학교에서 교육과정 재구성을 장려하고, 교사가 적극적으로 실시하는 이유는 아이들에게 보다 좋은 교육을 실시하기 위해서라고 생각하면 될 것 같다.

교과서는 표준화된 것으로 우리 지역에 맞지 않는 환경을 아이들에게 강요하면서 가르치고 있다. 도시 아이들은 도시 문제로 해결점을 찾고, 농촌 아이들은 농촌 환경에 맞는 이야기를 찾을 때 진정한 배움이 일어날 수 있다. 학교에서 실시하는 교육과정 재구성의 참뜻이 아이에게 가장 적합한 교육 환경을 제공하기 위해서라는 것을 알았으면 한다.

아이들의 생각을 깨우는 프로젝트 수업

　교육과정 재구성을 하면서 가장 많이 실시하는 수업 형태가 프로젝트 수업이다. 프로젝트는 일반 회사에서 새로운 사업명을 쓸 때 주로 쓰던 말인데, 학교 현장에서도 수업의 한 형태로 자리 잡았다.

　프로젝트 수업은 교육 목표를 달성하기 위해 아이들이 스스로 공부할 계획을 세우고 배움을 실천하는 방법이다. 아이들 스스로 프로젝트를 해결하기 위해 필요한 지식들을 찾아보고, 체험해보고, 실천한 후에 그 결과를 발표회를 통해 공유하는 것으로 마무리되는 수업 방법이다.

　수업의 주체가 교사에서 학생으로 넘어가고, 교사는 학생들이 올바른 배움을 설계하기 위한 나침반 역할을 해주는 조력자가 된다. 수업 장소도 교실에서 벗어나 하천이나 산, 우리 집, 주변의 다양한 환경이 될 수 있다. 도움을 주는 주체 역시 교사를 포함하여 주변의 모든 사람들이 되는 수업이다.

　이런 프로젝트 수업이 널리 확산되는 이유는 각 과목마다 제시하는 성취 수준들이 중복된 것이 있고, 이를 연계하여 지도했을 때 학생들이 쉽게 이해할 수 있는 부분들이 있기 때문이다. 이런 성취 기준의 내용들을 하나의 주제로 묶어 프로젝트 수업으로 운영하면 배우는 학생들이 보다 쉽게 원하는 학습 목표를 달성할 수 있다.

다음 예는 경기도 모 초등학교 5학년의 프로젝트 수업 과정이다. 인권에 대해 지식적인 부분을 배우고, 이를 실천하기 위한 계획을 수립하여 다른 학생들에게 캠페인을 벌이는 것으로 진행되었다. 단순히 교실 안에서 책으로만 배울 내용을 몸소 체험함으로써 교육 효과가 엄청나다는 것이 프로젝트를 운영한 교사나 수업을 배운 학생들에게서 공통으로 나오는 이야기다.

주제	소중하게 보호받아야 할 인권
세부 지도 내용	- 인권 존중의 의미 - 인권 침해 및 대처 - 생활 속 인권 존중 - 다문화
관련 교과	국어, 도덕, 사회, 미술

활동 내용	시간	학생 과제
인권에 대한 수업	2	- 공정 무역의 의미 조사 - 이크발 마시 읽어오기
역할 놀이 및 토의 학습	3	- 세계인권선언문 조사
우리 반 인권 선언문 만들기	1	
생활 속의 인권 보호를 위한 캠페인 활동 준비하기 - 광고 만들기 - 노랫말 만들기 - 포스터 만들기	3	
인권 문화 확산을 위한 캠페인 활동 (등교 시간에 교문에서 진행)		- 캠페인 홍보물

프로젝트 수업 계획

아이들의 기억력을 깨우는 토의·토론 학습법

어릴 적 선생님의 열정적인 목소리를 들으면서 열심히 공책을 적던 시절에는 선생님 말씀 잘 듣고, 공책에 정리하여 머릿속에 차곡차곡 쌓아두는 것이 제일이라고 생각했다.

그런데 최근의 미국 교육연구소의 연구 결과에 의하면, 이런 공부는 24시간 후에 5% 정도만 머릿속에 남는다고 한다. 물론 중간에 복습을 하지 않았다는 전제하의 결과다. 어떤 방법이 좋을지 살펴보았는데 친구들과 토의하고 토론했을 때 50%의 효율이 있다고 한다. 선생님의 설명보다 무려 열 배나 더 많이 기억한다는 것이다. 이런 결과들이 학교의 수업을 바꾸고 있다.

그렇다고 교사의 설명이 도움이 안 된다는 것은 아니다. 교사의 기본적인 개념에 대한 설명을 듣고, 이를 토대로 학생들이 학습 주제와 관련된 내용에 대해 다양한 토의와 토론을 전개하는 수업이 이루어지고 있다. 특히 고학년의 경우에는 토론 수업이 교과에서 많이 진행된다.

토론 수업은 먼저 찬성과 반대로 갈릴 수 있는 주제를 선정한다. 그 다음에는 학생들의 희망에 따라 찬성 측과 반대 측으로 나누고, 이때 사회자와 판정인을 선정한다. 양측에서 토론의 규칙에 따라 토론이 진행되고 양측의 최종 발언이 끝난 후 판정인이 토론을 보고 느낀 점을 장점 위주로 설명하고 나서, 양측의 준비 사항과 발언 내용 그리고 토론의 규칙 준수 등을 참고하여 승자를 가리는 수업이다. 물론 수업이나 평가에서 토론의 승패를 따져서 학생들의 토론 능력을 평가하는 것은 아니다. 학생들이 토론 규칙에 대한 이해와 주제에 대한 이해도, 상대방을 배려하면서 토론에 참여하는가를 중심으로 평가가 이루어지고 있으니 토론의 승패에 관심을 둘 필요는 없다.

다음의 토론 주제를 가지고 가정에서 역할을 나누어 찬반 토론을 해 보면 아이들의 토론 능력과 비판적 사고 능력을 향상하는 데 좋은 도움이 될 것이다.

토론 주제
- 학교에서 스마트폰을 사용해도 되는가?
- 우유에 초코 가루를 타 먹어도 되는가?
- 심청이는 효녀인가?
- 선의의 거짓말은 해도 되는가?
- 어떠한 경우에도 체벌은 안 되는가?
- 급식에서 잔반을 남겨도 되는가?
- 불량 식품은 먹어도 되는가?
- 남한과 북한은 통일해야 하는가?

⑨ 학부모가 교사를 평가하는 제도, 혹시 알고 계십니까?

교원 능력 개발 평가란?

학부모들 사이에서 이루어지는 교사에 대한 평가는 선생님이 학교에 발령 온 뒤 1년이 지나면 완성된다고 한다. 아파트에 둘러싸여 있는 학교라면 선생님의 대한 평가는 더 빨리 퍼진다. 흔히 이야기하는 평판이고, 좀처럼 바뀌기 힘든 평가 결과다.

이러한 평판이 비공식적 평가라면 공식적인 평가는 학교에서 이루어진다. 2010년부터는 학생이 교사를 평가하는 시대가 되었다. 대학에서 등장한 강의 평가가 초등학교 교실에도 내려온 것이다. 선생님의 가르치는 방식, 수업 준비, 학급 경영과 상담, 진로 지도 등 교사의 다양한 활동을 학생들이 평가한다. 1~3학년은 아직 판단 능력이 부족하기 때문에 제외하고, 4학년 이상의 전국 모든 학생들이 자신을 가르치는 선생님을 평가하는 것이다. 이것이 교원 능력 개발 평가다.

이름에서 알 수 있듯이 교원의 능력을 개발시켜주는 평가인데 실제로는 학생의 입장에서 교사를 평가하는 것이다. 이런 평가가 제대로 되려면 평가자인 학생이 공정하게 평가에 임해야 하는데 아직 미성숙한 아이들이 평소의 감정으로 평가하는 경우가 많다.

평가는 학생에서만 그치는 것이 아니라 학부모도 교사에 대한 평가자가 된다. 그런데 학부모는 무엇을 근거로 선생님을 평가할 수 있을까? 부모는 그동안의 평판이나 아이의 말을 평가의 근거로 삼을 수도 있다. 거기에 1년에 한 번 있는 학부모 공개수업을 통해 평가의 근거를 찾아야 한다는 것은 평가자에게는 굉장히 곤란한 일이다.

그럼 이런 평가 결과가 가르치는 이에게는 어떤 의미를 부여할까?

2010년부터 본격적으로 시작된 교원 능력 개발 평가는 학생과 학부모로부터 받은 평가 점수에 따라 연수를 통해 교원의 능력을 개발한다는 것이 주 내용이다. 학부모와 학생의 점수가 5점 만점에 2점 이하면 연수 대상으로 선정된다. 그렇다면 현재 얼마나 많은 선생님들이 평가 대상이 되었을까? 그동안의 사회 분위기라면 적어도 10% 이상은 받아서 역량을 강화해야 할 것 같지만 실제는 1% 미만의 교사들이 연수를 받고 있다. 또 더욱더 놀라운 것은 사람이 없어 학교에서 할당받아 연수를 받는 경우도 있었다.

부모들은 이 같은 교원 능력 개발 평가에 대해 어떻게 생각하고 있을까? 과연 우리 아이들을 위해 선생님의 역량을 높일 수 있다고 생각할까? 학교에서 일어나는 교원 능력 개발 평가 속으로 들어가보겠다.

아직 평가에 대해 서툰 4학년 학생들과 지난해 한 번 경험한 5학년, 이제 제법 익숙한 6학년 아이들은 어떤 생각으로 평가에 임할까? 평소 선생님과 나의 관계 및 감정을 바탕으로 평가가 이루어진다는 이야기가 여기저기서 들려오고 있다. 또 평가 주간이 되면 선생님이 착해지고, 아이들을 혼내지도 않고, 아이들이 좋아하는 활동들을 많이 시켜준다고 한다. 아마도 교원 능력 개발 평가에서 변한 건 평가 주간이 전부일 수 있다.

이런 상황들로 인하여 초등학생의 교사 만족도 조사 결과에 대한 신뢰성의 문제가 발생하였고, 이런 문제를 개선하기 위해 교육부에서는 교원 능력 개발 평가에 대한 대대적인 개선 방안을 마련하게 되었다. 그 결과 2016년 교원 능력 개발 평가에서는 학생의 평가 결과를 담당 교사의 자기 성찰을 위한 자료로 활용되는 걸로 바뀌었고, 교사의 능력 향상 연수 대상자 지명에는 활용하지 않게 되었다.

학생들의 평가는 대부분 학교 컴퓨터실에서 이루어진다. 물론 담임 선생님과 함께 가면 안 되기 때문에 교과 전담(교담) 선생님이나 옆 반 선생님이 컴퓨터실로 데리고 가서 평가를 실시하며 결석생을 제외한 100% 학생들이 참여하고 있다. 그런데 부모들은 가정에서 컴퓨터로 참여하기 때문에 참여율이 많이 저조하다. 참여율을 좀 더 높이기 위해 종이에 평가해서 학교에 제출할 수 있는 제도를 마련했다. 그래도 참여율은 여전히 저조하다. 필자의 교실을 예로 들면 2013년도엔 28명 중 6명의 학부모가, 2014년도에는 28명 중 16명의 학부모가 참여했다. 이런 참여도로 선생님을 평가한다는 제도 자체가 어이없다.

교사에 대한 학부모의 평가는 당연한 권리다. 하지만 다수가 참여하여 제대로 된 평가를 해야 한다. 학부모의 적극적인 참여가 교육을 바꿀 수 있다.

교원 능력 개발 평가 문항은 누가 선정하나?

평가를 실시하기 위해 가장 먼저 해야 할 일은 당연히 문제를 만드는 것이다. 이 문제는 학교마다 조금씩 다르게 구성되어 있다. 학교의 평가관리위원회에서 모든 문항을 선정하는데, 평가관리위원회는 학부모의 50% 이상 참여를 의무화하여 학부모의 의견이 많이 반영되도록 하고 있다.

이런 조건을 만든 것은 평가의 주체가 바로 학부모와 학생이기 때문이다. 그런데 학부모들이 문항을 새롭게 만들기가 어려워 교육지원청에서 제시하는 예시 문항을 참고하여 선정하므로 대부분의 학교가 대동소이한 경우가 많다. 또한 국가에서는 평가위원회의 선정을 다양화하기 위해 학교 운영위원 겸직을 최소화한다는 규정을 만들었으나 실제로는 위원회에 참여할 학부모를 섭외하는 일이 쉽지 않아 학교 운영위원이 선정되는 것이 대부분이다.

학부모를 위한 교원 능력 개발 평가 길라잡이

학교 에서 실시하는 교원 능력 개발 평가에 참여하는 방법은 가정통신문을 통해 학교에서 친절하게 안내하고 있다. 또 지역 교육청의 NEIS 대국민 서비스에 접속하면 된다. 지역을 찾기 어려우면 국가에서 운영하는 NEIS(neis.go.kr)에 접속한 후 지역 교육청을 선택한다. 다음으로 학부모 서비스 / 학부모 만족도 조사를 선택한 후 보호자 정보 조회를 확인하고 자녀 정보 조회를 확인한다. 학교에서도 학부모들의 참여를 쉽게 하기 위해 컴퓨터실을 개방하고 있다. 가정에서 접속할 때는 개인 컴퓨터 환경에 따라 약간 지연되는 경우도 있다.

가정에서 컴퓨터 사용이 불편하거나 번거로울 경우에 대비하여 오프라인으로도 참여할 수 있게 했다. 시험 볼 때 쓰는 OMR 카드를 이용하여 제출하면 된다. 학교에서 오프라인과 온라인을 신청하라는 안내장이 오면 그때 신청한다. 그 이후에는 변경이 불가능하다. 작성한 평가지를 밀봉하여 학교에 제출하며 교사가 걷거나 내용을 볼 수 없도록 관리하고 있다. 평가 자체의 공정성과 익명성을 보호하고 있으므로 안심하고 신청해도 된다.

학부모가 평가해야 할 대상으로는 교장 선생님, 교감 선생님, 담임 선생님, 교담 선생님, 그 외 영양 선생님과 보건 선생님은 무작위로 추출하여 평가하기 때문에 평가에 참여할 때도 있고 그렇지 않을 때도 있다. 문항은 보통 5문항 내외로 제시되어 있으며, 서술형으로 작성할 수 있도록 되어 있다. 서술형 부분은 의무가 아니므로 작성할 내용이 없으면

PLUS TIP

온라인 학부모 만족도 조사 참여 방법

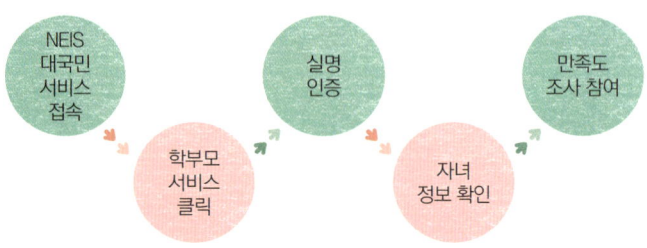

1. 경기도 교육청 대국민 서비스(homedu.goe.go.kr)에 접속하여 학부모 서비스를 선택합니다.
2. 학부모 서비스 화면 오른쪽에 위치한 '교원 능력 개발 평가 학부모 만족도 조사' 배너를 클릭합니다.(2014년 7월 말에 NEIS 대국민 서비스 웹페이지가 개편되었음.)
3. 자녀 정보 확인에서 참여자의 정보와 자녀 정보를 확인합니다.
    - '참여자 구분'란에 부, 모, 기타 보호자 중 선택
    - '성명'란에 학부모 만족도 조사에 참여하는 학부모의 이름 입력
    - '학교 찾기'란에서 자녀의 학교 찾기
    - '학년'란에 자녀의 학년 선택
    - '성명'란에 자녀의 성명 입력
    - '생년월일'란에 자녀의 생년월일 입력
    - '자녀 확인 여부'란에 '자녀 정보 확인 전'이라는 문구가 나타남
    - '자녀 정보 조회'란을 선택하여 자녀와 학부모 매칭
    - '자녀 추가'란에 참여 대상 자녀가 2인 이상일 경우 선택하여 추가 등록함
    - '자녀 확인 여부'란에 '자녀 정보 확인 완료'라는 문구가 나타남
    - '참여하기'란을 선택하여 만족도 조사 화면으로 이동

PLUS TIP

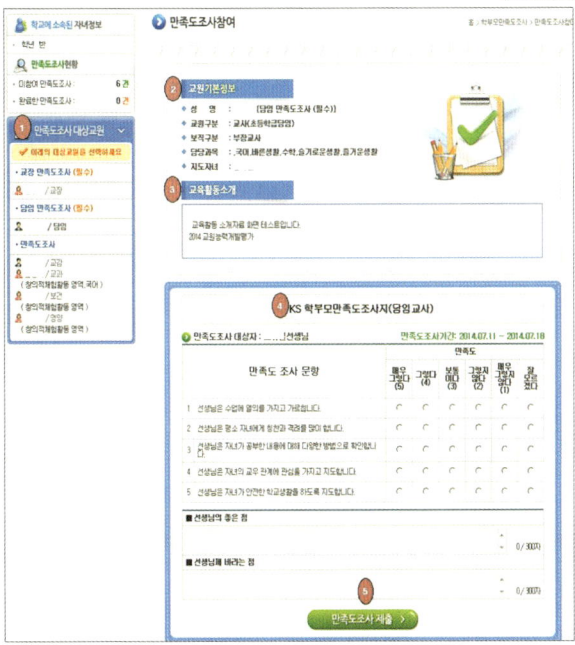

① 만족도 조사 대상 교원 중에 참여하고자 하는 교원을 선택합니다.
② 교원 기본 정보가 나타나면 해당 교원의 정보를 확인합니다.
③ 해당 교원의 교육 활동 소개 자료를 확인합니다.
④ 평가 대상자에 맞는 평가지에 응답합니다.
⑤ 응답이 끝난 후 '만족도 조사 제출' 버튼을 클릭합니다.
같은 방법으로 다른 교원들을 선택한 후 응답하고 저장합니다.

※ 교장과 담임 만족도 조사에 우선적으로 참여해야만 그 외 교사에 대하여 참여가 가능합니다.
※ 만족도 조사의 모든 체크리스트 문항에 응답해야만 저장하여 제출할 수 있으며, 한번 '만족도 조사 제출' 클릭 후에는 수정이 불가능합니다.

쓰지 않아도 된다. 맨 위에 있는 교장 선생님을 평가해야만 아래 단계의 선생님에 대한 평가를 할 수 있다. 그리고 한번 평가에 참여하면 수정할 수 없으므로 신중하게 평가해야 한다.

평가의 등급은 5단계로 배정하고 있다. 5점은 80~100점, 4점은 60~79, 3점은 40~59, 2점은 20~39점, 1점은 10점 이하다. 학부모가 작성한 내용은 비밀이 보장되며, 결과는 전체 5점 만점에 몇 점으로만 해당자에게 전달되므로 평가 결과에 대한 부담 없이 참여하면 된다.

교사가 받아보는 결과표

교사는 교원 능력 개발 평가에서 총 세 개의 결과표를 받아본다. 첫 번째는 동료 교사의 평가표, 두 번째는 학생들의 결과표, 마지막이 학부모 평가표다.

평가 결과는 항목별로 참여 인원과 5점 만점의 점수표를 받게 되고, 맨 끝에는 전체 평균 점수를 볼 수 있다. 여기에 보너스로 학교의 평균 점수도 받는다. 점수를 보면서 선생님은 자신의 평가표를 보고, 앞으로 자신의 역량을 강화하기 위한 자기 계발 계획서를 제출하게 된다.

이처럼 훌륭한 제도가 왜 아직 정착되지 않았을까? 평가에 대한 결과는 점수로 나오는데 꽤 높은 점수대를 형성하는 게 대부분이다. 적어도 4.0 이상은 나온다. 필자의 학교는 지난해 학부모 평균 점수가 4.45였다. 그런데 낮은 점수에는 강제 연수를 시켜 일종의 창피를 주지만 그 이상의 점수에 대해서는 별다른 의미가 없다는 것이 함정이다.

교사에 대한 평가를 했으면 그 결과를 바탕으로 인사 고과나 인센티브가 주어져야 하는데 평가 결과는 여기에 미치지 못하고, 단 하루 기분 좋게 만들고 끝나는 이벤트에 그친다. 그러니 교사들은 점수가 잘 나오면 기분이 좋고, 그렇지 못하면 그 원인을 아이들과 학부모에게 돌리거나 아니면 하루 정도 기분이 상하는 정도로 끝낸다.

부모들의 고생과 학생들이 시간을 들여 평가한 결과가 이렇게 처리된다는 것을 알면 무척 속상할 것 같아 안타깝다.

단계	학생			학부모		
	응답자 수	점수	학교 평균	응답자 수	점수	학교 평균
학습자 특성 및 교과 내용 분석	28	4.6	4.6	16	4.7	4.5
수업의 진행	28	4.8	4.5	16	4.5	4.3
평가 내용 및 방법	28	4.6	4.7	16	4.6	4.5
개인 문제의 파악 및 창의·인성 지도	28	4.7	4.5	16	4.5	4.4
기본 생활 습관 지도	28	4.8	4.7	16	4.7	4.3
계	28	4.7	4.6		4.6	4.4

시험지를 이마에 붙이고 의기양양 돌아오는 아이도 있고,

풀이 죽어 어깨가 축 처진 아이도 있을 것입니다.

잘한 것만 잘했다 하지 않는다면,

점수와 등수만 놓고 평가하지 않는다면,

아이들을 확실히 달라질 수 있을 것입니다.

시험을 보러 학교에 가는 게 아니니까요.

좋은 사람, 행복한 사람이 되는 진짜 공부.

학교와 부모가 협력하면 그 꿈을 이룰 수 있습니다.

PART 3

"오늘은 무얼 배웠어?
재밌었어?"
아이와 부모를
함께 키울 질문입니다

과거의 우리 부모님들은 가족의 생계를 해결하기 위해 가정보다는 회사에 더 집중해야 했던 사회를 살았다. 물론 요즘도 부모들의 엄청난 노력으로 가정의 경제력이 유지되고 있다. 그때는 대가족 중심 사회여서 아이들은 부모보다는 조부모, 삼촌, 형, 누나 등의 도움을 받으며 학교생활을 했다. 지금 우리 아이들이 바쁜 부모를 대신해 도움을 줄 사람이 주변에 있는지 생각해보자.

아이에게 심리적인 변화가 찾아왔을 때 공감해주고, 따뜻하게 이야기해줄 정서적 공유자가 주변에 있을까? 아래 실험은 이런 정서적 공감의 대상자가 얼마나 중요한지를 알려주는 해리 할로(Harry Harlow, 1905~1981)의 가짜 원숭이 실험이다.

1957년 해리 할로라는 심리학자가 새끼 원숭이들을 대상으로 실험했다. 가슴에 우유병을 달고 젖을 주는 '철사 어미'와 젖은 없지만 부드럽고 폭신한 '헝겊 어미' 두 개의 어미를 만들어 새끼 원숭이들의 반응을 살펴보았다. 새끼 원숭이들은 배가 고프면 잠시 철사 어미에게 가서 젖을 먹고, 배가 부르면 곧바로 몸을 비빌 수 있는 천으로 만든 '헝겊 어미'에게로 갔다. 좀 더 자라서 젖을 먹을 때에도 헝겊 어미에게 매달려 철사 어미의 젖을 먹기도 했다. 새끼들은 하루에 17~18시간 동안 헝겊 어미와 붙어 지냈지만 철사 어미와 보내는 시간은 기껏해야 한 시간 미만이었다.

벌을 주는 '나쁜 어미'에게는 어떤 반응을 보이는지 알아보기 위해 헝겊 어미 속에 철제 가시를 박아놓았지만 새끼들은 여전히 그 곁을 떠나지 않았다.

아이들이 진정 필요로 하는 것은 단순히 생존을 위한 먹거리를 해결해주는 것이 아니라 따뜻하고, 때론 부드러운 스킨십이라는 것을 알려주는 실험이다.

같은 시각으로 볼 때, 우리 아이에게 좋은 공부법에 앞서 정서적인 쉼터가 더 절실하다는 생각을 지울 수가 없다. 부모가 정서적인 공감을 포기한 채, 아이를 관리하고 감시하고 확인하면서 철사 부모로 변하게 되고, 그 때문에 아이는 부모 곁을 떠나게 되었는지도 모른다.

제3장에서는 아이와 정서적인 공감을 바탕으로 한 좋은 공부 방법은 어떤 것이 있을까에 대해 함께 공유하고자 한다.

1
마음에도 근육이 있습니다
그것이 단단한 아이가 결국 해냅니다

마음속의 근육을 강화하는 긍정적인 시각 키우기

　세상을 살아가다 보면 늘 좋은 일만 있는 것이 아니다. 때론 힘들고 어려운 일들이 우리 앞에 놓이는 경우도 많다. 어려운 일을 겪을 때 어떤 사람은 '이 일만 지나면 좋은 일이 올 거야'라고 생각하며 극복하고, 또 어떤 사람은 '왜 나한테 이런 일이……'라는 생각을 한다.

　사람들은 어려운 일을 겪으면 그 원인을 자기에게 두거나 주변 환경 또는 타인에게 돌린다. 우리 아이가 시험을 본 후 결과가 나왔을 때 만족스러우면 자기가 열심히 했다고 생각한다. 반대의 결과가 나왔을 때는 어떻게 생각할까? "이번 시험 문제가 이상했어. 선생님이 가르쳐주지 않은 곳에서 나왔어. 감기 때문에 컨디션이 좋지 않았어" 하며 외부 환경에서 결과를 찾을까? 아니면 "공부를 조금만 더 했으면 좋은 결과가 나왔을 텐데 아쉽다"라고 할까?

　부모는 자기 자녀가 어떤 유형의 학생이기를 바랄까? 모든 부모가 결과에 대한 책임을 자신에게 돌리는 아이가 자기 아이였으면 하는 바람을 가질 것이다. 사람들은 누구나 역경을 통해 배우고, 역경이 클수록 성취도 크다는 것을 알고 있다. 그런데 요즘 아이들은 힘들거나 어려운 일보다는 쉽게 모든 결과를 얻을 수 있는 쪽을 선호한다. 그래서 나중에 조금만 어려운 일이 생기면 쉽게 포기하는 경우가 많다.

　어려운 일이 닥쳤을 때 쉽게 극복해내는 능력이 회복 탄력성이다. 사람들은 모두 어려운 일을 겪게 되는데, 그때 좌절하거나 무너지기도 하고, 위기를 기회로 삼아 한 단계 발전하기도 한다. 위기를 극복하고 쉽게 일어서는 사람을 회복 탄력성이 높은 사람이라고 한다.

　미래를 살아갈 우리 아이들에게 가장 필요한 것은 성공 경험보다도 '실패했을 때 어떻게 극복할 수 있을까?' 하는 회복 능력이다. 우리 몸을 건강하게 유지시켜주기 위해 근육이 필요한 것처럼 말이다.

　우리 마음속에도 근육이 있다. 바로 그 근육이 회복 탄력성이다. 회복 탄력성은 우리 몸의 근육처럼 노력하면 얼마든지 단단하고 튼튼하게 만들 수 있다. 회복 탄력성을 높이기 위해 필요한 것은 자기 조절 능력과 대인 관계 능력이다.

　이 두 가지 능력을 높이기 위해 가장 좋은 방법은 긍정적인 생각을 하는 것이다. 부모 세대는 대학 수학 능력 시험을 볼 때 재수 없는 말을 금기시했었다. 그때 나온 유머가 있었다. 공부하다 연필이 땅에 떨어지는 것을 보고 "연필이 땅에 떨어졌네"라고 말하는 친구와 "연필이 땅에 붙었네"라고 말하는 친구의 사고가 흔히 유머로 회자되었다.

긍정적인 생각은 사람의 마음에서 비롯된다. 그것은 어떤 마음가짐을 가지느냐에 따라 결정된다는 말이다. 긍정적인 생각을 가지기 위해서는 감사하는 마음과 운동을 권장하고 있다.

첫 번째는 모든 일에 감사하는 마음이다. 우리의 삶 속에서 감사하는 마음은 자주 들지만, 쉽게 표현하지 못하는 경우가 많다. 가정에서 아이들과 매일 저녁 하루 중 감사할 일에 대해 이야기하는 시간을 가져보면 어떨까. 시간이 지나면서 아이가 바라보는 세상이 모두 감사의 대상이 되는 자연스러운 방법이다. 그러면 당연히 세상을 긍정적인 시각으로 바라볼 수 있다.

두 번째는 규칙적인 운동이다. 운동을 하면 뇌가 튼튼해진다. 운동을 하면 뇌 속의 신경망을 만들어주고, 뇌세포에 영양을 공급한다. 이를 통해 뇌의 지적 능력이 향상된다.

긍정적인 생각을 하게 되면 어려운 일을 겪을 때 이 또한 내가 한 단계 발전하는 계기가 되겠구나 하고 생각한다. 우리 아이에게 성공의 경험과 더불어 실패했을 때 이를 딛고 일어날 수 있는 힘도 함께 길러주는 것이 현명한 부모가 아닐까.

감사하는 연습, 감사 일기 쓰기 3단계

학교에서 아이들과 생활할 때 고맙다고 말하는 경우가 많다. 큰 도움에서부터 아주 사소한 일까지 모든 것이 고마움의 일상이다. "고·미·안 (고맙습니다, 미안합니다, 안녕하세요) 생활을 하자"라는 말이 돌 만큼 일상화되어 있다.

그런 아이들이 가정에서는 어떨까? 부모에게 웃는 얼굴로 고맙다고 이야기할까? 만약 고맙다는 말이 아이에게 일상화되어 있다면 그건 엄청 긍정적인 신호다. 고맙다는 말을 할 때의 얼굴 표정을 보면 미소와 함께 행복감이 묻어나 있다.

그런데 이런 경우가 모든 학생들에게 발견되는 것은 아니다. 어쩌면 찾아보기 어려울 수도 있다. 이런 아이에게 어떻게 하면 감사하는 마음을 가지게 할까, 고민하다가 여기저기 자료를 통해 감사 일기 쓰기 방법을 찾아 실천해보았다.

아이들은 글쓰기를 그리 좋아하지 않아 막연하게 쓰라고 하면 아이와 갈등을 일으킬 수 있다. 따라서 단계적으로 접근할 필요가 있다.

1단계 감사할 일 하루에 1~2가지 쓰기

처음부터 완벽을 요구하는 것은 어렵다. 학교와 가정에서 있었던 일 중에 내가 감사해야 할 것들을 찾게 한다. 처음에는 부모님께 감사합니다, 선생님께 감사합니다, 함께 게임을 한 친구야 고맙다 등 만족스럽지 못한 글쓰기 결과를 얻을 수 있다.

이런 결과에 실망할 필요는 없다. 일주일 동안 이렇게 연습하면 아이들은 스스로 감사할 것을 찾기 위해 학교와 가정 생활을 보다 민감하게 느끼기 시작한다. 그것으로 1단계 목표는 달성된 것.

2단계 육하원칙에 맞게 쓰기

1단계의 감사 일기에서는 모든 내용을 육하원칙에 따라 쓰게 한다. 고학년은 학교에서 육하원칙을 공부했기 때문에 설명하지 않아도 된다. 하지만 저학년인 경우에는 육하원칙을 감사 일기 앞에 붙여 포함되어야 할 내용들을 보고 쓸 수 있게 해야 한다.

육하원칙에 따라 글쓰기가 시작되면 내용이 풍성해지고, 당시 감사하는 상황에 대해 더 세밀한 감정이 생긴다. 2단계 쓰기를 2주일 정도 실시해서 충분히 숙달시킨다. 이때는 감사의 내용에 집중하지 말고, 형식과 상황에 대한 인식을 더 중요하게 생각하는 것이 바람직하다.

3단계 감사한 마음을 상대방에게 표현하고, 표현했던 상황을 쓰기

그동안의 감사 일기가 상황이 끝난 뒤 집에서 하루 일과를 되돌아보며 썼다면 이번 단계에서는 감사한 상황에서 감사해야 할 대상자에게 직접 감사의 마음을 전하게 하는 것이다. 감사의 말을 전할 때에는 진심을 담아, 감사하는 내용을 상대방에게 전달할 수 있도록 지도한다. 감사는 추상적인 내용보다는 구체적인 내용을 담아 말하도록 알려준다.

이렇게 생활 속에서 감사의 마음이 저절로 생기는 연습을 통해 아이의 마음속에서는 긍정적 자아가 성장한다.

○월 ○일	○월 ○일	○월 ○일
오늘 학교에서 준비물을 가져오지 않았는데 친구가 빌려줘서 감사하다. 엄마가 아침에 일찍 일어나서 맛있는 식사를 차려주셔서 감사하다.	오늘 미술 시간에 폐품을 이용한 생활용품 만들기 준비물을 가져왔어야 하는데 깜박하고 가져오지 않았다. 그런데 짝꿍이 나에게 준비물을 빌려주었다. 정말 고마웠다.	오늘 미술 시간에 폐품을 이용한 생활용품 만들기 준비물을 가져왔어야 하는데 깜박하고 가져오지 않았다. 그런데 짝꿍이 나에게 준비물을 빌려주었다. 나는 짝꿍에게 고맙다고 감사 인사를 했다. 그러자 짝꿍이 나에게 밝게 웃으며 "이 정도 가지고 뭘 그래. 다음에도 또 빌려줄게"라고 하였다. 나도 기분이 좋았다.
1단계	2단계	3단계

다양한 체육 활동을 장려하는 이유

학생들의 뇌를 깨우는 활동으로 가장 좋은 방법이 운동이다. 운동은 뇌 속 신경망의 전달도를 향상시켜주는 물질을 생산하는 데 기여한다. 특히 아침 운동은 뇌를 활성화시켜 학생들의 배움을 촉진하는 가장 좋은 방법이다. 최근 중고등학교에서 아침 체육 활동을 장려하고 있는 것도 이런 이유에서다.

학생들의 뇌를 깨워주는 운동 방법은 다양하다. 근육을 강화시켜주는 근력 운동과 심장 및 폐 기능을 향상시켜주는 유산소 운동, 근육을 이완시켜주는 스트레칭 중심의 요가 등이 있다. 위에서 말한 근력, 유산소, 스트레칭은 우리 몸에 다 필요한 운동으로 어느 한 가지 운동을 집중적으로 하기보다는 세 종류의 운동을 하루에 20분씩 모두 하는 것이 바람직하다. 그리고 한번 시작하면 꾸준히 하는 것이 좋다.

학교에서는 체력 인증제, 스포츠 클럽, 정규 체육 시간을 이용하여 다양한 체육 활동을 장려하고 있다. 가정에서도 각종 스포츠 클럽을 이용하여 아이들에게 운동을 시키고 있다. 그런데 이런 운동도 좋지만 학교의 체력 인증제와 연계한 운동을 한다면 학생들에게 동기가 부여되어 운동 효과를 더 높일 수 있다.

요즘 초등학교에서 '체력 인증제'라는 이름으로 줄넘기를 실시하는 학교가 많다. 줄넘기는 아이들의 성장판을 자극하여 키 성장에 도움을 주는 대표적인 유산소 운동이다. 아이들은 키도 크고 인증도 받아 무척 즐거워하는 운동 중 하나다.

그러나 아무리 몸을 이롭게 하는 운동도 하고자 하는 동기가 없다면 부모의 강요에 의한 벌로 인식되게 마련이다. 따라서 학교에서 실시하는 각종 스포츠 인증제를 가정에서 연계하여 아이들과 함께하면 운동 효과를 더 높일 수 있다.

가정에서는 학교에서 제시해준 줄넘기 인증제 단계를 보며 아이와 함께하면 된다. 이때 부모는 단순한 참관자 입장이 아니라 함께 인증제에 참여하는 공동 학습자가 되어야 한다. 또 인증 단계도 아이들의 수준과 부모의 수준을 고려하여 협의한 뒤 단계를 조정하면 된다.

학교에서는 학생들의 아침 운동 및 체력 증진을 위해 줄넘기 인증제를 실시하고 있다. 또 학교 스포츠 클럽에서 줄넘기를 실시하는 경우도 있다. 옆의 표는 경기도 한 초등학교의 줄넘기 인증제 인증 단계다. 가장 낮은 5급에서 시작해 1년 동안 노력하여 가장 높은 1급의 인증서를 받기 위해 틈틈이 줄넘기 연습을 하여 인증 단계를 밟아가고 있다. 가정에서도 위의 인증 단계를 밟아간다면 아이들의 성취 동기를 자극할 수 있을 것이다.

1~2학년

종목＼급수	5급	4급	3급	2급	1급
양발 모아 뛰기	10	20	30	40	50
번갈아 뛰기	-	-	5	10	15
양발 모아 뒤로 뛰기	-	-	-	2	2
엇걸었다 풀어 뛰기	-	-	-	-	2

3~4학년

종목＼급수	5급	4급	3급	2급	1급
양발 모아 뛰기	40	50	60	70	80
번갈아 뛰기	-	10	20	30	40
양발 모아 뒤로 뛰기	-	-	5	5	10
엇걸었다 풀어 뛰기	-	-	-	5	5

5~6학년

종목＼급수	5급	4급	3급	2급	1급
양발 모아 뛰기	50	50	70	80	100
번갈아 뛰기	20	30	40	50	60
양발 모아 뒤로 뛰기	-	5	10	15	20
엇걸었다 풀어 뛰기	-	-	5	10	10
이중 뛰기	-	-	1	3	5

❷ 공부 전략의 기본?
아는지 모르는지부터 확인하십시오

'메타인지'를 알면 공부법이 보인다

요즘 필자의 반 교실에선 수학 도형의 넓이에 대한 시험을 보고 있다. 지난주에 이어 또 보기 때문에 아이들이 제법 익숙해질 만한데 아직 정확한 개념을 잡았다고 보기 어려워 다시 한 번 치르는 것이다.

아이들 중에는 아직도 시험 점수에 더 큰 의미를 두는 친구들이 있다. 심지어는 찍어서 맞았는데도 좋아한다. 물론 그 마음은 이해된다. 왜냐하면 우리 엄마가 궁금해하는 것은 내 점수일 수 있기 때문이다.

그런데 교사로서 필자에게는 점수가 아니라 아이들이 제대로 알고 있는지가 더 중요하다. 그런 마음으로 시험을 통해 문제를 다시 짚어보는 것이다. 스스로 모르는 것을 모른다고 인지하는 것은 대단히 중요한 능력이다. 아이들은 대부분 자신이 이 부분을 알고 있는지, 모르고 있는지를 잘 모른다. 그래서 시험을 통해 내가 진짜 알고 있는지를 알아보는 것이다.

내가 알고 있는지, 모르고 있는지를 확인하는 것이 바로 '메타인지'다. 메타인지가 발달한 친구들은 자신의 상태에 대해 명확하게 알고 부족한 부분을 채우면 되는데, 연습이 안 되니 아는 것과 모르는 것에 대해 확신을 갖지 못하는 것이다.

- 하수(下手): 아는 것과 모르는 것을 구분하지 못하는 사람
- 중수(中手): 모르는 것을 아는 사람
- 상수(上手): 아는 것과 모르는 것을 구분하고 모르는 것을 찾아 공부하는 사람

고등학교 시절로 돌아가보면 성적을 올리기 위해 공부하겠다며 의지를 불태우는 친구들이 있었는데, 늘 수학 정석의 첫 부분인 '집합'과 영어 문법의 '명사' 부분만 공부하다 포기하고, 또다시 마음을 다잡지만 집합과 명사만 하다 끝나는 경우가 많았다. 이들은 메타인지가 발달하지 않은 학생이다.

이제 우리는 무작정 시간을 내어 공부하기보다는 모르는 것만을 알고, 그것을 보충하는 것이 더 좋은 공부법임을 알아야 한다. 그래서 내가 알고 있는지, 모르고 있는지를 자꾸 표현해보게 하는 것, 친구에게 설명하도록 하는 것은 메타인지를 향상시키는 가장 좋은 방법이다.

메타인지는 어떻게 하면 길러질까?

같은 시간에 똑같은 공부를 했을 때 학습 효율이 다르다는 것은 누구나 알고 있는 사실이다. 그런데 왜 다른지에 대해서는 그저 개인의 지적 능력 차이로 단정 짓고 끝내는 경우가 많다.

하지만 진짜 지적 능력의 차이일까?

EBS 다큐프라임 〈왜 우리는 대학에 가는가〉에서 흥미로운 실험을 했다. 비슷한 수준의 학생들을 두 그룹으로 나누었다. A그룹은 우리나라 학생들이 가장 많이 하고 있는 독서실 분위기의 공부를, B그룹은 친구들과 서로 말하면서 공부하는 방법을 하게 했다. 그 외 조건은 모두 동일했다. 어떤 결과가 나왔을까?

결과는 조용히 자기 혼자 공부한 집단보다 친구들과 서로 이야기를 나누면서 공부한 집단이 훨씬 좋은 결과가 나왔다. 이 결과를 두고 아주대 김경일 교수는 당연한 결과이며, 메타인지를 이해하면 누구나 예측 가능하다고 말했다. 메타인지를 통해 자신만의 학습 전략을 수립하면 학습 효율을 높일 수 있다는 이야기다.

그렇다면 메타인지는 어떻게 하면 길러질까? 앞에서 언급한 것처럼 메타인지는 자기가 알고 있는지, 안다고 착각하는지를 구별하는 능력이다. 컴퓨터와 인간의 능력을 비교했을 때 인간의 장점은 아는 것과 모르는 것에 대해 빨리 인지하는 능력이 있다는 것이다. 인간과 컴퓨터에게 똑같은 질문을 해보자. 경기도의 인구가 몇만 명인지를 물었을 때 인간은 곧바로 '잘 모른다'고 대답하는 반면, 컴퓨터는 자신이 가지고 있는 파일을 찾아본 후에 '모른다'라는 결과를 산출한다. 이게 인간 뇌의 우수성이다.

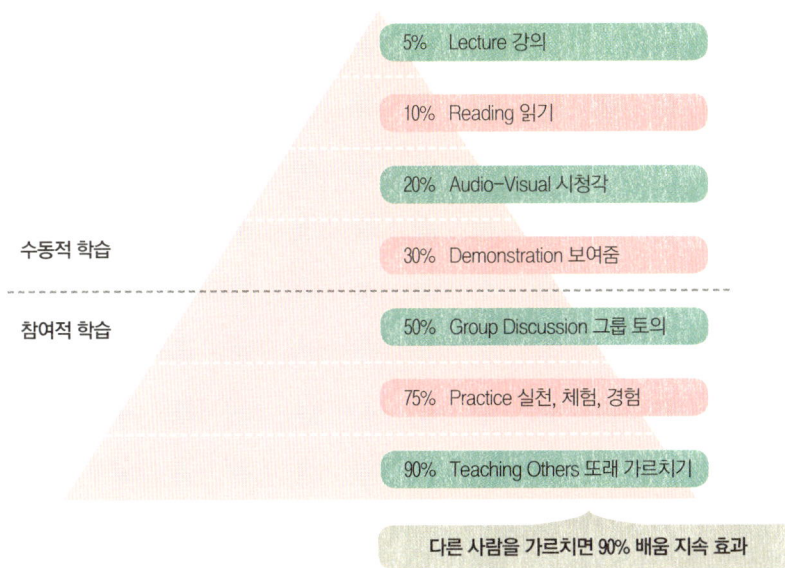

학습 피라미드(기억 보존력)
자료 : NTL(National Training Laboratory)

초등학교에서는 메타인지 특징을 이해하고, 이를 학습에 적극 이용하고 있다. 대표적인 예가 모둠별 학습에서의 '서로에게 설명하기'다. 모둠에서 먼저 학습한 아이가 뒤처진 친구에게 자기의 언어로 설명하는 것이다. 어떤 부모님은 자기 아이의 시간을 빼앗는 좋지 않은 공부 방법이라고 말하지만 위에 제시한 학습 피라미드를 보면 쉽게 이해할 수 있다.

위 표에서 보는 바와 같이 선생님의 일방적인 강의나 읽기는 10% 효율이 있다. 열 개를 배웠을 때 머릿속에 남아 있는 것은 한 개 정도라는 의미다. 그런데 친구들과 서로 토론하면 일방적인 강의보다 다섯 배의 학습 효과가 있고, 친구에게 설명하면 무려 아홉 배의 학습 효과가 나타난다.

이를 근거로 했을 때 내가 친구에게 설명해주는 것은 친구를 위한다기보다 오히려 스스로에게 도움이 되는 공부법인 셈이다. 이 표를 학부모와 필자의 반 아이들에게 설명하면 쉽게 이해하고 학습에 적극적으로 임한다.

이 공부법은 우리나라 서당에서 공부하는 방법과 같다. 서당에서 훈장님은 바로 밑에 접장을 두어 접장들이 훈도들을 가르치게 했다. 다른 사람을 가르치려면 그 내용을 완전히 이해해야 한다. 이 때문에 접장은 더 완벽한 공부를 해야 했다. 이 방법은 지금 교실에서 서로 협력하고, 도와가는 모둠 학습의 형태로 바뀐 것일 수도 있다.

대한민국의 훌륭한 인재가 외국에 나갔을 때 가장 어려운 것이 다른 사람들에게 질문하는 것과 자기 생각을 표현하는 것이라고 한다. 해외 유학생들이 실패하는 가장 큰 원인도 능력이 없어서라기보다는 학습 문화의 차이를 극복하지 못했기 때문이다.

자신이 완벽하게 아는 것과 말하는 것이 아니라 자신의 생각을 이야기하고 이를 통해 제대로 알고 있는 것인지 아니면 안다고 착각하는 것인지 명확해지고, 안다고 착각하는 부분과 모르는 부분만 추가로 공부하는 게 가장 좋은 공부법이다. 그리고 이것이 메타인지를 향상시키는 가장 좋은 방법이다.

메타인지는 학습 전략으로, 이를 잘 활용하면 엄청난 학습의 효율을 체험할 수 있다. 가정에서도 아이들에게 정확함을 요구하기보다는 자기 생각을 자유롭게 이야기하고, 설명하게 하는 것이 바람직하다. 그 설명을 듣고 잘못된 개념이나 모르는 부분에 대해 다시 학습할 수 있도록 하는 것이 효과적인 공부 방법이며 메타인지를 향상시키는 방법이다.

❸ 이제 아빠가 나설 때입니다
토론식 대화, 이건 아빠들이 잘하십니다

아빠가 참여하는 대화형 교육의 중요성

　세계에서 교육열 하면 절대 뒤지지 않는 민족이 바로 우리 민족이다. 그와 견줄 만한 민족은 세계의 정치, 경제, 문화를 선도하는 유대인을 들 수 있다. 이 두 민족의 공통점은 자녀 교육에 엄청난 에너지를 쏟는다는 것이다. 차이점은 아이의 교육에 아버지가 참여하는지의 여부다.

　우리나라에서 최근 자녀를 좋은 대학교를 보내기 위한 조건 중 하나로 아버지의 무관심이라는 항목이 있다. 아버지는 오직 돈만 벌어오는 경제적 주체이고, 자녀 교육에 대해서는 관심을 갖지 않는 것이 오히려 아이에게 도움이 된다는 뜻이다. 그래서 원하는 대로 기러기아빠 노릇을 해가며 뒷바라지했는데 그런 아빠에게 오는 것은 배신이었다.

　세상을 떠들썩하게 한 패륜아 사건들이 이를 증명하고 있다. 또 자녀에게 버림받는 경우가 자녀를 위해 모든 것을 희생한 부모에게 더 많이 나타난다는 것 역시 사실이다. 자녀에게 그토록 헌신했다가 버려지는 부모들의 모습이 우리 미래 모습의 데자뷔가 아닐까 걱정된다.

반대로 유대인은 아버지를 통해 집안의 가풍과 문화를 배우고 자녀들의 모든 교육이 시작되며, 가정에서 아버지의 역할을 강조하고 있다. 그래서 우리나라와 반대로 아버지는 존경과 신뢰의 대상이 된다. 이런 차이로 세계의 노벨상 30%를 수상했으며, 아이비리그의 30%를 유대인이 차지하고 있다.

그렇다면 유대인의 가정에선 어떤 일이 일어나고 있을까? 유대인 하면 가장 먼저 떠오르는 것이 『탈무드』다. 유대인 어린이는 어릴 적부터 『탈무드』를 통해 세상을 배운다. 이 『탈무드』를 공부하는 데 독특한 비법이 있다. 바로 '하브루타'다.

하브루타(havruta)란 짝을 지어 질문하고 대화하고 토론하고 논쟁하는 것을 말한다. 이 방법을 사용하여 가정에서 서로 질문하고 대답하는 과정에서 가족 간의 대화가 많아지고, 질문과 답이 한 단계 더 심화된 질문과 답을 끌어내면서 자연스럽게 사고력과 문제 해결 능력이 향상된다. 특히 어릴 적에 이 공부법의 중심에는 아버지가 있어 가정에서 교사 역할을 하고 있다.

EBS에서 방영된 다큐프라임 〈공부 못하는 아이〉에서 대학생을 대상으로 재미난 실험을 했다. 비슷한 성적의 대학생들을 임의로 두 그룹으로 나눈 후, 첫 번째 그룹에는 우리나라에서 흔히 볼 수 있는 독서실 공부 방법으로, 두 번째 그룹에는 자기의 생각을 말하고 서로 질문하는 '하브루타' 방법으로 공부하게 했다. 결과가 어떻게 나왔을까?

평가 결과의 공정성을 위해 대학 수능 시험형, 단답형, 서술형 문제를 시험 본 결과, 전체 시험 결과에서 두 번째 그룹의 공부법이 훨씬 높은 점수가 나왔다.

우리는 이 실험이 안겨준 엄청난 결과에 대해 고민해볼 필요가 있다. 그동안 아이에게 말했던 "조용히 공부해라"라는 구호들이 얼마나 잘못된 것인가.

신세대 밥상머리 교육부터 시작하자

부모의 헌신적인 희생을 아이들은 왜 몰라줄까? 그것은 부모가 생각하는 부모로서의 역할과 자녀가 생각하는 부모의 역할이 서로 다르기 때문이다. 부모 입장에서 좋은 부모는 아이가 공부할 수 있도록 환경을 조성해주고 독려하여 좋은 대학에 보내주는 것이 가장 좋은 부모라고 생각한다. 자녀 입장에서 좋은 부모는 함께 놀아주고, 고민도 해결해주고, 서로 대화를 나누는 부모다.

여러분은 어떤 부모일까?

남들이 아무리 나에게 친절하게 대해도 내가 원하는 친절이 아니면 부담스러워하고 싫어하는 것이 일반적이다. 이제는 부모와 아이들이 서로에게 원하는 역할에 대해 이야기를 나누어야 할 때다. 부모 입장에서 자녀가 해주었으면 하는 것과 자녀 입장에서 부모가 해주었으면 하는 것을 서로 조율해야 한다. 그 장소가 바로 밥상이다.

밥상은 언제든 함께 모여 부담 없이 이야기를 나눌 수 있는 공간이다. 처음에는 사소한 이야기로 서로를 알아가는 것부터 시작하자. 그런 밥상 모임이 고민 상담소가 되고, 우리 가족의 소통의 장이 되면서 자연스럽게 가정 교육과 인성 교육의 장으로 거듭나게 된다.

과거 우리 조상이 말씀한 밥상머리 교육의 시작이다.

가정에서 실천하는 대화 공부법

유대인 가정에서의 하브루타가 우리나라에 없었던 것은 아니다. 단지 형태와 문화의 차이로 인해 대화가 아닌 지시와 명령 그리고 권고로 이어져 상호 소통하지 못했던 것뿐이다.

유교의 영향으로 아버지는 권위의 상징이었다. 밥상 앞에서 대화한다는 것은 예의 없는 일이므로, 조용히 밥을 먹는 게 당연했다.

오늘날 우리 가정에서 모든 가족이 모일 수 있는 장소는 식탁이다. 과거의 부모가 했던 것처럼 "밥 먹자"로 시작하여 "잘 먹었다"로 끝나는 식탁에서 이제는 대화의 장, 소통의 장으로서의 식탁으로 바뀌어야 한다.

단계	내용
1	대화하기
2	토의하기
3	토론하기

첫 번째 단계는 대화하기. 부모와 아이의 1일 평균 대화 시간이 37초라는 통계 결과에서 보듯이 대화다운 대화가 가정에서 존재하지 않았다. 37초는 서로의 감정에 대한 이야기, 소통할 수 있는 이야기, 협의를 통한 선택 등을 할 수 있는 대화의 시간이라고 볼 수 없다. 이런 상황에서는 아이에게 긍정적인 효과를 줄 수 없다. 부모가 먼저 대화하려고 나서야 한다. 그렇다면 부모는 대화할 준비가 되었을까?

부모가 직장 동료와 친구들과 나누는 대화를 살펴보면 주로 음식과 술이라는 매개를 통해 직장 이야기와 어릴 적 이야기, 공통 관심사 등의 이야기를 나누면서 대화를 이어간다. 그런데 아이들과는 어떤 것을 매개로 대화를 시작할 수 있을까?

일단 부모 주변에 아이들 앉혀놓는 것은 쉬운 일이다. 앉고 나서 무엇을 할지에 대한 준비가 없다면 아이들은 부모의 말에 잠시 왔다가 갈 뿐, 다른 변화가 없다. 즉 부모도 아이들과 대화하기 위해서는 준비를 해야 한다. 오늘은 어떤 주제로 아이들과 이야기할까? 아이들 수준에 맞춘 관심 있는 주제는 뭘까 하고 매일 고민해야 한다.

처음부터 유대인처럼 토론을 통해 고차원적인 무언가를 생산해내야 한다는 부담에서 벗어나야 한다. 대화를 위해 가장 먼저 할 일은 부모와 아이 사이에 대화할 수 있는 다리를 만드는 것. 상담 심리에서는 이를 라포르(rapport)라고 말한다.

부모님과의 대화는 자연스러운 일이며, 그 일이 기분 좋게 만든다는 것을 알 수 있게 해주어야 한다. 그래야 아이가 주변에 일어나는 온갖 일들을 이야기하고, 조언을 구하기 위해 다가온다.

　부모가 절대적인 능력자나 권위에 의지하여 압박을 가하는 대상이 아니라 옆에서 상황을 객관적으로 봐주면서도 자신을 지지하고, 지원해 주는 사람으로 인식할 수 있게 해야 한다.

　두 번째 단계는 토의 단계다.

　토의는 문제 해결을 위한 최고의 해법을 찾는 것이다. 우리 가정에서 해결해야 할 일, 우리 사회에서 해결해야 할 문제들에 대해 이야기를 나누며 가장 좋은 방법을 찾아가는 것이다.

　토의는 상대방의 의견을 받아들이고 존중하는 것에서 시작된다. 가장 최선의 해결 방법이 되지 못하더라도 잘못된 방법은 아니므로 경청하고, 자신의 의견을 제시한다.

　가정에서의 토의도 마찬가지다. 가정의 특성상 나이 차이가 있는 자녀들의 이야기 속에서는 질적인 차이를 느낄 수 있다. 그것은 경험과 지적 능력의 차이로 생길 수 있는 문제다. 이 부분에 대해서는 부모가 안내자로서 적절히 조절해야 한다.

　처음에는 부모가 토의 주제를 안내하는 것이 바람직하다. 부모는 아이에게 토의 주제를 제시하고 아이가 주도적으로 해결 방법을 찾아가도록 안내자와 촉진자 역할만 한다. 아이들의 의견보다 앞서 문제 해결 방법을 제시하면 아이는 부모의 해결 능력을 절대적으로 지지하기 때문에 더 나은 방법을 생각하지 않는다. 그렇게 되면 토의는 없던 일이 된다.

　따라서 아이가 다양한 해결 방법을 이야기하면 부모는 그 의견을 인정해주고, 더 나은 방법이 없는지 물어보거나 해결 방법의 문제점을 간단히 이야기해준다. 또한 다른 질문을 통해 새로운 방법을 모색할 수 있도록 실마리를 제공해야 한다.

아이의 해결 방법이 부모의 관점에서 볼 때 부족하더라도 격려를 잊지 않는다. "좋은 생각이구나!" "어떻게 이런 생각을 했지?" "다른 방법은 없을까?" 등의 말로 아이의 사고력을 키워주어야 한다.

세 번째 단계는 토론이다.

대화와 토의를 통해 다양한 주제에 대한 개인의 생각이 확장되었다면 그다음에는 서로 다른 의견을 통해 상대방 의견에 대한 문제점을 이야기하고, 자기 의견에 대한 근거를 들어 상대방을 설득시키는 토론 단계로 옮겨가게 된다.

토론은 초등학교 5학년 국어 시간에 다루고 있다. 가정에서도 이에 준하여 아이들의 발달 단계를 고려해 진행하면 된다.

토론은 토의와 다르게 승패가 가려지는 것이 특징이다. 가정에서는 부모가 판정인 역할을 해야 한다. 판정인으로서 부모는 아이들의 의견을 잘 듣고, 잘한 점을 중심으로 판정해주어야 한다. 최종 판정을 받고 나서 토론의 승패보다는 그 토론을 통해 한 단계 성장했음을 더 강조해주는 것이 좋다.

단계	이름	내용
1	입론하기	모두 발언으로 자신의 주제에 대한 찬성과 반대에 대해 주장하는 단계
2	반론하기	상대방의 입론에서 나온 궁금한 점과 문제점에 대해 상대방에게 문제를 제기하는 단계
3	최종 발언하기	입론과 반론을 통해 나온 나의 의견을 보다 견고하게 주장하는 단계
4	판정하기	찬성 측과 반대 측의 토론 태도와 주장과 근거의 합리성 등을 근거로 하여 명확하게 판정

토론의 단계

토론하는 방법에 대해 알아보자

첫째, 토론 주제를 정한다.

이때는 우리 주변에서 찬성과 반대를 명확하게 나눌 수 있는 주제로 선정해야 한다. 예를 들어 "학교에서 스마트폰을 사용해도 되는가?"라는 주제는 찬성도 반대도 사회적으로 문제가 되지 않는다. 하지만 "친구를 괴롭혀도 되는가?" 혹은 "길가에 쓰레기를 버려도 되는가?" 등 반대쪽 입장은 사회적으로 잘못된 것이므로 이런 주제는 적합하지 않다.

둘째, 찬성 측과 반대 측 입장 정하기.

보통 자기가 좋아하는 입장에 대해서만 이야기한다. 그렇게 되면 찬성과 반대 한쪽으로 쏠림 현상이 발생한다. 따라서 제비뽑기를 통해 찬성과 반대를 정한다.

셋째, 토론하기.

토론 순서는 입론하기, 반론하기, 최종 발언하기, 평가하기다.

입론하기는 모두 발언이라고도 한다. 토론 주제에 대한 찬성과 반대 측의 주장을 펼치는 시간이다. 이때 상대방은 다음 순서인 반론할 때 상대방 입론의 문제점과 근거에 대한 부적절성을 찾기 위해 주의 깊게 들어야 한다.

다음은 반론하기다. 상대방의 입론에서 나온 궁금한 점과 문제점에 대해 상대방에게 문제를 제기하는 단계다. 이때 상대방이 공격해올 것에 대비하여 미리 자료를 준비하면 더 좋은 토론이 될 수 있다.

반론하기가 끝나면 최종 발언. 입론과 반론을 통해 나온 나의 의견을 보다 견고하게 주장하고, 상대방의 주장에 대한 문제점을 지적하면서 자신의 의견을 밝히는 것이다. 최종 발언을 끝으로 토론이 마무리되면 더 이상 상대방의 의견에 대해 질문하거나 이야기가 이어지지 않도록 해야 한다.

최종 평가는 부모가 판정인이 되어 찬성 측과 반대 측의 토론 태도와 주장과 근거의 합리성 등을 근거로 명확하게 판정해줘야 한다. 찬성 측이나 반대 측 모두 수긍할 수 있는 평가를 하는 것이 가장 좋다. 하지만 가장 어려운 것이 평가인 만큼 신중하게 접근해야 한다.

질문도 좋은 공부다

2010년 서울 G20 정상회의 폐막 기자회견에서 오바마 미국 대통령이 기자에게 질문을 받았던 장면이다.

오바마 : 한국 기자들에게 질문권을 하나 드리고 싶군요. 훌륭한 개
최국 역할을 했으니까요. 질문 없으신가요?

(질문자가 없어 한참 동안 적막이 흐른다)

오바마 : 아마도 한국어로 질문하면 통역이 필요할 겁니다. 사실 통
역이 꼭 필요할 겁니다.

루이청강(중국cctv 기자) : 실망시켜드려 죄송하지만 저는 중국기자
입니다. 제가 아시아를 대표해서 질문해
도 될까요?

오바마 : 하지만 공정하게 말해서 저는 한국 기자에게 질문을 요청
했어요. 그래서 제 생각에는…

루이청강(중국cctv 기자) : 한국 기자에게 제가 대신 질문해도 되는
지 물어보면 어떨까요?

오바마 : 그것은 한국 기자가 질문하고 싶은지에 따라서 결정되겠네
요. 없나요? 아무도 없나요?

결국 이날 기자회견에서 오바마 대통령에게 질문을 한 사람은 루이청강 중국 기자였다고 한다. 이 날의 상황으로 대한민국 기자뿐만 아니라 대한민국의 국민으로 무능함과 세상의 조롱거리가 된 것에 대해 보다 깊은 생각이 필요하다고 생각했다. 그래도 다행스러운 것은 이 현상이 능력의 부족에서 오는 것이 아니라 질문에 대한 익숙하지 않는 문화에서 오는 것이라는 생각이 들었다. 약간의 자기 위안과 앞으로 긍정적

인 변화를 위해 무엇이 필요한가에 대해서도 생각하게 되었다.

　질문 공세로 부모의 혼을 쏙 빼놓는 유아기 때에는 '제발 질문 좀 그만 했으면 좋겠다'고 생각이 들 정도로 질문이 많았던 아이는 초등학교에 들어가면서 궁금한 것을 당당하게 질문하다가 그것도 잠시, 점차 고학년에 되면서 질문이 사라지기 시작한다. 도대체 초등학교 고학년 교실에서 무슨 일이 일어나고 있길래 이런 현상이 생기고 있는 걸까.

　왜 아이들이 질문을 하지 않는 걸까?

　그 외로 답은 간단했다. "질문할 필요성이 없다." 교사가 처음부터 끝까지 자세하게 다 설명해주니 굳이 학생이 질문을 할 거리를 찾지 못하는 것이다. 두 번째는 "다른 친구의 눈치가 보인다."라는 것이다. 질문을 하면 "그것도 모르느냐?"라는 비아냥과 "잘난 척 한다."라는 시선 때문에 질문하기 꺼려진다는 것이다.

　이 두 가지 문제를 해결하려면 우선, 교사가 학생들에게 거친 정보의 세계에서 스스로 궁금한 것을 찾을 수 있도록 공부 방법에 변화를 주는 것이고, 교실 내에서 질문은 모든 사람에게 도움이 되고 유익한 교육적인 일이라는 인식을 아이들에게 심어주는 것이다. 가정에서는 어떻게 해야 할까? 어릴 적 질문 대장이었던 아이에게 질문에 대한 답을 이야기해주고, 더불어 질문하는 행동에 대해 칭찬과 격려를 아끼지 말아야 한다. 학교에서 돌아온 아이에게 "공부 잘하고 왔어?"라고 하기보다는 "오늘 발표 몇 번 했어?" 보다 더 위에 있는 "오늘 질문 몇 번 했어?"로 변화한다면 자연스럽게 아이의 행동에 변화가 시작되지 않을까.

❹ 아이 머릿속엔 무엇이 들어 있을까요? 이것을 알면 공부법이 보입니다

공부법의 핵심은 호기심

옛날엔 무조건, 막무가내로 외우게 하는, 심지어 무슨 뜻인지도 모르면서 단어만 머릿속에 집어넣는 말도 안 되는 공부법을 강조했다. 왜냐하면 그것이 최고의 공부 방법이라고 생각했기 때문이다.

그런데 최근 들어 두뇌의 작동 방법에 대한 연구가 발전하여 과거의 공부법이 얼마나 잘못된 시간 낭비였는지가 밝혀지면서 새로운 공부법이 대두되고 있다. 많은 학자들이 주장한 두뇌에 대한 사항을 정리하면, 여러 감각기관을 통해 들어온 정보는 일시적으로 뇌에 머물다가 이것이 과거의 학습한 내용과 연관이 되면서 장기 기억으로 이동한다는 것을 알게 되었다.

벼락치기 공부를 하면 잠시 내 머릿속에 단기 기억으로 남아 있다가 시험만 끝나면, 즉 채 하루가 되기도 전에 머릿속에서 지워지는 현상은 그것이 장기 기억으로 가지 못했기 때문이다.

단지 시험을 보고 나면 잊어도 되는 공부는 이제 더 이상 아이에게 강요하지 말아야 한다.

영화나 드라마를 보면 며칠이 지나도 섬세한 장면과 주인공의 대사 그리고 그때 느꼈던 감정까지 하나도 놓치지 않고 기억에 남아 있다. 초등학교 친구들이 월요일에 나누는 대화는 주로 〈런닝맨〉과 〈개그콘서트〉에 대한 이야기다. 이런 엄청난 기억력을 가진 아이들이 왜 수업 시간에 배운 내용이나 좋은 책을 읽고 나서는 머릿속에 남아 있는 것들이 별로 없는 걸까? 참 신기한 일이다.

그런데 뇌의 작동 원리를 알면 이런 상황을 쉽게 이해할 수 있다. 우리의 뇌는 의지대로 통제되지 않는 기관이다. 아무리 외우려고 해도 뇌를 움직이지 못하면 아무 소용이 없다. 우리가 감각기관을 통해 얻은 정보는 척수를 거쳐 뇌로 전달되는데, 이때 뇌로 들어가는 통로에 '망상 활성계'라는 거름망이 있어 뇌가 필요한 것만 걸러 들여보내고 있다.

그렇다면 망상 활성계를 통과하기 위해서는 어떤 조건이 필요할까? 첫 번째는 자기에게 위급한 상황일 때다. 뜨거운 물건을 만졌거나, 공이 날아오거나 하는 상황은 당연히 곧바로 통과되어 위험으로부터 나를 보호하고 있다.

두 번째는 내가 좋아하거나 관심 있는 정보일 때다. 〈런닝맨〉이나 〈개그콘서트〉는 재미도 있지만 다음 날 친구들과의 대화거리이므로 아이들에게 최대의 관심사다. 아이돌 이야기나 새로 나온 곡들은 음악 시간에 가르쳐주지 않아도 엄청 빨리 흡수하는 것이 바로 그런 이유다.

세 번째는 새로운 자극일 경우다. 그런데 우리 아이들이 하는 공부가 위에서 제시한 세 가지 기준 가운데 어느 한 가지도 충족시키지 못하기 때문에 공부는 하는데 뇌로는 전달되지 못하는 헛공부를 하고 있는 것이다.

과거의 수업 방법으로는 조는 아이들, 낙서하거나 장난치는 아이들을 해결할 수 없다는 것을 알게 되면서 학생들의 흥미와 호기심을 이끌고 스스로 문제를 찾아 해결해가는 방법이 주가 되는 수업 형태로 변하게 되었다. 아이들이 직접 수업을 이끌어가게 하고, 수업 중에 다른 아이들과 협력하게 했을 때 거꾸로 수업이 변화하는 수업의 한 형태라고 할 수 있다.

프로젝트 수업이 적절한 예다. 프로젝트 수업에서는 아이들이 직접 수업을 이끌어가고, 수업 중에 아이들이 서로 협력할 수 있는 기회를 활용, 이전보다 더욱 적극적으로 수업에 참여하는 것을 보면 알 수 있다.

그런데 이런 아이들을 학원에 보내 몇 시간씩 꼼짝 못하게 의자에 붙들어 매고, 관심도 재미도 없는 내용을 과거의 잘못된 학습 방법으로 강요한다면 과연 우리 아이에게 도움이 될까? 차라리 그 돈과 시간을 다른 쪽으로 돌리는 것이 아이의 행복을 위해 더 나은 방법이라는 생각을 지울 수가 없다.

바른 공부법에 대한 힌트, 망각 곡선

학교에서 배운 내용을 얼마나 더 많이 오랫동안 기억하고 있는지가 바로 공부를 잘하는 것과 못하는 것을 구분 짓는 기준이 된다. 똑같은 시간에 똑같은 내용을 배웠는데 어떤 아이는 배운 내용의 90%를 기억하고, 어떤 아이는 10%도 기억하지 못한다면 그때부터 학습 능력의 격차가 생기는 것이다.

이런 기억에 대한 차이는 왜 생기는 걸까? 앞의 아이는 선천적으로 기억 능력이 뛰어난 걸까? 다행스럽게도 이 기억의 이유가 유전적 요인이 아니라는 연구 결과가 있다. 독일의 교육심리학자 에빙하우스는 인간의 '망각 곡선'이라는 연구 결과를 발표했다. 사람은 배운 지 20분이 지나면서 망각이 시작된다고 한다. 한 시간이 지나면 55% 이상 사라지고, 하루가 지나면 66% 망각되고, 일주일 후에는 75%, 한 달 뒤에는 90%가 기억 속에서 사라진다고 한다.

앞에서 언급했듯이 10%의 기억을 가지고 있는 친구가 정상이라는 것이다. 그런데 90% 기억을 하고 있는 친구에게는 어떤 비밀이 있을까? 그것은 바로 망각 곡선을 이용한 기억법에서 비밀을 찾을 수 있다.

쉽게 말해 인간에게 망각이 일어나기 전에 재학습을 하면 된다. 재학습은 최초의 학습보다 학습 시간은 더 짧아지고 기억하는 기간이 길어진다. 그 기간을 이용하면 지속적인 기억력을 가질 수 있다는 방법이다.

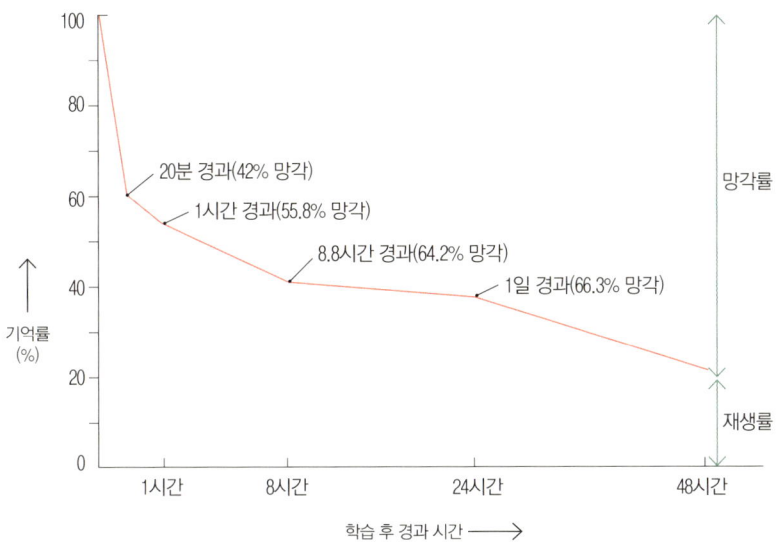

학습 후 경과 시간에 대한 기억률

자료 : 에빙하우스의 망각 곡선

망각 곡선과 공책 정리

　부모님과 아이들의 학교생활에서 가장 큰 변화는 급식, 컴퓨터 도입 그리고 공책이다. 과거 도시락이 급식으로 변했고, 칠판과 괘도를 통한 수업이 컴퓨터와 대형 TV로 바뀌었다. 그런데 공책은 어떻게 바뀌었을까? 부모 세대에서는 선생님이 설명하는 것과 칠판에 쓴 내용을 공책에 전부 옮겨 적는 것이 당연하다고 생각했다. 그래서 각 과목마다 새 학기가 되면 책 옆에 짝꿍처럼 공책이 붙어 있었다.

　그런데 현재 우리 아이들의 공책은 어디에 있을까. 언제부터인가 종합장이라는 이름으로 하나의 공책에 이것저것 구분 없이 쓰고 있다. 공책은 배운 내용을 정리하고 나중에 복습할 때 볼 수 있는 좋은 자료인데, 우리 아이들은 전혀 쓰지 않고 있다.

고학년 학생들에게 공책을 가져와서 쓰라고 하면 엄청 싫어한다. 꼭 써야 할 이유가 있는지 자꾸 물어본다. 그럴 때마다 망각 곡선을 끌어와서 설득한다. 일단 설득된 아이에게 공책을 쓰라고 하면, 선생님이 칠판에 적은 내용과 교과서의 내용을 앞뒤 구분 없이 막 적어놓는다. 그 아이에게 물어보았다.

"○○야, 넌 공책을 왜 쓰니?"

"엄마가 쓰라고 해서요."

"엄마가 왜 쓰라고 했을까?"

"공책을 쓰면 공부가 잘된다고 했어요."

2015년 ○월 ○일 ○교시	
학습 목표:	
핵심 단어	
중심이 되는 단어 쓰기	공부한 내용 정리 색깔 있는 볼펜과 형광펜 활용하기
정리하기	이번 시간에 배운 내용을 정리하기
1일 후 복습하기	학습한 지 1일이 지난 후에 공부한 내용과 정리한 내용을 참고하여 핵심 내용을 중심으로 요약하여 정리하기
1주일 후 복습하기	1주일 후에 1일 후 복습하기와 같은 방법으로 정리하기

"지금처럼 공책 정리를 하면 공부가 더 잘될 거라고 믿는 거야?"
"그건 아닌 것 같아요."

아무리 좋은 방법도 아이가 그 방법을 몸으로 완전히 깨닫기 전까지는 지속적으로 확인이 필요하다. 공책을 써야 하는 이유를 부모가 공감했다면 아이에게 어떻게 써야 하는지를 알려주어야 한다.

서점이나 인터넷에서 '코넬 노트법', '허승환 공책 쓰기'를 검색해보면 다양한 공책 정리 사례들이 나와 있다. 공책 정리 방법들의 공통점은 학교에서 배운 내용을 요점 정리하고, 핵심적인 단어들을 왼쪽에 정리하는 것이다. 그런데 공책은 정리하는 게 목적이 아니라 이것을 기억에 도움이 되도록 복습하기 편리하게 정리되어야 한다. 공책만 보아도 무엇을 배웠고, 어떤 것이 중요하다는 것을 깨치게 해야 한다.

초등학교에서는 학습량이 많지 않다. 그래서 아이가 초등학교 기간 동안에는 나만의 노트 정리법과 정리된 것을 활용할 수 있는 방법을 익히게 하는 것이 좋다. 그 방법으로 공책 맨 아래 칸에 1일 후, 1주일 후 정리하는 칸을 만들어놓고 복습하면 기억하는 데 많은 도움이 된다. 지속적으로 학습한 내용을 되새김질할 수 있는 장치를 마련해두면 된다.

공책 정리가 습관화될 때까지 부모의 지속적인 확인과 조언 그리고 칭찬이 필요하다. 공책 정리는 아이에게 엄청 힘든 일이다. '너를 위해 좋은 거니까 당연히 하는 거야'라는 생각을 하게 되면 아이는 형식적인 공책 정리에 금세 싫증을 내고 그만둔다. 아이가 쓴 공책을 보면서 정리할 때 힘든 점과 정리하니까 좋은 점 등을 함께 이야기하며 아이가 힘들어하는 점을 해결해주는 것이 부모의 역할이다.

시험도 좋은 기억 증진법 중 하나다

은행에서의 잦은 인출은 부정적인 이미지이지만, 머릿속의 기억을 자주 꺼내는 것은 뇌를 자극하여 보다 오랜 기억을 만드는 긍정적인 의미를 가지고 있다. 다음 이야기는 헨리 뢰디거, 마크 맥대니얼, 피터 브라운의 『어떻게 공부할 것인가』(아이즈베리, 2014)에 나온 미국의 어느 중학교 이야기다.

미국의 일리노이 주 컬럼비아의 한 중학교 생물 수업에서 연구자들은 교재의 일정 범위를 정해 부담이 적은 시험을 한 학기 동안 세 번 실시하고 학생들에게 결과를 알려주었다. 또 다른 범위 내에서는 시험을 보는 대신 세 번씩 복습하게 했다. 한 달 후 치른 시험에서 학생들은 어느 범위의 내용을 더 잘 기억했을까? 간단한 시험을 보았던 범위의 평균 점수는 A, 시험을 보지 않고 복습만 시킨 범위의 평균 점수는 C였다.

아이들이 학교에서 배운 내용을 다시 가정에서 복습하는 것은 내가 알고 있는 것과 모르고 있는 것을 확인하는 메타인지 과정이 아니라, 알아야 할 내용을 재학습하는 것이다. 복습은 내 머릿속의 내용을 확인하는 과정이 아니므로 내가 학습한 내용의 정도를 확인할 수 없다.

시험은 내 머릿속의 기억된 내용을 확인하는 과정이다. 어쩌면 학생들이 유일하게 혼자서 자기의 공부 정도를 되새김질하는 시간이다. 이를 통해 내가 잘 알고 있는 부분과 부족한 부분을 확인하여 재학습할 수 있는 기회를 제공해준다.

그런데 이처럼 좋은 기회를 제공하는 시험이 아이들에게는 엄청난 스트레스를 준다. 왜 그렇게 되었을까? 그것은 시험이 나에겐 학습에 도움이 되는 또 하나의 공부법으로 받아들여지지 않기 때문이다. 단지 옆 친구와 비교되고, 반에서의 등수를 중요하게 생각하다 보니 본래의 목적이 사라져버린 것이다. 본래의 목적인 아는지 모르는지를 확인하고, 머릿속의 내용을 자주 인출하여 되새김질하는 것을 잊고, 내 등수와 점수에 빠져버린 것이다.

학교에서는 이런 긍정적인 공부 분위기를 조성하기 위해 시험 제도가 변해가고 있다고 제2장에서 이야기한 바 있다. 배운 내용을 확인하기 위해 중간중간 쪽지 시험을 보거나 교사의 구두시험을 통해 되짚어보는 것, 정기고사를 상시 평가 체제로 바꿈으로써 시험의 중압감에서 벗어나게 하기 위해 노력하고 있다. 이런 변화에 아이들은 환영하고 있다.

그렇다면 가정에서는 어떤 방법으로 시험이라는 공부 전략을 활용할 수 있을까? 지금 가정에서 공부하는 방법은 많은 문제를 풀어 암기하고 패턴을 빨리 찾아 풀게 하는 것이다. 문제를 머릿속에 집어넣고 사고하기도 전에 손이 문제를 풀고 있는 경우가 대부분이다. 문제를 풀었는데 어떤 문제를 풀었는지도 모르는 상황이 바로 머리를 사용하지 않았다는 증거다.

그러므로 가정에서는 많은 문제를 풀라고 강요하기보다는 정해진 시간에 문제를 풀어보고, 이 문제에서 내가 잘 알고 있는 부분과 모르고 있는 부분을 확인한 뒤, 모르고 있는 문제에 대해 재학습의 기회를 제공해야 한다. 무조건 많이 풀기보다는 내가 필요한 부분을 찾아서 풀게 하는 것이 훨씬 더 효과적인 공부법이다.

또 일주일 단위로 학교에서 배운 내용을 되새김할 수 있도록 써보게 하거나 구술하게 하고, 배운 내용 중에서 어려웠던 부분과 이해가 안 가는 부분이 있는지 다시 한 번 살펴보게 하고, 쓴 내용 중에서 배운 내용이 누락된 부분이 있는가를 찾아서 확인시켜준다면 공부한 내용이 완벽하게 머릿속 기억의 영역으로 이동한다.

❺ 늦되는 아이가 크게 됩니다
문제는 자기 주도적 학습 능력입니다

공부의 주도성 찾아가기

    2007년 교육계를 한바탕 휩쓸아쳤던 자기 주도적 학습이라는 말이 사라지고 메타인지 학습, 뇌 과학 학습, 거꾸로 수업 등 본질적으로 자기 주도적 학습과 비슷한 학습 전략 및 방법이 교육계에 등장하고 있다.

    자기 주도적 학습은 학습자 스스로가 학습의 참여 여부에서 목표 설정 및 목표 달성을 위한 학습 계획의 수립, 교육 프로그램의 선정과 학습 계획에 따른 실행, 교육 평가에 이르기까지 교육의 전 과정을 자발적 의사에 따라 선택·결정하고 조절과 통제를 행하는 학습 형태다.

    초등학교 아이들이 스스로 목표를 선정하고 운영하기에는 다소 무리가 따른다. 그래서 부모나 선생님이 아이에게 조언하고, 안내를 통해 스스로 할 수 있도록 능력을 키워주어야 한다.

자기 주도적 학습의 권위자인 송인섭 교수는 "공부를 잘하는 능력은 선천적인 게 아니라 교육 환경과 훈련과 연습을 통해 향상된다"고 말하고 있다.

우리가 학교에서 공부하는 이유는 여러 가지가 있다. 그러나 안타깝게도 요즘 학교 교실의 아이들은 대학이라는 목표만을 앞에 두고 달려간다. 학생들의 모든 목적이 대입에 쏠려 있어, 대학 입시에 필요한 공부와 필요하지 않은 공부로 나누어 필요한 공부만 하려 한다.

그래서 대학에 입학한 아이들은 목적을 상실하고 자포자기하거나 세상을 다 가진 것처럼 놀기에 바쁘다. 초등학교 때 놀아야 할 것을 지적 능력이 가장 왕성한 대학교에서 놀고 있는 것이다.

세상에서 가장 공부 잘하는 고등학생이 1년 후 세상에서 그저 그런 대학생으로 변해 있다.

부모들은 알고 있다. 우리가 학교에서 배워야 할 것은 대학을 가기 위한 공부가 아니라 세상을 살아가는 현명한 지혜라는 것을 이미 경험을 통해 느끼고 있다.

초등학교에서 고등학교까지 12년을 머릿속에서 쉽게 이해하고, 시험에 나오지 않는 부분을 선별하여 아이 앞에 차려주었다. 그 결과, 아이들은 대학이나 사회에서도 이런 환경을 원한다. 한 번도 스스로 공부에 대한 계획을 세워보지 않았던 아이들에게 대학과 사회는 냉혹한 현실이 되는 것이다.

어릴 적부터 동물원에서 자란 사자가 드넓은 대자연의 품에 가면 굶어 죽듯이 우리 아이가 스스로 학습할 수 있는 환경을 조성해주지 않는다면 결국은 그 시간 동안 낭비하는 생활이 되는 것이다.

이제부터라도 우리 아이가 스스로 공부할 수 있도록 환경을 만들어주어야 한다. 우리 아이들은 자신이 왜 공부해야 하는지에 대해 생각을 해본 경우가 드물다. 지금 우리 아이에게 왜 공부하냐고 물어보면 대다수 아이들이 대답을 머뭇거린다. 당연한 것을 물어서가 아니라, 한 번도 진지하게 생각해본 적이 없거나 그럴 필요성을 느끼지 못했기 때문이다.

그럼 부모는 어떤 역할을 해야 할까?

첫째는 아이 스스로 공부하는 이유를 찾을 수 있도록 조언해주어야 한다. 아이가 구체적인 목표를 가질 수 있도록 부모의 경험과 주위 사람들의 경험들을 간접 체험할 수 있는 기회를 제공해야 한다.

둘째는 학습 결과에 대한 평가보다는 과정을 평가해주어야 한다.

어떤 일은 별다른 노력 없이 평소 실력으로도 좋은 결과를 가져올 수 있다. 또 어떤 일은 엄청난 노력을 기울였어도 좋은 결과를 얻지 못할 때가 있다. 그런가 하면 엄청난 노력을 해서 좋은 결과를 얻을 수도 있다.

이럴 때 부모는 어떻게 해야 할까? 넌 머리가 좋아서 역시 잘해! 보다는 네가 열심히 노력해서 좋은 결과를 얻었구나! 라고 칭찬해주어야 한다.

노력한 부분에 대해 칭찬했을 때 아이 스스로 동기가 부여되고, 새로운 일에 대한 두려움보다는 도전 의식이 고취된다. 이것이야말로 우리 아이에게 부모가 심어주어야 할 가장 큰 능력이다.

인생 내비게이션의 장점과 단점

자동차 운전을 하는 사람이라면 운전을 가장 편리하게 해준 것이 무엇이냐고 물어보았을 때 대부분 내비게이션이라고 말한다. 초행길도 내비게이션만 있다면 큰 어려움 없이 목적지를 찾아갈 수 있다. 그래서 가던 중에 내비게이션이 고장 나면 어쩌나 걱정하게 된다.

내비게이션이 없던 과거에는 지도와 도로의 이정표와 주변 건물들을 살피면서 원하는 곳을 찾아갔다. 덕분에 한 번 찾아간 길은 오랜 시간이 지나도 머릿속에 흔적으로 남아 있어 다시 그곳에 갈 때는 지도 없이 자신 있게 찾아갈 수 있다. 그런데 내비게이션에 의존하고부터 한 번 간 길도 내비게이션의 도움 없이는 찾아가기가 어렵다.

왜 이렇게 되었을까?

그 이유는 선택을 위한 고민을 하지 않았기 때문이다. 우리 아이들은 어떤 삶을 살아가고 있을까? 자기 스스로 주변을 살펴보고, 여러 신호들을 보면서 자신이 가야 할 길을 스스로 찾아가고 있을까? 아니면 어른들의 안내를 받으며 최적의 길을 찾아가기 위해 어른 내비게이션에 의존하는 삶을 선택하고 있을까?

한때 유행했던 광고 카피 중에 "당신은 부모입니까? 학부모입니까?"라는 문구가 많은 사람들에게 경각심을 불러일으킨 적이 있다. 학부모로서 부모는 남보다 앞서 나아가기 위해 최고의 내비게이션을 아이에게 제공하려고 노력한다. 그런데 아이에게 언제까지 최고의 내비게이션을 제공할 수 있을까? 현실에서 판매하는 내비게이션은 고등학교용까지밖에 없다. 그 이후에 우리 아이들은 내비게이션 없는 삶을 살아가기 위해 다시 기초부터 다져야 한다. 대학교에서 배워야 할 내용은 많은데 자기 주도적 학습부터 익혀야 한다면 그것은 엄청난 부담으로 작용한다.

그래서 학부모가 아닌 부모로서 여러분은 아이에게 지도와 이정표와 랜드마크가 되어주어야 한다. 조금 늦게 가고 더딘 진행이 되더라도 참고 기다려주면 다음번엔 훨씬 더 빨리 목적지에 도달할 수 있다. 이런 공부 방법이 바로 자기 주도적 학습이다. 스스로 학습 전략을 세우고 공부하는 방법을 터득한다면 새로운 공부 환경에 처해서도 과거의 기억을 되살려 스스로 해결하는 방법을 쉽게 찾을 수 있다.

그러므로 부모로서 우리가 아이들에게 해줘야 할 것은 최고 품질의 내비게이션(사교육 시장, 학원)을 사주는 것이 아니라 스스로 공부할 수 있도록 환경을 조성해주고, 격려를 통해 긍정적인 자아로 성장할 수 있도록 해줘야 한다. 그러지 않으면 아직 길이 보이지 않는 길, 어른들의 내비게이션에 업데이트되지 않은 길을 만났을 때 아이들은 당황하고, 방황하고, 좌절하게 된다.

이제 아이 스스로 세상을 향해 나아갈 수 있는 지도와 도로의 이정표 역할만이 부모가 해야 할 일이다. 아이가 자기 삶에 대한 결정은 스스로 고민하고 개척해나갈 수 있도록 자기 주도적인 생활을 연습할 수 있는 장을 마련해주는 것이 진정한 도움이다.

| 학부모가 묻고 교사가 답하다 |

바른 평가에 대한
궁금증이 있으십니까?
같이 정리해볼까요?

Q 초등학교에서 실시하는 평가에는 어떤 것이 있나요?

A 초등학교 평가는 크게 수행 평가와 지필 평가로 나뉩니다.

수행 평가는 1999년에 처음 시행된 방법입니다. 기존의 평가는 체육, 음악, 미술 등 기능에 대한 평가도 모두 시험 문제를 통해 평가하는 방법이었습니다. 이 방법으로는 학생의 능력을 제대로 평가할 수 없다고 판단해 수행 평가가 도입되었습니다.

수행 평가 방법은 학습자들의 학습 과제 수행 과정 및 결과를 논술, 구술, 토의·토론, 포트폴리오, 보고서, 관찰, 사회적 실천 등 다양한 평가 방법을 적용하여 학생 수준에 알맞게 평가하고 있습니다.

지필 평가는 과거의 중간 및 기말 성취도 평가라고 생각하면 됩니다. 단, 과거의 시험은 전 학년이 동일한 날 똑같은 시험지로 평가했다면 현재는 시도 교육청에 따라 교사별 평가를 시행하는 경우에는 가르친 교사가 직접 문제를 출제하여 반마다 다른 시험지로 평가하기도 합니다.

Q 수행 평가는 집에서 숙제로 해야 하나요?

A 수행 평가 도입 초기엔 홈 프로젝트라는 이름의 과제 형태로 수행 평가를 치르는 경우가 있었습니다. 그러다 보니 수행 평가를 대신 해주는 사설 대행업체가 생기는 등 평가의 본래 목적과 다른 부정적인 요소들이 등장했습니다.

그래서 최근 학교에서는 학교 수업 시간을 통해 수행 평가를 실시하도록 권장하며, 아이들이 단순 기능이 아닌 참여 및 협력 등 다양한 기준을 마련하여 평가하고 있습니다.

Q 교사별 평가를 한다는데 새로운 평가 방법인가요?

A 교사별 평가는 새로운 평가 방법이 아닙니다. 과거에는 학년 단위로 동일한 시험 문제를 같은 날 정기적으로 보는 일제고사 형식으로 치러졌습니다. 그러나 최근에는 아이들을 가르친 교사가 직접 문제를 출제하여 평가하는 교사별 평가를 보고 있습니다. 따라서 반마다 다른 시험 문제를 보므로 정기고사는 없어졌습니다. 각 반의 계획에 따라 원하는 시간에 시험을 보기 때문에 이를 교사별 평가라 부르고 있습니다.

Q 교사들은 어떤 기준으로 평가 내용을 선택하나요?

A 우리나라 모든 교육의 기준은 국가 교육과정이라는 이름으로 내용과 수준을 정하고 있습니다. 초등학교에서도 2009 개정 교육과정에 따라 국가에서 정한 성취 기준을 달성하기 위해 교육과정을 계획하고 그에 맞춰 수업을 하고 있습니다. 따라서 그에 대한 평가도 국가에서 정한 성취

기준의 달성 여부를 평가하게 되었습니다.

학부모가 평가 내용을 확인하려면 국가교육과정정보센터(www.ncic.go.kr)에서 학년별 성취 기준을 확인할 수 있습니다. 미리 알아두면 아이들이 어떤 공부를 하고 있는지 알 수 있습니다.

Q 교과서에서 문제가 안 나오는 것 같아요?

A 과거에는 교과서가 절대적인 학습 자료였고, 교사는 교과서를 가르치는 게 당연한 일이었습니다. 그런데 교과서는 앞에서 설명한 국가 교육과정의 성취 기준을 달성하기 위해 도와주는 하나의 자료로서의 역할을 하고 있습니다. 학교에서는 선생님이 다양한 자료를 활용하여 학생들의 성취 기준 도달을 목표로 수업하고 있습니다. 따라서 교사가 시험 문제를 낼 때는 교과서 자료를 포함, 수업 시간에 다룬 자료를 이용하여 평가 문항을 내기도 합니다. 특히 국어, 사회, 과학 등은 교과서보다는 다양한 내용의 자료들이 포함된 시험 문제가 많이 등장합니다.

Q 선행 학습에 대한 평가가 금지되었다고 하는데 어떤 기준이 있나요?

A 요즘 우리 아이들에게 유행하는 말 중에 '4당 3락'이 있습니다. 4개 학년을 선행 학습 하면 합격하고, 3개 학년을 선행 학습 하면 떨어진다는 말입니다.

하지만 선행 학습은 아이들의 지적 호기심과 비판적 사고력, 문제 해결 능력을 떨어뜨리는 큰 원인입니다. 이 때문에 국가에선 학교의 모든 수업과 평가에서 선행 학습을 금지한다는 공교육정상화법을 시행했습니다. 하지만 도입 초기라 여러 가지 혼란이 있습니다. 초등학교에서는 학년군제를 시행하고 있는데, 1~2학년군, 3~4학년군, 5~6학년군으로 나누어 그 학년군 내에서 교육이 진행되면 문제가 안 된다고 합니다. 아직은 사교육 시장이 법 밖에 있어 선행 학습을 근절하기 위해서는 많은 노력이 필요합니다.

Q 선행 학습 금지법은 학교와 학원 모두 다 적용되나요?

A '공교육 정상화 촉진 및 선행 교육 규제에 관한 특별 법안'으로, 약칭하여 공교육정상화법이라고 불리는 이 법은 학부모들 사이에선 선행 학습 금지법으로 더 많이 알려져 있습니다.

실제 이 법은 공교육을 담당하는 초중고 교육과정이 정상적으로 운영되도록 하기 위해 교육 관련 기관의 선행 교육 및 선행 학습을 유발하는 행위를 규제함으로써 '교육기본법'에서 정한 교육 목적을 달성하고 학생의 건강한 심신 발달을 도모하는 것을 목적으로 제정되었습니다.

그런데 법의 실행이 공교육에만 국한되고 사교육인 학원에는 적용되지 않아 공교육에서 실시되지 않는 부분이 학원으로 이동하는 풍선 효과를 불러오는 결과를 가져오게 되었습니다.

이 법에서 학원에 대한 적용은 단지 선행 학습에 대한 광고를 하지 못하게 되어 있다는 것 외에는 없습니다. 심지어는 광고를 해도 특별히 제재에 대한 명시가 없는 불완전한 법이고, 오히려 사교육을 조장하는 법이라는 오명을 받고 있습니다. 모든 학교에서 교육과정을 벗어난 문제를 내지 않게 되면서 학생들에게 학습에 대한 부담을 덜어준 대신 이를 악용하는 사교육이 더 많아지면서 원래 취지를 못 살리고 있습니다. (자세한 내용은 79쪽 참고)

Q 우리 아이는 시험을 안 보고 글쓰기만 하는데 문제가 없나요?

A 논술형 평가가 시행되면서 마치 평가가 아닌 단순한 글쓰기라고 오해하는 경우 이 같은 질문을 종종 하곤 합니다. 과거 시험은 다섯 개 중 한 개를 고르는 오지선다형 문항이었습니다. 이런 평가로는 미래의 학생들이 가져야 할 역량을 제대로 구현해낼 수 없습니다. 또한 국가에서 지정한 성취 기준을 도달했는지를 평가하는 데에도 한계가 있었습니다.

그래서 최근에는 자기 생각을 표현할 수 있는 논술형 평가가 많이 시행되고 있습니다. 이는 학생들이 제대로 된 지식을 가지고 있는가를 평가하는 것입니다. 학교에서 실시하는 글쓰기는 단순한 글쓰기가 아니라 주제에 따른 '자기 생각 쓰기'로 보다 고차원적인 평가라고 생각하면 됩니다.

Q 시험이 없는 학교가 있다고 하는데 진짜 시험을 안 보나요?

A TV에서 시험 안 보는 학교가 방영된 적이 있었습니다. 그런데 시험을 안 보는 게 아니라 학급마다 계획에 의거, 다양한 형태의 시험을 보고 있었습니다. 여기서 시험이라는 것은 학년마다 정해진 시간에 정해진 과목을 보는 일제식 정기고사를 보지 않는다는 이야기입니다.

모든 학교에서는 평가가 보다 더 다양해지고, 시기가 자유로워 아이들에게 평가에 대한 부담감이 줄어들어 평가가 없어졌다고 하는 것입니다.

Q 시험을 여럿이 모여서 본다고 하는데 그래도 되나요?

A 과거, 어릴 적 시험 하면 생각나는 것이 칸막이나 책가방을 올리는 것이었습니다. 학생들의 부정행위를 방지한다는 이유에서였습니다. 그 시

험은 학생을 성적순으로 줄 세우기 위한 수단이었습니다.

현재 시험은 학생들의 배움을 확인하기 위한 수단입니다. 즉 교사와 학생의 1 : 1 관계입니다. 또한 미래의 우리 아이들에게 필요한 것은 경쟁이 아닌 협력입니다. 따라서 학생들끼리 서로 협력하여 문제를 해결하는 것도 좋은 평가 방법 중 하나입니다. 2015 국제 성취도 평가에서도 협력적 문제 해결 능력을 평가하기 위해 준비하고 있습니다.

Q 논술형, 서술형 평가 점수를 보면 선생님 마음대로 채점하는 거 같아요.

A 시험은 크게 주관식과 객관식으로 불렸던 적이 있습니다. 객관식은 누가 채점을 하든 똑같은 결과가 나오는 선택형 문항(오지선다형)을 객관적이라고 해서 붙여진 별칭입니다. 반대로 논술형 평가처럼 채점자의 주관에 따라 채점 결과가 달라진다고 해서 주관식이라고 했습니다. 하지만 논술형, 서술형 평가 문항을 채점하기 위해 채점 기준을 미리 정하고, 가채점을 통하여 인정 답안을 정해 최대한 공정하게 채점하고 있습니다. 특히 학생의 생각 하나하나를 읽고 그 생각의 깊이에 따라 선생님이 적절한 피드백을 제시해주고 있습니다. 선생님이 임의로 채점하는 경우는 없습니다.

Q 국어, 사회, 수학, 과학, 영어를 제외한 다른 과목은 시험 안 보나요?

A 부모님이 다니던 시절의 학교에서는 매달 월말 평가라는 이름으로 국어, 수학, 사회, 과학, 체육, 음악, 미술, 실과를 평가했습니다. 그런데 국어, 수학, 사회, 과학, 영어를 제외한 다른 과목들은 학생의 능력에 대한 평

가가 대부분을 차지하고 있습니다. 따라서 학교에서 전문적인 기능을 중시하는 체육, 음악, 미술, 실과, 통합 교과(즐거운생활, 바른생활, 슬기로운생활)는 수행 평가만으로 평가할 수 있습니다. 물론 학교의 선택에 따라 전체 교과를 볼 수 있습니다. 하지만 안 본다고 문제가 되지는 않습니다.

Q 학교마다 평가 방법이 너무 달라요. 문제인 거 아닌가요?

A 학생들의 능력을 측정할 때 과거엔 시험만으로 시행하였습니다. 그래서 어느 한 부분의 능력만 평가하는 부작용이 있었기 때문에 이를 해결하기 위해 다양한 평가 방법을 사용하고 있습니다.

수행 평가에서 작품을 모아 평가하는 포트폴리오 평가, 프로젝트 수행 평가, 활동 보고서 평가, 서술평 평가, 논술형 평가 등 다양한 방법을 활용하여 가급적 학생들이 가진 다양한 능력을 측정하려는 학교의 노력입니다. 오히려 획일적인 평가가 학생들에게는 더 좋지 않습니다.

Q 학교에서 시험지가 가정에 배부되는데 수행 평가는 왜 안 주나요?

A 학교에 시험지가 배부된 것은 시·도 교육청마다 차이가 있지만 2013년부터입니다. 중학교에서도 시험지를 배부하고 있습니다. 평가에 대한 운영은 국가의 학교생활기록부 작성 및 관리 지침과 시·도의 학업 성적 관리 시행 지침에 따라 학교에서 학업 성적 관리 규정을 만들어 운영하고 있습니다. 위에 언급한 규정에 의하면, 지필 평가는 가정에 배부하게 되어 있습니다. 수행 평가는 관찰 평가 등 형태가 다양하여 유형적으로 제시하기 어려운 측면이 있어 가정에 배부하도록 규정하지 않았습니다.

학부모가 수행 평가에 대한 궁금증이 있을 때 담임 선생님에게 문의하면 알려주도록 규정하고 있습니다. 담임 선생님은 수행 평가의 공정성을 위해 늘 자료를 수합하여 관리하고 있으므로 언제든 문의하면 원하는 답을 얻을 수 있습니다.

Q 우리 아이가 몇 등인지 궁금한데 학교에서 알려주지 않아요?

A 초등학교에서는 학생들의 성적을 석차로 제시하지 않습니다. 모든 학생의 성적은 국가에서 제시한 성취 기준의 도달 여부를 서술로 기재하고 있습니다. 학교에서 실시하는 지필 평가도 석차를 내거나 평균을 제시하지 않고 학생들의 부족한 부분을 재교육하는 데 활용하고 있습니다.

요즘 중학교에서도 학생들의 석차를 제시하지 않습니다. 학생의 평가 점수와 점수에 따른 성취 수준(A, B, C, D, E)으로 제시하고 있습니다. 부모님들도 평가가 경쟁이 아닌 우리 아이의 성취 정도를 파악한다고 생각하면 됩니다.

Q 시험지에 점수가 없고 상, 중, 하 등급만 있나요?

A 사교육 학습지 광고에 100점을 맞은 시험지를 들고 달려가는 아이의 모습이 나온 적이 있었습니다. 최근 몇 년 전만 하더라도 모든 시험은 100점 만점에 내 점수가 몇 점인지가 중요한 가치였습니다.

그런데 국가에서는 학생들의 성취 기준에 따른 성취 수준을 3단계로 분류하여 제시했습니다. 이제 점수가 아닌 아이의 성취 수준을 평가하는 것이 중요하게 되었습니다. 학교에 따라 4단계, 5단계로 평가하는 경우도 있습니다. 이를 통해 학생들에게 시험이 성적순으로 줄 세우기가 목적이 아니라 배운 내용의 습득 정도를 확인하는 시험으로 생각을 전환하는 것이 목표이기도 합니다.

Q 논술형 평가를 보면 아이들이 공부를 제대로 안 하는 것 같은데 중학교에 가도 문제는 없을까요?

A 아이들은 시험을 잘 보기 위해 공부하는 경우가 많습니다. 학교에서 배운 내용보다는 학원에서 족집게처럼 꼭 집어 만들어주는 지식이 전부인 양 외웠습니다. 그런데 시험을 보고 나서 다시 물어보면 다 잊어버리는 의미 없는 지식을 머릿속에 잠시 보관하고 있었던 것입니다.

공부는 외우고 시험 본 후 잊어버리는 것이 아니라 머릿속에 고이 간직하고 있다가 필요할 때 나에게 근거를 제시하는 자료여야 합니다.

이런 이유로 학교에선 단순 지식을 물어보는 과거의 시험에서 평소 자기 생각을 쓰는 시험으로 바뀌었습니다. 아이들이 시험 기간을 정해 밤늦도록 공부해야만 공부가 되는 것이 아니라 평소 자기 생각을 정리한 것을 표현하는 것을 평가하기 때문에 공부를 안 하는 것으로 착각하게 됩니다. 그런데 오히려 이 방법이 다소 시간이 오래 걸리더라도 더 좋은 공부를 하기 위한 평가 방법입니다.

Q 시험 문제가 왜 선다형 평가에서 논술형으로 바뀌었나요?

A 학교에서 선생님은 국가에서 가르치도록 정한 성취 기준을 도달하도록 수업하고 있습니다. 또한 가르친 내용을 학생들이 잘 알고 있는지 측

정하기 위해 시험을 봅니다. 그런데 학생들이 선다형 문항(오지선다형)을 풀 수 있다고 해서 성취 기준을 도달했다고 말하기가 어려워졌습니다. 그래서 성취 기준의 도달도를 측정하는 평가 방법이 무엇일까 고민하던 중 논술형 평가가 적합하겠다고 생각되어 논술형 평가 문항이 많아졌습니다. 그렇다고 모든 시험이 논술형인 것은 아닙니다. 선생님의 개인적인 판단에 따라 성취 기준의 도달도에 적합한 문제가 선다형이라면 선다형을 볼 수도 있습니다.

Q 수행 평가를 과제로 내면 부모님이 대신해주는 경우도 있는데, 그러면 불공정한 거 아닌가요?
A 수행 평가의 본래 취지는 학생들의 능력을 정확히 평가하기 위해서입니다. 과거엔 음악, 미술, 체육 등 기능에 대한 평가도 시험을 통해 측정하는 바람에 제대로 된 평가가 이루어지지 못했습니다. 그래서 실기 및 기능 중심 교과의 평가에 수행 평가가 도입되어 평가의 본래 역할을 하고 있습니다. 그런데 수행 평가를 운영하면서 초기에 수행 평가 과제를 홈 프로젝트 형태로 진행했을 때 학부모나 사설 기관이 평가를 대신 작성하는 일이 있었습니다. 이런 부작용을 막기 위해 최근에는 각 학교에서 수행 평가를 위한 과제물을 내지 않고 있으며, 수업 중에 모든 과제의 실행과 평가가 이루어지도록 하고 있습니다.

Q 초등학교 성적이 중학교로 전해지나요?
A 초등학교에서 중학교로 성적은 전해지지 않습니다. 최근 고등학교

입시가 과열되면서 초등학교 때부터 소위 스펙이라는 것을 쌓아야 한다고 사교육 시장에서 홍보하고 있습니다. 이런 잘못된 입시 관행을 없애기 위해 초등학교에서는 교내에서 주는 상 외에는 학교생활기록부에 입력하지 못하게 하고 있습니다. 또한 초등학교에서 이루어지는 모든 성적은 서술로만 기재되고 석차로는 제공되지 않고 있습니다.

초등학교에서 중학교로 보내는 자료는 과거엔 건강기록부밖에 없었습니다. 최근에 진로 교육이 강화되면서 아이들의 진로 교육 관련 사항만 중학교에서 연계 지도를 위해 보내고 있습니다. 이 자료 또한 보호자의 동의를 거쳐 보내고 있습니다.

Q 시험이 없어지니 졸업식 때 외부에서 주는 상은 어떻게 주나요?

A 학교에서 졸업식을 할 때 가장 고민하는 부분이 대외 상입니다. 지역 교육지원청 교육장상, 시장상, 국회의원상, 도의원상, 시의원상 등 손으로 꼽기 어려울 만큼 다양한 상들을 추천해달라고 공문으로 요청하는 곳이 많습니다. 이를 해결하기 위해 맨 먼저 하는 것이 바로 추천 순위를 정하고, 그동안 보았던 지필 평가와 수상 경력 그리고 대외 활동 등을 점수화하여 대외 상의 인지도별로 시상합니다.

최근 초등학교에서는 졸업식의 참뜻을 이해하고, 학생 중심의 졸업 문화를 정착하기 위해 대외 상을 시상하지 않는 학교가 늘고 있습니다. 졸업식 본래 의미대로 6년간의 생활을 되돌아보고, 그동안의 활동을 격려하는 자리로 변하고 있습니다. 초등학교에서는 아이들이 바른 인성으로 자라는 데 비중을 두고 학생들을 격려할 수 있도록 변화를 시도하고 있습니다.

Q 정의적 능력 시험을 본다고 하는데 무엇을 알아보려는 건가요?

A 학교에서 학생들의 평가는 주로 지적 능력만을 평가하다가 기능에 대한 평가가 중시되면서 수행 평가가 도입되어 학생들의 평가에 활용되고 있습니다. 학교에서는 학생들의 지식과 기능 그리고 태도에 대한 평가를 종합적으로 실시해야 한다는 교육과정 목표가 있음에도 태도에 대한 평가가 부족했습니다.

최근 PISA의 평가 중 지적 능력에 대한 평가 결과는 세계 최고를 달리는 데 반해, 학생들의 학교 만족도와 수업에 대한 흥미도와 동기는 세계 최하위를 달리고 있습니다. 이를 계기로 학생들의 지적 능력과 함께 공부하는 동기와 흥미도와 관심 등을 알아보기 위한 평가가 필요하다는 생각을 하게 되었습니다. 이를 위해 다양한 평가 방법이 개발되었습니다. 체크리스트, 관찰법 외에 다양한 방법 등이 학생들의 학교생활을 돕기 위해서 도입되었습니다.

Q PISA의 협력적 문제 해결 능력을 본다고 하는데 어떤 방식으로 보나요?

A PISA의 평가는 단순히 성적을 측정하여 순위를 매기는 게 목적이 아니라 세계 여러 나라의 교육 제도를 알아보는 데 그 목적이 있습니다. 유독 우리나라를 비롯한 중국, 일본이 순위에 집착하고 있습니다.

미래의 학생들에게 필요한 능력을 핵심 역량이라는 이름으로 정의 내렸고, 이를 알아보기 위해 타인과 협력하여 문제를 해결해나가는 능력을 측정할 필요가 있다고 생각했습니다.

그런데 '어떻게 객관성을 가지고 학생들의 협력에 대한 평가를 할 수 있을까?'라는 고민을 하면서 컴퓨터를 기반으로 하는 평가 방법을 개발하게 되었습니다. 2015년부터 도입되는 평가는 학생이 컴퓨터와 상호 협력하면서 문제를 해결하는 방법으로 변화하게 되었습니다.

Q 옆 반 친구와 시험지가 달라요!

A 옆 반과 다른 시험을 보는 것이 당연합니다. 초등학교에서의 시험은 서열을 따지기 위한 것이 아니라 학생이 알아야 할 목표를 얼마나 성취했는지 확인하고, 부족한 부분을 다시 채워주기 위해서입니다. 과거에는 일제고사라는 이름으로 모든 학년의 학생이 똑같은 시간에 똑같은 문제를 풀어 점수로 서열을 매기던 시절이 있었습니다.

2009 개정 교육과정부터 시작하여 2013년도부터 교육부에서는 교사별 평가를 강조하고 있습니다. 교사별 평가란 학생들을 가르친 선생님이 직접 문제를 출제하여 학생들을 평가하는 것입니다. 당연하게 들리는 이 평가 방법을 그동안 학교에서는 하지 않았다는 것입니다.

그동안의 평가는 학년에서 선생님들이 한 과목씩 출제하여 학년 전체가 시험을 보는 체제였습니다. 그러다 보니 여러 가지 공정성에 대한 문제와 신뢰도에 대한 문제가 발생했습니다. 이런 잘못된 관행을 없애고자 반마다 담임 선생님이 문제를 출제하여 시험을 보도록 했습니다. 이 때문에 반마다 시험 보는 시간뿐만 아니라 날짜도 다양해졌습니다.

과거의 선다형 20문제, 25문제 시험에서 논술형(서술형 포함) 문제로 변화하면서 3~5문제로 줄어들었고, 학생들이 단순한 암기 중심 시험에서 생각 쓰기 시험으로 변화하게 되었습니다.

Q 시험을 보는데 학생이 선생님에게 물어보면 선생님이 힌트를 준다고 하는데 문제는 없나요?

A 시험을 보는 목적에 따라 보는 관점이나 문제의식이 다를 수 있습니다. 시험의 목적이 학생들이 배워야 할 내용에 대한 확인이라면, 평가는 학생과 교사의 1 : 1 관계이므로 아무 문제가 없습니다. 실제 교육 선진국인 핀란드에서는 시험을 볼 때 어렵거나 궁금한 것에 대해 선생님께 물어보고 실마리를 제공받아 문제를 풀고 있습니다.

반대로 선발을 목적으로 하는 시험이라면 선생님이 학생에게 힌트를 준다는 것은 공정성에 대한 문제가 있으므로 잘못된 일입니다. 현재 초등학교에서의 시험은 선발적 평가가 아니라 교육 목표를 확인하는 것이기 때문에 학생의 발달을 도울 수 있는 실마리를 제공하는 것은 학생의 생각을 일깨워주는 좋은 자극이 될 수 있습니다.

시험이 학생에게 스트레스로 작용하여 가지고 있는 능력을 제대로 발휘하지 못하게 하는 잘못된 자극이 아니라, 시험을 통해 자기 역량을 널리 펼칠 수 있는 계기로 변화시키기 위해 긍정적인 환경 조성이 필요합니다.

Q 시험 성적을 점수가 아니라 선생님이 글로 써주시는데 왜 점수로 안 주나요?

A 모든 평가에는 목적이 있습니다. 초등학교의 평가 목적은 가르쳐야 할 교육 내용을 학생들이 얼마나 잘 배웠는지를 확인하는 것입니다. 중학교 평가는 과거엔 고등학교 입학을 위한 내신으로 작용하여 과목별 석차까지 제공하다가 최근 성취 평가제가 도입되면서 학생들의 과목별 석차가 사라졌습니다. 수, 우, 미, 양, 가에서 A, B, C, D, E로 바뀌었습니다.

성취 평가제는 학생의 점수를 절대 평가하여 성적에 반영하는 것입니다. 고등학교에서의 평가는 아직도 석차가 반영되고 있으나 조금씩 성취 평가제로 변화하고 있습니다. 초등학교에서는 중간 평가, 기말 평가와 같은 지필 평가와 수행 평가를 결합하여 서술로 작성하도록 정했습니다.

또한 현재는 지필 평가에 대한 시험도 점수를 입력하지 않고 3단계, 5단계로 평가하여 상, 중, 하 또는 매우 잘함, 잘함, 보통, 노력 요함, 미달 등으로 평가표에 반영하고 있습니다.

Q 수행 평가는 점수제인가요?

A 초등학교의 모든 평가는 점수제가 아닙니다. 수행 평가 또한 초등학교의 평가 중 하나이므로 당연히 점수제가 아닙니다. 앞에서 설명한 것처럼 초등학교 평가의 목적은 국가에서 제시한 성취 기준의 도달도를 확인하는 평가이며, 평가 결과는 성취 수준으로 제시하는 것이 원칙입니다. 이때 성취 수준은 3단계(상, 중, 하), 4단계(매우 잘함, 잘함, 보통, 노력 요구), 5단계(매우 잘함, 잘함, 보통, 미흡, 부진) 등으로 학교별로 선정하여 제시하고 있습니다.

이런 오해가 생기는 이유는 중등 교육과정에서 치러지는 수행 평가의 점수 반영과 관련이 있습니다. 중학교에서는 수행 평가와 지필 평가에 대한 비율을 정하고 합산하여 100점 만점에서 90점 이상은 A, 80점 이상은 B, 70점 이상은 C, 60점 이상은 D, 그 이하는 E로 주는 성취 평가제를 실시하여 점수화하고 있습니다.

초등학교에서는 배워야 할 내용을 잘 배웠는지를 정도로 나타내고, 점수화하지 않으며 평가 결과 또한 지필 평가와 수행 평가를 종합하여 과목별로 서술하고 있습니다.

EPILOGUE
우리 아이들을 위해서라면
부모는 기꺼이 변화의 리더가 됩니다!

'우리나라 교육에서 가장 중요한 것이 무엇인가?'에 대한 질문을 논의할 때 교사, 학부모, 학생 모두 교우와의 관계, 인성 교육, 미래의 주인공으로서 삶을 풍요롭게 하는 교육이라고 이야기합니다. 그런데 '우리 교육의 가장 큰 문제가 무엇이냐?'라고 물으면 입시 위주의 경쟁 교육과 사교육이라고 대답합니다.

이러한 문제의식과 바람을 반영하듯 현실에서는 우리나라 모든 학생들이 경쟁과 입시 교육의 무거운 무게를 느끼고 있습니다. 하지만 교육 현장에서는 가장 중요하다고 생각하는 대인 관계, 인성 교육 등 미래의 삶을 풍요롭게 하는 교육을 못하고 있는 실정입니다.

대한민국은 입시 공화국입니다. 입시에 의해 모든 삶이 결정된다고 착각하는 곳입니다. 하지만 실상은 이렇습니다. 다른 사람들이 선호하는 대학에 가서도 그 이후에 대한 고민과 목표 설정이 없어 방향을 잃고 헤매는 대학생들이 많습니다. 이것이 현재의 대한민국 대학교와 20대의 모습입니다.

이런 모습은 누구에 의해 만들어졌을까요? 그것은 수단과 방법을 가리지 말고 남을 딛고 올라가 경쟁에서 이기라고 가르친 부모와 교사의 잘못입니다. 이런 현상을 반성하며, 앞으로 우리 아이들은 이런 삶을 살지 않도록 나부터 변화해야겠다는 마음으로 교단에 서 있습니다.

교실에서 아이들과 소통하며 아이들의 미래를 걱정하면서 하루하루 보내다 보면 문득 이 아이들에게 진짜 필요한 게 무엇일까 하는 고민에 빠집니다. 지금 내가 가르치는 방식이 과연 이 아이들의 미래를 위한 교육인가를 고민하게 됩니다. 그 이유는 우리를 둘러싼 환경이 녹록지 않기 때문입니다.

미래의 주인공들을 위해, 미래에 필요한 역량들을 키워주기 위해 수업 방법을 연구하고, 서로 협력하고, 토론하고, 함께하도록 가르치고 있습니다. 평가도 '선다형'에서 '논술형'으로 '일제고사'에서 '교사별 상시 평가 체제'로 '서열화·점수화를 통한 경쟁'에서 '무엇을 알고 있는지를 확인하는 성장 중심 평가'로 변화하고 있습니다. 이를 평가에 적용하여 단순히 지식을 습득하는 게 아니라 배움의 즐거움을 공유하도록 시도하고 있습니다. 이런 변화 속에 단순히 자신의 등수가 몇 등인지 확인하는 평가가 아니라 얼마나 잘 배웠는지를 확인하는 평가로 우리 아이들은 점차 받아들이고 있습니다. 초등학교 아이들이 점점 더 미래 지향적인 인재의 모습으로 성장하는 모습을 현장에서 확인하고 있어 행복하기도 합니다.

과거엔 평가의 벽이 학교였습니다. 학교에서는 모든 것을 통제해야 한다고 생각했습니다. 평가는 정확하고, 객관성만 높으면 된다는 생각이 지배적이었습니다. 쉽게 표현하면 시험을 통해 점수와 등수를 명확히 제시하면 되는 것이라고 모두 공감했습니다. 그런데 이런 정확성과 객관성을 강조한 선다형 평가(객관식 시험)가 미래의 인재에게 별 도움이 안 된다는 것을 점차 깨닫게 되었습니다. 이는 학교 등 교육 현장의 교사뿐만 아니라 학부모들도 공감하는 부분입니다. 적어도 학교에서는 평가의 목표가 단순한 지식 확인에서 벗어나 고등 사고를 측정할 수 있는 쪽으로 방향키를 틀었습니다.

학교의 벽은 비록 오랜 시간이 걸렸지만 조금씩 극복하며 넘어서고 있습니다. 한 가지 아쉬운 점은 교육의 주체인 학부모들의 벽이 좀 더 강력하다는 점입니다. 학교와 학교에서 진행되는 평가에 대한 변화를 인지하지 못하는 부모들이 여전히 많고, 변화의 내용을 인지하더라도 그 내용을 받아들이지 못하는 부모들이 꽤 많습니다. 심지어 학교에서 미래 인재 양성에 적합한 논술형 평가를 확대 실시하고, 아이들의 성장을 돕기 위한 피드백을 제시하기 위한 상시 평가 체제로의 전환을 반대하는 학부모들도 있습니다. 그분들은 우리 아이의 평균과 학급 내 서열을 알기 위한 등수를 요구하며, 일제고사를 요구하고 있습니다. 물론 모든 부모들이 이 같은 변화에 예민한 것은 아닙니다. 하지만 열린 마음으로 변화에 동참하려 해도 여전히 과거의 시험, 평가 방식에 익숙해져서 불안한 마음을 감추지 못하는 것 같습니다.

이제 부모님이 나서야 합니다. 주변에서 만난 많은 학부모님들의 용기 있는 '첫 번째 펭귄'의 모습을 보며 격려해주고 함께 두 번째, 세 번째 펭귄이 되었으면 합니다. 그래야 우리 아이들이 행복한 삶을 살 수 있는 그 길에 한발 더 가까이 다가설 수 있으니까요.

이제 부모님들의 변화를 기대하는 마음으로 마지막 부탁을 드리고자 합니다.

과거 부모님 세대가 공부했던 방식, 지금 부모님의 삶을 지배하고 있는 방식들을 미래의 우리 아이들에게 적용한다는 것은 무의미한 일입니다. 부모님이 자녀 교육의 객체(금전, 정보 제공)에서 주체(함께 공부하는 협력자)로 거듭나 아이와 이야깃거리를 찾아 대화하고 토론하는 것부터 시작해야 합니다. 이를 위해서는 아이들이 초등학교에 다니는 시기가 가장 적기입니다. 이제 가족이라는 울타리 속에서 아이들과 몸으로 이야기하고, 자기 생각을 마음껏 펼칠 수 있도록 공간을 마련해주고 함께해주는 것이 가장 좋은 부모의 역할입니다.

엄마가 먼저 알아야 할 진짜 평가 이야기

등수 없는 초등학교
이기는 공부법

초판 1쇄 발행 2016년 3월 2일

지은이 | 강대일, 정창규
펴낸이 | 김우연, 계명훈
기획 · 진행 | fbook
　　　　　김수경, 김연, 박혜숙, 김진경, 최윤정
마케팅 | 함송이
경영지원 | 이보혜
디자인 | design group ALL(02-776-9862)
교정 | 백상열
펴낸 곳 | for book 서울시 마포구 공덕동 105-219 정화빌딩 3층
　　　　02-753-2700(판매) 02-335-3012(편집)
출판 등록 | 2005년 8월 5일 제 2-4209호

값 15,000원
ISBN 979-11-5900-012-6　13590

본 저작물은 for book에서 저작권자와의 계약에 따라 발행한 것이므로
본사의 허락 없이는 어떠한 형태나 수단으로도 이 책의 내용을 사용할 수 없습니다.

※ 잘못된 책은 바꾸어 드립니다.